税　法

押题册 ™

推倒CPA这堵墙

荆　晶　主编

人民出版社

责任编辑：薛岸杨

特邀编辑：张园园

图书在版编目（CIP）数据

税法押题册．2019／荆晶主编．—北京：人民出版社，2019

ISBN 978-7-01-020743-8

Ⅰ．①税⋯　Ⅱ．①荆⋯　Ⅲ．①税法–中国–资格考试–习题集　Ⅳ．①D922.22-44

中国版本图书馆 CIP 数据核字（2019）第 078105 号

税法押题册

SHUIFA YATICE

荆　晶　主编

人民出版社出版发行

（100706　北京市东城区隆福寺街 99 号）

三河市中晟雅豪印务有限公司印刷　新华书店经销

2019 年 6 月第 1 版　2019 年 6 月第 1 次印刷

开本：710×1000　1/16　印张：12

字数：284 千字　印数：10,000 册

ISBN 978-7-01-020743-8　定价：65.00 元

推倒 CPA 这堵墙，你只差这一本押题册！

如果你备考时间零散，教材学习进度缓慢，知识点理解不透，做题能力较差，主观题是"死穴"，要想在考前最后两个月"拿下"CPA，就请吃透本书，牢记每一个"押题点"，弄清楚每一道"历年真题"和"预测题"，一举推倒 CPA 这堵高"墙"！

一、本书结构安排

第一部分考情分析，对近六年的分值分布、考点分布、每道主观题目的考点精析罗列展现，并对 2019 年进行独家预测。

第二部分专题讲解，分专题进行逐一讲解，每个专题分为【考点梳理】【历年真题】【2019 年预测题】。

【考点梳理】对本专题主要涉及的考点以"押题点"的形式体现，既可以作为客观题的考点必背，也可以作为主观题的考点提点。【历年真题】是精选近年的考试真题，对应专题匹配考点。【2019 年预测题】是编者精心预测，密押考点，编排试题。

二、本书特点

本书定位有如下两点：

【考点梳理】(押题点) ＝2019 年客观题考点基本覆盖

【历年真题】【2019 年预测题】＝ 2019 年主观题考点 99% 覆盖

"真题+预测题"是一个并集的概念，需要学员把每个专题的"历年真题"和"2019 年预测题"都"吃透"，这样才能把握住 2019 年主观题的考查重点，以达到"押题"的效果。

三、考前冲刺提示

2019 年注册会计师《税法》考试时间为：

2019 年 10 月 20 日，下午 17：30-19：30，时长 2 小时。

预计试卷题型为：

客观题 38 道，24 道单选(24 分)，14 道多选(21 分)，共 45 分。

主观题 6 道，4 道计算问答题(24 分)，2 道综合题(31 分)，共 55 分。

本押题册重点针对占试卷分值 55 分的计算问答题和综合题部分。由于税法计算问答题、综合题往往是以跨税种结合的形式出现，所以把计算问答题和综合题放在一起编写。

押题册纲要：

税法计算问答和综合题的考试范围相对集中，近六年基本都在几个税种内出题。

分别是：增值税；消费税；土地增值税；个人所得税；企业所得税。

计算问答题四道，有单税种和跨税种的题目，跨税种中顺带涉及部分小税种的考核。综合题两道，基本固定考核增值税和企业所得税。

本押题册重点侧重这几个税种的内容。因为这些税种的内容不仅会在主观题里出现，客观题里同样会占据一定的分值。但希望考生不要忽视其他税种的内容。因为客观题相对计算问答题和综合题是比较容易拿分的，尤其是小税种的计算难度并不大，所以同时准备客观题，通过率只会更高，因此本押题册也会相应增加这部分内容。

注意：

(1)本押题册涉及的历年真题均按 2019 年教材进行了重编。

(2)本押题册内【考点梳理】+【历年真题】+【2019 年预测题】将覆盖 2019 年考题 90% 以上的考点，所以切勿仅做预测题。

(3)预测星级较低并不绝对意味着考到的概率较小。星级较低的知识点往往会在选择题中考查，所以，请不要因为概率小就不重视。

我以个人对注会考试的理解，以及两个半月一次过六科的经验为大家编写了注会六科的押题册，但限于个人精力有限，编校工作纷繁琐碎，本押题册难免存在一些疏漏和错误，敬请广大考生批评指正。

机会每个人都有，但你可能不知道碰到了它。希望押题册成为给你最后机会的书！预祝所有考生，逢考必过！

荆　晶

目录
CONTENTS

押题点索引

1

第一部分 计算问答题、综合题考情分析

一、近六年(2013年~2018年)计算问答题、综合题分布

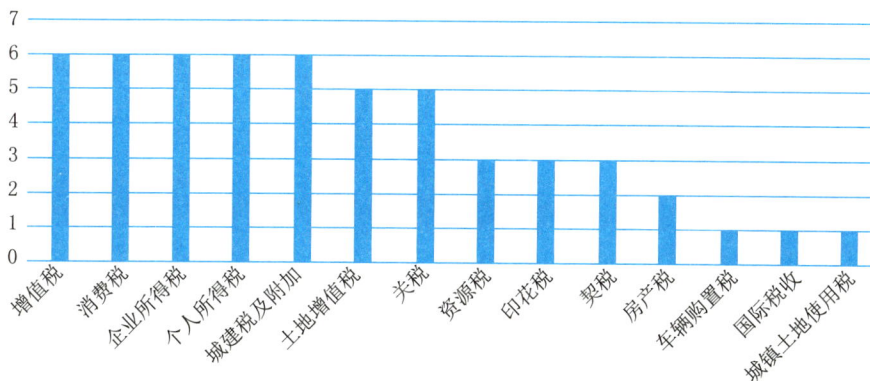

二、近六年(2013年~2018年)计算问答题、综合题精析

年份	第1题	第2题	第3题	第4题	第5题	第6题
2013	消费税：计税依据的特殊规定，生产销售环节应纳消费税的计算，已纳消费税扣除的计算	营业税应纳税额的计算	土地增值税：征税范围，扣除项目的确定，房地产开发企业土地增值税清算；城建税和两个附加的计算	个人所得税：工资薪金所得应纳税额的计算，利息股息红利所得应纳税额的计算	增值税：销项税额、进项税额的计算，一般纳税人、简易征税方法应纳税额的计算，进口环节增值税；消费税、资源税应纳税额的计算	企业所得税：收入总额，不征税收入和免税收入，扣除原则和范围

年份	第1题	第2题	第3题	第4题	第5题	第6题
2014（A卷）	营业税、消费税、增值税应纳税额的计算	营业税应纳税额的计算	增值税：进口环节增值税的计算；关税、城建税和两个附加的计算；资源税：计税依据，应纳税额的计算	个人所得税：工资薪金所得、劳务报酬所得、利息股息红利所得、财产租赁所得应纳税额的计算，免征个人所得税的优惠	企业所得税：收入总额，扣除原则和范围，投资资产的税务处理，企业重组的一般性税务处理方法，居民企业应纳税额的计算，居民企业核定征收应纳税额的计算	增值税：销项税额、进项税额的计算，一般纳税人、简易征税方法应纳税额的计算，进口环节增值税的计算；消费税、关税、城建税和两个附加的计算
2014（B卷）	消费税、增值税应纳税额的计算	营业税应纳税额的计算	契税、印花税、房产税、城镇土地使用税应纳税额的计算	个人所得税：工资薪金所得、财产租赁所得应纳税额的计算	增值税：销项税额、进项税额的计算；消费税、关税、城建税和两个附加的计算	企业所得税：收入总额，扣除原则和范围，居民企业应纳税额的计算
2015	消费税：生产销售环节、委托加工环节应纳消费税的计算，已纳消费税扣除的计算	土地增值税：扣除项目、增值额的确定，应纳税额的计算方法；印花税税额计算及计税金额的规定	个人所得税：工资薪金所得应纳税额的计算，自行申报纳税，代扣代缴纳税	企业所得税：居民企业应纳税额的计算；增值税、城建税和两个附加的计算；税务登记管理	增值税：销项税额、进项税额的计算，一般纳税人、简易计税方法应纳税额的计算，进口环节增值税的征收；关税的计算	企业所得税：收入总额，扣除原则和范围，资产损失税前扣除管理
2016	国际税收：抵免法的适用范围，境外应纳税所得额的计算，抵免限额的计算，实际抵免境外税额的计算；企业所得税：境外所得抵扣税额的计算	个人所得税：工资薪金所得、利息股息红利所得、财产租赁所得、财产转让所得应纳税额的计算，免征个人所得税的优惠，自行申报纳税	消费税：计税依据的特殊规定，生产销售环节应纳消费税的计算；增值税：一般纳税人应纳税额的计算	土地增值税：房地产开发企业土地增值税清算，扣除项目、增值额的确定，应纳税额的计算，城建税和两个附加的计算；契税的计算依据	企业所得税：扣除原则和范围，居民企业的主要税收优惠规定，居民企业应纳税额的计算；印花税、土地增值税、城建税和两个附加的计算	增值税：销项税额、进项税额的计算，一般纳税人、简易征税方法应纳税额的计算，进口环节增值税的征收；关税、车辆购置税、城建税和两个附加的计算

年份	第1题	第2题	第3题	第4题	第5题	第6题
2017	资源税：减免税，计税依据，应纳税额的计算	个人所得税：一次性补偿收入、个体工商户的生产经营所得、财产租赁所得、劳务报酬所得应纳税额的计算，免征个人所得税的优惠	土地增值税：房地产开发企业土地增值税开发成本包含项目，开发费用扣除标准，增值额的确定，应纳税额的计算	消费税：委托加工环节应纳消费税的计算，已纳消费税扣除的计算，计税依据的特殊规定，生产销售环节应纳消费税的计算	增值税：税目区分，销项税额的计算，进项税额的计算，代扣代缴增值税应纳税额的计算，增值税税负测算，纳税地点；城建税和两个附加的计算	企业所得税：扣除原则和范围，居民企业的主要税收优惠规定，居民企业应纳税额的计算；城镇土地使用税、房产税、契税的计算
2018	消费税：白酒最低计税价格的核定，换、投、抵业务的计算，销售额的特殊规定，委托加工应税消费品消费税的计算	企业所得税+增值税：非居民企业境外所得已纳税额抵扣计算，代扣代缴增值税及企业所得税的计算，税务备案，没有合理商业目的转让股权的重新定性	个人所得税：企业年金个税的征收管理，个人公益捐赠扣除限额的计算，偶然所得应纳税额的计算，利息、股息、红利所得应纳税额计算	土地增值税：土增纳税申报的期限，存量房地产转让中房屋及建筑物的评估价格的计算，存量房地产的三项扣除的计算，土地增值税的计算	增值税：关税及关税完税价格的计算，进口环节应纳增值税的计算，非居民企业企业所得税额计算，外贸企业的出口退税额计算，在不动产所在地预缴的增值税及城建税的计算，进项税、销项税及应纳增值税的计算	企业所得税：固定资产的计税基础，居民企业核定征收应纳税额的计算，符合条件的技术转让所得计算，高新技术企业研发费用的扣除，国债利息收入税收优惠，三项经费及广告费、业务招待费的纳税调整计算，企税的计算

三、2019年计算问答题、综合题预测

序号	可能涉及的范围	2019年预测星级	2013	2014	2015	2016	2017	2018
1	增值税	★★★★★	★	★	★	★	★	★
2	消费税	★★★★★	★	★	★	★	★	★
3	企业所得税	★★★★★					★	★
4	个人所得税	★★★★★	★	★			★	★
5	土地增值税	★★★★★	★				★	★
6	城建税及附加	★★★★★	★	★			★	★
7	关税	★★★★★	★	★	★	★		★
8	资源税	★★★★	★	★			★	

续表

序号	可能涉及的范围	2019年预测星级	2013	2014	2015	2016	2017	2018
9	印花税	★★★★		★	★	★		
10	房产税	★★		★			★	
11	契税	★★		★		★	★	
12	车辆购置税	★				★		
13	国际税收税务管理实务	★				★		
14	城镇土地使用税	★					★	
15	环境保护税	★★						
16	耕地占用税	★						
17	船舶吨税	★						
18	车船税	★						

2

第二部分　计算问答题、综合题专题讲解

专题一　税法总论*

考点梳理

押题点　税收执法

（一）税收执法权范围

税收执法权是指税收机关依法征收税款，依法进行税收管理活动的权力，具体包括：

税款征收管理权、税务检查权、税务稽查权；税务行政复议裁决权、其他税收执法权。

其他税收执法权，如税务行政处罚。种类：警告（责令限期改正）、罚款、停止出口退税权、没收违法所得、收缴发票或者停止发售发票、提请吊销营业执照、通知出境管理机关阻止出境等。

（二）税务机构设置与职能

2018年3月13日通过的国务院机构改革方案：改革国地税征管体制，将省级和省级以下国税、地税机构合并。

1. 税务机构设置

（1）中央政府设立国家税务总局（正部级）；

（2）原有的省及省以下国税地税机构两个系统通过合并整合，统一设置为省、市、县三级税务局；

（3）实行以国家税务总局为主与省（自治区、直辖市）人民政府双重领导管理体制。

2. 国家税务总局主要职能

（1）具体起草税收法律法规草案及实施细则并提出税收政策建议

（2）承担组织实施中央税、共享税及法律法规规定的基金（费）的征收管理责任，力争税款应收尽收。

（3）办理进出口商品的税收及出口退税业务。

---

* 本专题一般不考查主观题，大多以客观题形式出现，特此注明。

(4)对全国国税系统实行垂直管理,协同省级人民政府对省级税务局实行双重领导。

(5)承办国务院交办的其他事项等。

(三)税收征收管理范围划分

1. 海关系统负责征收和管理的有:关税,船舶吨税,同时负责代征进出口环节的增值税和消费税。

2. 税务系统负责征收和管理的有:

(1)16 个税种。

(2)从2019 年 1 月 1 日起,各项社会保险费交由税务部门统一征收。

(四)税收收入划分——基于分税制的税收管理体制(见表1)

表 1　税收收入划分

收入划分	税种
中央政府固定收入——中央税	消费税(含进口环节海关代征的部分)、车辆购置税、关税、海关代征的进口环节增值税等
地方政府固定收入——地方税	城镇土地使用税、耕地占用税、土地增值税、房产税、车船税、契税、环境保护税和烟叶税等
中央政府与地方政府共享收入——共享税	3 大税:增值税、企业所得税、个人所得税 3 小税:城市维护建设税、资源税(海洋石油企业缴纳部分归中央政府,其余部分归地方政府)、印花税(证券交易印花税归中央,其他归地方)

专题二 增值税

考点梳理

押题点1 销售额

(一)一般销售方式下的销售额(见表2)

表 2　一般销售方式下的销售额

销售额中包含的内容	销售额中不包含的内容
(1)向购买方收取的全部价款和价外费用; (2)消费税等价内税金	(1)向购买方收取的销项税额; (2)受托加工应征消费税的消费品代收代缴的消费税税额; (3)符合条件代为收取的政府性基金或行政事业性收费; (4)销售货物同时代办保险等而向购买方收取的保险费、向购买方收取的代购买方缴纳的车辆购置税、车辆牌照费; (5)以委托方名义开具发票代委托方收取的款项

【提示】视为含税收入的情况

(1)商业企业零售价；

(2)价税合计收取的金额；

(3)价外费用；

(4)包装物押金。

(二)特殊销售方式下的销售额

1. 折扣折让方式(见表3)

表3　折扣折让方式

销售方式	税务处理	备注
折扣销售 (商业折扣)	(1)价款和折扣额在同一张发票"金额"栏上分别注明，折扣额可以从销售额中扣减； (2)未在同一张发票"金额"栏注明折扣额，折扣额不得从销售额中扣减	促销： 实物折扣：按视同销售中"赠送他人"处理，实物价款不能从原销售额中减除
销售折扣 (现金折扣)	折扣额不得从销售额中减除	鼓励及早还款。 计算企业所得税时，现金折扣计入"财务费用"，可税前扣除
销售折让	折让额可以从销售额中减除	因产品质量问题发生的折让

2. 以旧换新

(1)一般货物：按新货物同期销售价格确定销售额，不得扣减旧货物收购价格；

(2)金银首饰：按实际收到的不含税销售价格确定销售额。金银首饰在零售环节缴纳的消费税用同样方法确定销售额。

3. 还本销售

实际上是一种筹资行为，销售额就是货物的销售价格，不得扣减还本支出。

4. 以物易物

双方都应作购销处理，以各自发出的货物核算销售额并计算销项税额，以各自收到的货物按规定核算购进金额并计算进项税额。

5. 包装物押金(见表4)

表4　包装物押金的处理

包装物收入类型	是否计入销售额
包装物销售收入	直接计入货物的销售额
包装物租金收入	计入价外费用(含税)
包装物押金收入(不包括啤酒、黄酒以外的其他酒)	没有逾期的，不计税
	逾期或超过1年的，并入销售额(含税)
包装物押金收入(啤酒、黄酒以外的其他酒)	不看是否逾期，收取时直接计入销售额(含税)
押金属含税销售额：包装物押金不含税收入＝包装物押金收入÷(1+所包装货物适用税率)	

6. 贷款服务的销售额

以提供贷款服务取得的全部利息及利息性质的收入为销售额。不得扣减利息支出。

(三)按差额确定销售额

1. 金融商品转让(6%)：销售额＝卖出价-买入价

(1)不得扣除买卖交易中的其他税费，不得开具增值税专用发票；

(2)转让金融商品出现的正负差，按盈亏相抵后的余额为销售额。若相抵后出现负差，可结转下一纳税期与下期转让金融商品销售额相抵，但年末时仍出现负差的，不得转入下一个会计年度。

2. 经纪代理服务(6%)

销售额＝取得的全部价款和价外费用-向委托方收取并代为支付的政府性基金或者行政事业性收费。

3. 融资租赁和融资性售后回租业务

融资租赁属于"现代服务—租赁服务"(10%或16%)：以取得的全部价款和价外费用，扣除支付的借款利息(包括外汇借款和人民币借款利息)、发行债券利息和车辆购置税后的余额为销售额；

融资性售后回租属于"金融服务—贷款服务"(6%)：以取得的全部价款和价外费用(不含本金)，扣除对外支付的借款利息(包括外汇借款和人民币借款利息)、发行债券利息后的余额作为销售额。

4. 航空运输企业(10%)：销售额＝取得的全部价款和价外费用-代收的机场建设费-代售其他航空运输企业客票而代收转付的价款。

【新增】航空运输销售代理企业提供境内机票代理服务：以取得的全部价款和价外费用，扣除向客户收取并支付给航空运输企业或其他航空运输销售代理企业的境内机票净结算款和相关费用后的余额为销售额。

5. 一般纳税人提供客运场站服务(6%)：销售额＝取得的全部价款和价外费用-支付给承运方运费。

6. 旅游服务(6%)

销售额＝取得的全部价款和价外费用-向旅游服务购买方收取并支付给其他单位或者个人的住宿费、餐饮费、交通费、签证费、门票费和支付给其他接团旅游企业的旅游费用。

7. 建筑服务(适用简易计税方法的3%)

销售额＝取得的全部价款和价外费用-支付的分包款。

8. 房地产开发企业中的一般纳税人销售其开发的房地产项目(10%，选择简易计税方法的老项目除外)

销售额＝取得的全部价款和价外费用-受让土地时向政府部门支付的土地价款。

9. 转让不动产

(1)纳税人转让不动产，按照有关规定差额缴纳增值税的，如因丢失等原因无法提供取得不动产时的发票，可向税务机关提供其他能证明契税计税金额的完税凭证等资料，进行差额扣除。

(2)纳税人以契税计税金额进行差额扣除的,按照以下公式计算增值税应纳税额:

①2016 年 4 月 30 日及以前缴纳契税的:

增值税应纳税额=[全部交易价格(含增值税)-契税计税金额(含营业税)]÷(1+5%)×5%

②2016 年 5 月 1 日及以后缴纳契税的:

增值税应纳税额=[全部交易价格(含增值税)÷(1+5%)-契税计税金额(不含增值税)]×5%

(3)纳税人同时保留取得不动产时的发票和其他能证明契税计税金额的完税凭证等资料的,应当凭发票进行差额扣除。

10. 纳税人提供劳务派遣服务

差额纳税销售额=全部价款和价外费用-代用工单位支付给劳务派遣员工的工资、福利和为其办理社会保险及住房公积金。

(1)一般纳税人选择差额纳税,适用简易计税方法(5%);

(2)小规模纳税人全额纳税(3%),也可以选择差额纳税(5%)。

押题点 ❷ 进项税额

(一)准予从销项税额中抵扣的进项税额

1. 购进农产品

除取得增值税专用发票或者海关进口增值税专用缴款书外,按照农产品收购发票或者销售发票上注明的农产品买价和10% 的扣除率计算的进项税额,国务院另有规定的除外(纳税人购进用于生产销售或委托加工 16% 税率货物的农产品,按照12% 的扣除率计算进项税额。即此类用途计算扣除率为 12%,其他情形扣除率为 10% 。)。

进项税额=买价×扣除率

农产品采购成本=买价×(1-扣除率)

【提示】烟叶税

(1)纳税人:在中华人民共和国境内收购烟叶的单位为烟叶税的纳税人

(2)征税范围:晾晒烟叶和烤烟叶

(3)税率、应纳税额的计算和征收管理(见表 5)

表 5 烟叶税税率、税额计算和征收管理

税率	20%		
税额计算	应纳税额=实际支付价款总额×税率=收购价款×(1+10%)×税率 纳税人收购烟叶实际支付的价款总额包括纳税人支付给烟叶生产销售单位和个人的烟叶收购价款和价外补贴。其中,价外补贴统一按烟叶收购价款的 10% 计算		
征收管理	(1)纳税义务发生时间:收购烟叶的当天; (2)纳税地点:烟叶收购地的主管税务机关; (3)纳税期限:按月计征,于纳税义务发生月终了之日起15 日内申报纳税		

2. 核定扣除试点办法

(1)核定扣除试点范围:以购进农产品为原料生产销售液体乳及乳制品、酒及酒精、植物油的增值税一般纳税人。

（2）农产品增值税进项税额的核定方法

①以购进农产品为原料生产货物的，农产品增值税进项税额按照以下方法核定：

A. 投入产出法：参照国家标准、行业标准确定销售单位数量货物耗用外购农产品的数量（农产品单耗数量）。

当期允许抵扣农产品增值税进项税额＝当期农产品耗用数量×平均购买单价×扣除率÷（1＋扣除率）［注意：扣除率为销售货物的适用税率（下同）］

当期农产品耗用数量＝当期销售货物数量×农产品单耗数量

B. 成本法：依据试点纳税人年度会计核算资料，计算确定耗用农产品的外购金额占生产成本的比例（农产品耗用率）。

当期允许抵扣农产品增值税进项税额＝当期主营业务成本×农产品耗用率×扣除率÷（1＋扣除率）

农产品耗用率＝上年投入生产的农产品外购金额÷上年生产成本

C. 参照法：新办的试点纳税人或者试点纳税人新增产品的，试点纳税人可参照所属行业或者生产结构相近的其他试点纳税人确定农产品单耗数量或者农产品耗用率。

②试点纳税人购进农产品直接销售的，农产品增值税进项税额按照以下方法核定扣除：

当期允许抵扣农产品增值税进项税额＝当期销售农产品数量÷（1－损耗率）×农产品平均购买单价×10%÷（1＋10%）

损耗率＝损耗数量÷购进数量×100%

③试点纳税人购进农产品用于生产经营且不构成货物实体的（包括包装物、辅助材料、燃料、低值易耗品等），增值税进项税额按照以下方法核定扣除：

当期允许抵扣农产品增值税进项税额＝当期耗用农产品数量×农产品平均购买单价×10%÷（1＋10%）

3. 分期抵扣办法

（1）2016 年 5 月 1 日后取得并在会计制度上按固定资产核算的不动产或者 2016 年 5 月 1 日后取得的不动产在建工程，其进项税额应自取得之日起分 2 年从销项税额中抵扣，第一年抵扣 60%，第二年抵扣 40%。（第一年 60% 在扣税凭证认证当月，第二年 40% 在取得扣税凭证的当月起第 13 个月。）

（2）需要分 2 年抵扣的不动产范围：

①取得的不动产包括以直接购买、接受捐赠、接受投资入股以及抵债等各种形式取得的不动产，并在会计制度上按固定资产核算的不动产。

②发生的不动产在建工程包括新建、改建、扩建、修缮、装饰不动产。

③纳税人 2016 年 5 月 1 日后购进货物和设计服务、建筑服务，用于新建不动产，或者用于改建、扩建、修缮、装饰不动产并增加不动产原值超过 50% 的。

（3）购进时已全额抵扣进项税额的货物和服务，转用于不动产在建工程的，其已抵扣进项税额的 40% 部分，应于转用的当期从进项税额中扣减，计入待抵扣进项税额，并于转用的当月起第 13 个月从销项税额中抵扣。

(4)不得抵扣进项税额的不动产，发生用途改变，用于允许抵扣进项税额项目的，按照下列公式在改变用途的次月计算可抵扣进项税额：

可抵扣进项税额＝增值税扣税凭证注明或计算的进项税额×不动产净值率

不动产净值率＝(不动产净值÷不动产原值)×100%

4. 收费公路通行费

(1)高速公路通行费

可抵扣进项税额＝高速公路通行费发票上注明的金额÷(1+3%)×3%

(2)一级公路、二级公路、桥、闸通行费

可抵扣进项税额＝一级公路、二级公路、桥、闸通行费发票上注明的金额÷(1+5%)×5%

(二)不得从销项税额中抵扣的进项税额

1. 用于简易计税方法计税项目、免征增值税项目、集体福利或者个人消费的购进货物、劳务、服务、无形资产和不动产。

涉及的固定资产、无形资产、不动产，仅指专用于上述项目的固定资产、无形资产、不动产；发生兼用于上述项目的可以抵扣。

2. 非正常损失的购进货物，以及相关劳务和交通运输服务。

3. 非正常损失的在产品、产成品所耗用的购进货物(不包括固定资产)、劳务和交通运输服务。

非正常损失货物的进项税额在增值税中不得扣除，需做进项税额转出处理；在企业所得税中，经批准准予作为财产损失扣除。

4. 非正常损失的不动产，以及该不动产所耗用的购进货物、设计服务和建筑服务。

5. 非正常损失的不动产在建工程(包括新建、改建、扩建、修缮、装饰)所耗用的购进货物、设计服务和建筑服务。

非正常损失，指因管理不善造成货物被盗、丢失、霉烂变质，以及因违反法律法规造成货物或者不动产被依法没收、销毁、拆除的情形。

6. 购进的旅客运输服务、贷款服务、餐饮服务、居民日常服务、娱乐服务(住宿服务和旅游服务可抵扣)。

贷款服务中向贷款方支付的与该笔贷款直接相关的投融资顾问费、手续费、咨询费等费用，其进项税额不得从销项税额中抵扣。

7. 适用一般计税方法的纳税人，兼营简易计税方法计税项目、免征增值税项目而无法划分不得抵扣的进项税额，按照下列公式计算不得抵扣的进项税额：

不得抵扣的进项税额＝当期无法划分的全部进项税额×(当期简易计税方法计税项目销售额+免征增值税项目销售额)÷当期全部销售额

8. 购进货物或应税劳务和应税行为的进项税额已经抵扣后改变用途，用于不得抵扣的情形，应当从当期的进项税额中扣减。

(1)原已作为进项税额抵扣的以后发生不得抵扣的情形做进项税额转出：

原购进时专用发票抵扣：计入原材料(货物)成本的价格部分×对应的税率

原购进时计算抵扣的农产品(还原成买价)：[计入材料(货物)的成本÷(1-适用税率)]×

扣除率

（2）无法确定该项进项税额的，按当期实际成本计算应扣减的进项税额。

实际成本=进价+运费+保险费+其他有关费用

9. 向供货方取得返还收入的税务处理。

对商业企业向供货方收取的与商品销售量、销售额挂钩（如以一定比例、金额、数量计算）的各种返还收入，均应按照平销返利行为的有关规定冲减当期增值税进项税金。

当期应冲减进项税金=当期取得的返还资金÷（1+所购货物适用税率）×所购货物适用增值税税率

商业企业向供货方收取的各种返还收入，一律不得开具增值税专用发票。

押题点 ③ 纳税人转让不动产增值税征收管理暂行办法（不适用于房地产开发企业销售自行开发的房地产项目）

1. 向不动产所在地—税务机关—预缴税款

向机构所在地—税务机关—申报纳税

2. 非自建项目的转让差额=取得的全部价款和价外费用−不动产购置原价或者取得不动产时的作价

自建项目以取得的全部价款和价外费用为销售额。

【总结】老项目选择简易计税方法、小规模纳税人适用简易计税方法。

纳税人转让不动产增值税的处理规定（见表6）。

表6　纳税人转让不动产增值税处理规定

项目性质	类别	方法	预缴与申报
2016. 4. 30 日前取得	非自建	可选择简易计税方法	预缴增值税=转让差额÷（1+5%）×5%
			申报与预缴相同
	自建		预缴增值税=出售全额÷（1+5%）×5%
			申报与预缴相同
	非自建	选择一般计税方法	预缴增值税=转让差额÷（1+5%）×5%
			申报增值税=出售全额÷（1+10%）×10%−进项税额−预缴税款
	自建		预缴增值税=出售全额÷（1+5%）×5%
			申报增值税=出售全额÷（1+10%）×10%−进项税额−预缴税款
2016. 5. 01 日后取得	非自建	适用一般计税方法	预缴增值税=转让差额÷（1+5%）×5%
			申报增值税=出售全额÷（1+10%）×10%−进项税额−预缴税款
	自建		预缴增值税=出售全额÷（1+5%）×5%
			申报增值税=出售全额÷（1+10%）×10%−进项税额−预缴税款

3. 个人转让其购买的住房

其他个人向住房所在地主管税务机关申报纳税，无须预缴。个人转让其购买住房的增值税具体处理规定(见表7)。

表7　个人转让购买住房的增值税处理

不同情况			增值税处理
其他个人	购买不足2年		全额缴税：出售全价÷(1+5%)×5%
	购买2年以上	北上广深 非普通住房	差额缴税：转让差额÷(1+5%)×5%
		北上广深 普通住房	免税
		除北上广深外的地区	免税

押题点④ 纳税人跨县(市、区)提供建筑服务增值税征收管理暂行办法(不适用于其他个人)

(1)向建筑服务发生地—税务机关—预缴税款

向机构所在地—税务机关—申报纳税

(2)计税差额=全部价款和价外费用-支付的分包款

计税差额为负数的，可结转下次预缴税款时继续扣除。

纳税人跨县(市、区)提供建筑服务增值税的具体处理规定(见表8)。

表8　纳税人跨县(市、区)提供建筑服务增值税处理规定

纳税人	计税方法	预缴税款	申报纳税
一般纳税人	适用一般计税方法	应预缴税款=差额÷(1+10%)×2%	申报增值税=含税销售额÷(1+10%)×10%-进项税额-预缴税款
	选择简易计税方法(老项目、甲供、清包)	应预缴税款=差额÷(1+3%)×3%	申报增值税=含税销售额÷(1+3%)×3%-预缴税款
小规模纳税人	简易计税方法	应预缴税款=差额÷(1+3%)×3%	申报增值税=含税销售额÷(1+3%)×3%-已预缴税款

(3)纳税人跨县(市、区)提供建筑服务，向建筑服务发生地主管税务机关预缴的增值税税款，可以在当期增值税应纳税额中抵减，抵减不完的，结转下期继续抵减。

(4)自应当预缴之月起超过6个月没有预缴税款的，由机构所在地主管税务机关按照相关规定进行处理。

押题点⑤ 纳税人提供不动产经营租赁服务增值税征收管理暂行办法(不适用于纳税人提供道路通行服务)

(1)向不动产所在地—税务机关—预缴税款

向机构所在地—税务机关—申报纳税

纳税人提供不动产经营租赁服务增值税具体处理规定(见表9)。

表9 纳税人提供不动产经营租赁服务增值税处理规定

纳税人	不同情况	增值税处理
一般纳税人	2016 年 4 月 30 日之前取得	可选简易征收 5% 预缴税款=含税销售额÷(1+5%)×5%
	2016 年 5 月 1 日之后取得	一般计税方法 预缴税款=含税销售额÷(1+10%)×3%
小规模纳税人	非住房	简易征收 5% 应纳税款=含税销售额÷(1+5%)×5%
	住房	个体工商户简易征收 5%，减按 1.5% 计税(其他个人同样) 应纳税款=含税销售额÷(1+5%)×1.5%

(2)其他个人出租住房，按5%的征收率减按1.5%计算应纳税额。

(3)其他个人出租不动产，向不动产所在地主管税务机关申报纳税，无须预缴。

押题点 ⑥ 房地产开发企业销售自行开发的房地产项目增值税征收管理暂行办法

1. 一般计税方法(10%)

销售额=(全部价款和价外费用−当期允许扣除的土地价款)÷(1+10%)

当期允许扣除的土地价款=(当期销售房地产项目建筑面积÷房地产项目可供销售建筑面积)×支付的土地价款

进项税：房地产开发企业中的一般纳税人自行开发的房地产项目，不执行进项税额分期抵扣政策，其进项税额可一次性抵扣。

2. 选择适用简易计税方法(5%)

销售额为取得的全部价款和价外费用，不得扣除对应的土地价款。

【总结】见表10。

表10 房地产开发企业销售自行开发的房地产项目增值税处理规定

纳税人	计税方法	预缴税款	申报纳税
一般纳税人	适用一般计税方法	应预缴税款=预收款÷(1+10%)×3%	申报增值税=含税销售额÷(1+10%)×10%−进项税额−预缴税款
	选择简易计税方法(老项目)	应预缴税款=预收款÷(1+5%)×3%	申报增值税=含税销售额÷(1+5%)×5%−已预缴税款
小规模纳税人	适用简易计税方法		

押题点 ⑦ 进口环节增值税的征收

(一)进口环节增值税应纳税额计算

纳税人进口货物，按照组成计税价格和规定税率计算应纳税额。

组成计税价格=关税完税价格+关税+消费税

应纳进口增值税=组成计税价格×税率

跨境电子商务零售进口商品以实际交易价格(包括货物零售价格、运费和保险费)作为完税价格。

(二)跨境电子商务零售进口商品

(1)税率：16%、10%。

【新增】对进口抗癌药品，自2018年5月1日起，减按3%征收进口环节增值税。对进口罕见病药品，自2019年3月1日起，减按3%征收进口环节增值税。

(2)单次交易限值为人民币5000元，个人年度交易限值为人民币26000元以内进口的跨境电子商务零售进口商品，关税税率暂设为0%。

跨境电子商务零售进口商品的进口环节增值税、消费税取消免征税额，暂按法定应纳税额的70%征收。完税价格超过5000元单次交易限值但低于26000元年度交易限值，且订单下仅一件商品时，可以自跨境电商零售渠道进口，按照货物税率全额征收关税和进口环节增值税、消费税，交易额计入年度交易总额，但年度交易总额超过年度交易限值的，应按一般贸易管理。

(三)征收管理

(1)纳税义务发生时间：报关进口的当天。

(2)纳税地点：报关地海关。

(3)纳税期限：自海关填发缴款书之日起15日内，由海关代征。

(4)跨境电子商务零售进口商品由海关代征进口税金。自海关放行之日起30日内退货的，可申请退税，并相应调整个人年度交易总额。

押题点 ⑧ 税率(2019年改动!)

增值税税率的具体规定(见表11)。

表 11　增值税税率

增值税税率	具体规定
基本税率16% (2019.4.1改为13%)	(1)纳税人销售或者进口货物； (2)纳税人提供加工、修理修配劳务(应税劳务)； (3)有形动产租赁服务(包括水路运输的光租业务和航空运输的干租业务)
低税率10%的货物 (2019.4.1改为9%)	(1)粮食(不含淀粉)、食用植物油(含花椒油、橄榄油、核桃油、杏仁油、葡萄籽油和牡丹籽油，不含环氧大豆油、氢化植物油、肉桂油、桉油和香茅油)、鲜奶(不含调制乳)； (2)自来水、暖气、冷气、热水、煤气、石油液化气、天然气、沼气、居民用煤炭制品(不包括原煤和工业用煤)； (3)图书、报纸、杂志、音像制品、电子出版物； (4)饲料、化肥、农药、农机(不包括农机零部件)、农膜； (5)农产品(含动物骨粒、干姜、姜黄、人工合成牛胚胎；不含麦芽、复合胶、人发)、食用盐、二甲醚

续表

增值税税率	具体规定
低税率10%的服务 (2019.4.1改为9%)	(1)交通运输服务; (2)邮政服务; (3)基础电信服务; (4)建筑服务; (5)不动产租赁服务; (6)销售不动产; (7)转让土地使用权
低税率6%	(1)现代服务(租赁服务除外); (2)增值电信服务; (3)金融服务; (4)生活服务; (5)销售无形资产(**转让土地使用权除外**)。 【新增】纳税人通过省级土地行政主管部门设立的交易平台转让补充耕地指标,按照销售无形资产缴纳增值税,税率为6%
零税率	(1)除国务院另有规定外,纳税人出口货物,税率为零; (2)财政部和国家税务总局规定的跨境应税行为,税率为零。主要包括国际运输服务,航天运输服务,向境外单位提供的完全在境外消费的下列服务:研发服务、合同能源管理服务、设计服务、广播影视节目(作品)的制作和发行服务、软件服务、电路设计及测试服务、信息系统服务、业务流程管理服务、离岸服务外包业务、转让技术; (3)境内单位和个人以无运输工具承运方式提供的国际运输服务,由境内实际承运人适用增值税零税率;无运输工具承运业务的经营者适用免税政策

【提示】易混点

(1)无运输工具承运—交通运输服务10%;

(2)邮政代理—邮政服务10%;

(3)广告代理—文化创意服务6%;

(4)金融代理、货运代理、法律代理、代理记账—商务辅助服务6%。

押题点 9 征收率

增值税征收率的具体规定(见表12)。

表 12　增值税征收率

增值税征收率	具体规定
征收率3%	(1)增值税小规模纳税人(除营改增适用5%征收率以外); (2)一般纳税人采用简易计税方法(除营改增适用5%征收率以外); (3)销售自己使用过的固定资产和旧货。 【新增】自2018年5月1日起,增值税一般纳税人生产销售和批发、零售抗癌药品,可选择按照简易办法依照3%征收率计算缴纳增值税。 自2019年3月1日起,增值税一般纳税人生产销售和批发、零售罕见病药品,可选择按照简易办法依照3%征收率计算缴纳增值税

续表

增值税征收率	具体规定
征收率5%	"营改增"的特殊项目： （1）小规模纳税人销售自建或者取得的不动产； （2）一般纳税人选择简易计税方法计税的不动产销售； （3）房地产开发企业中的小规模纳税人，销售自行开发的房地产项目； （4）其他个人销售其取得（不含自建）的不动产（不含其购买的住房）； （5）一般纳税人选择简易计税方法计税的不动产经营租赁； （6）小规模纳税人出租（经营租赁）其取得的不动产（不含个人出租住房）； （7）其他个人出租（经营租赁）其取得的不动产（不含住房）； （8）个人出租住房，按5%的征收率减按1.5%计算应纳税额；（个税10%、房产税4%） （9）一般纳税人和小规模纳税人提供劳务派遣服务选择差额纳税的； （10）一般纳税人2016年4月30日前签订的不动产融资租赁合同，或以2016年4月30日前取得的不动产提供的融资租赁服务，选择适用简易计税方法的； （11）一般纳税人收取试点前开工的一级公路、二级公路、桥、闸通行费，选择适用简易计税方法的； （12）一般纳税人提供人力资源外包服务，选择适用简易计税方法的； （13）纳税人转让2016年4月30日前取得的土地使用权，选择适用简易计税方法的

销售自己使用过的固定资产和旧货的处理（3%征收率减按2%），纳税人可以放弃减税，按照简易办法依照3%征收率缴纳增值税，并可以开具增值税专用发票。

纳税人销售自己使用过的物品或旧货（见表13）。

表13 纳税人销售自己使用过的物品或旧货

销售标的	纳税人类型	税务处理	
固定资产以外的货物	小规模纳税人	增值税＝售价÷（1+3%）×3%	
	一般纳税人	适用16%或10%的增值税税率	
自己使用过的固定资产	小规模纳税人	增值税＝售价÷（1+3%）×2%	
	一般纳税人	销售使用过的、已抵扣进项税额的固定资产	适用16%或10%税率
		销售使用过的、不得抵扣且未抵扣进项税额的固定资产	增值税＝售价÷（1+3%）×2%
旧货	纳税人	增值税＝售价÷（1+3%）×2%	
物品	其他个人	免税	

押题点 10 征税范围的特殊项目

（1）存款利息不征收增值税。

（2）被保险人获得的保险赔付不征收增值税。

（3）房地产主管部门或者其指定机构、公积金管理中心、开发企业以及物业管理单位代收的住宅专项维修资金，不征收增值税。

（4）纳税人在资产重组过程中，通过合并、分立、出售、置换等方式，将全部或者部分实物资产以及与其相关联的债权、负债和劳动力一并转让给其他单位和个人，不属于增值税的征税范围。

（5）罚没物品：执罚部门和单位查处的具备拍卖条件或不具备拍卖条件的属于一般商业部门经营的商品，取得的收入如数上缴财政，不予征税。购入方再销售的照章纳税。

（6）航空运输企业已售票但未提供航空运输服务取得的逾期票证收入，按照航空运输服务征收增值税。

（7）纳税人取得的中央财政补贴，不征收增值税。

（8）融资性售后回租业务中，承租方出售资产的行为，不属于增值税的征收范围，不征收增值税。

（9）药品生产企业销售自产创新药的销售额，为向购买方收取的全部价款和价外费用，其提供给患者后续免费使用的相同创新药，不属于增值税视同销售范围。

押题点 11 征税范围的特殊行为

（一）视同发生应税销售行为

（1）将货物交付其他单位或个人代销；（纳税义务发生时间为收到代销清单或收到全部或部分货款的当天，未收到代销清单或货款的，为发出代销货物满180天的当天）

（2）销售代销货物；

（3）设有两个以上机构并实行统一核算的纳税人，将货物从一个机构移送至其他机构用于销售，但相关机构设在同一县（市）的除外；

（4）将自产或委托加工的货物用于非应税项目、集体福利或个人消费；

（5）将自产、委托加工或购进的货物作为投资、分配给股东或投资者、无偿赠送其他单位或个人；

（6）单位或者个体工商户向其他单位或者个人无偿销售应税服务、无偿转让无形资产或者不动产，但用于公益事业或者以社会公众为对象的除外。

视同发生应税销售行为销售额的确定

纳税人发生应税销售行为的情形，价格明显偏低并无正当理由的，或者发生应税销售行为而无销售额的，由主管税务机关按照下列顺序核定销售额：

（1）按照纳税人最近时期发生同类应税销售行为的平均价格确定；

（2）按照其他纳税人最近时期发生同类应税销售行为的平均价格确定；

（3）按组成计税价格确定。

组成计税价格＝成本×（1＋成本利润率）

或者＝成本×（1＋成本利润率）＋消费税＝成本×（1＋成本利润率）÷（1－消费税税率）

（二）混合销售（具有从属关系）

（1）一项销售行为如果既涉及货物又涉及服务，为混合销售。

(2)从事货物的生产、批发或者零售的单位和个体工商户的混合销售，按照销售货物缴纳增值税；其他单位和个体工商户的混合销售，按照销售服务缴纳增值税。

(三)兼营行为(没有从属关系)

(1)纳税人同时兼有销售货物、提供应税劳务、发生应税行为，适用不同税率或征收率。

(2)分别核算适用不同税率或者征收率的销售额，未分别核算销售额的，从高适用税率或征收率。

【注意】 纳税人销售活动板房、机器设备、钢结构件等自产货物的同时提供建筑、安装服务，不属于混合销售，应分别核算货物和建筑服务的销售额，分别适用不同的税率或者征收率。

押题点 12 计算应纳税额的时间限定

(一)计算销项税额的时间限定

纳税人发生应税销售行为，其纳税义务发生时间为收讫销售款项或者取得索取销售款项凭据的当天；先开具发票的，为开具发票的当天。

(1)直接收款方式销售货物，为收到销售款或取得索取销售款凭据的当天。

(2)托收承付和委托银行收款方式销售货物，为发出货物并办妥托收手续的当天。

(3)赊销和分期收款方式销售货物，为书面合同约定的收款日期的当天，无书面合同的或书面合同没有约定收款日期的，为货物发出的当天。

(4)预收货款方式销售货物：一般为货物发出的当天，但生产销售生产工期超过 12 个月的大型机械设备、船舶、飞机等货物，为收到预收款或者书面合同约定的收款日期的当天。

(5)委托他人代销货物的：收到代销单位的代销清单或者收到全部或者部分货款的当天。未收到代销清单及货款，为发出代销货物满 180 天的当天。

(6)除将货物交付其他单位或者个人代销和销售代销货物以外的视同销售货物行为：货物移送的当天。

(7)进口货物：报关进口的当天。

(8)纳税人提供租赁服务采取预收款方式的，其纳税义务发生时间为收到预收款的当天。

(9)纳税人从事金融商品转让的，为金融商品所有权转移的当天。

(10)纳税人发生视同销售服务、无形资产或者不动产情形的，其纳税义务发生时间为服务、无形资产转让完成的当天或者不动产权属变更的当天。

(二)增值税专用发票进项税额抵扣的时间限定

取消增值税发票认证。一般纳税人取得增值税发票(包括增值税专用发票、机动车销售统一发票、收费公路通行费增值税电子普通发票)后，可以自愿使用增值税发票选择确认平台查询、选择用于申报抵扣、出口退税或者代办退税的增值税发票信息。

(三)海关进口增值税专用缴款书进项税额抵扣的时间限定

增值税一般纳税人取得的 2017 年 7 月 1 日及以后开具的海关进口增值税专用缴款书，应自开具之日起 360 日内向主管税务机关报送《海关完税凭证抵扣清单》，申请稽核比对。

押题点 **13** 出口货物的"免、抵、退"计算

1. 当期应纳税额的计算

当期应纳税额＝当期销项税额－（当期进项税额－当期不得免征和抵扣税额）

当期不得免征和抵扣税额＝当期出口货物离岸价×外汇人民币折合率×（出口货物适用税率－出口货物退税率）－当期不得免征和抵扣税额抵减额

当期不得免征和抵扣税额抵减额＝当期免税购进原材料价格×（出口货物适用税率－出口货物退税率）

2. 当期"免、抵、退"税额的计算

当期"免、抵、退"税额＝当期出口货物离岸价×外汇人民币折合率×出口货物退税率－当期"免、抵、退"税额抵减额

当期"免、抵、退"税额抵减额＝当期免税购进原材料价格×出口货物退税率

3. 当期应退税额和免抵税额的计算

当期应退税额为"当期期末留抵税额"与"当期免、抵、退税额"中的较小者。

当期免抵税额＝当期"免、抵、退"税额－当期应退税额

出口货物的"免、抵、退"计算（见表14）。

表14　出口货物的"免、抵、退"计算

步骤	涉及项目	计算过程
剔税	免抵退税不得免征和抵扣税额	A＝离岸价×外汇牌价×（征税率－退税率）－免税料件价×（征税率－退税率）
抵税	当期应纳税额	B＝当期内销货物销项税－（当期进项税－A）－上期留抵税额
限额	免抵退税额	C＝离岸价×外汇牌价×退税率－免税料件价×退税率
比较	应退税额	比较B和C中较小的，作为应退税额
倒挤	确定免抵税额	若应退税额为B，免抵税额为C－B 若应退税额为C，免抵税额为0

一般贸易和进料加工（或国内免税料件）"免、抵、退"计算步骤对比（见表15）。

表15　计算步骤对比

一般贸易	进料加工（或国内免税料件）
	第1步：剔税抵减额
第1步：剔税	第2步：剔税
第2步：抵税	第3步：抵税
	第4步：免抵退税额抵减额
第3步：算尺度	第5步：算尺度
第4步：比较确定应退税额	第6步：比较确定应退税额
第5步：确定免抵税额	第7步：确定免抵税额

押题点 ⑭ 税收优惠

（一）《增值税暂行条例》规定的免税项目

1. 农业生产者销售的自产农产品

对农业生产者销售的外购农产品，以及单位和个人外购农产品生产、加工后销售的仍然属于规定范围的农业产品，不属于免税的范围，应按规定的税率征收增值税。

纳税人采取"公司+农户"经营模式从事畜禽饲养，纳税人回收再销售畜禽，属于农业生产者销售自产农产品。

2. 避孕药品和用具；

3. 古旧图书：向社会收购的古书和旧书；

4. 直接用于科学研究、科学试验和教学的进口仪器、设备；

5. 外国政府、国际组织无偿援助的进口物资和设备；

6. 由残疾人的组织直接进口供残疾人专用的物品；

7. 销售的自己使用过的物品。自己使用过的物品，是指其他个人自己使用过的物品。

（二）"营改增"的下列项目免征增值税

1. 个人转让著作权；

2. 个人销售自建自用住房；

3. 纳税人提供的直接或者间接国际货物运输代理服务；

4. 为了配合国家住房制度改革，企业、行政事业单位按房改成本价、标准价出售住房取得的收入；

5. 将土地使用权转让给农业生产者用于农业生产；

6. 保险公司开办的一年期以上人身保险产品取得的保费收入；

7. 再保险服务；

8. 纳税人提供技术转让、技术开发和与之相关的技术咨询、技术服务；

9. 符合条件的合同能源管理服务；

10. 以下利息收入：

（1）自 2017 年 1 月 1 日至 2019 年 12 月 31 日，对金融机构农户小额贷款的利息收入；

（2）国家助学贷款；

（3）国债、地方政府债；

（4）人民银行对金融机构的贷款；

（5）住房公积金管理中心用住房公积金在指定的委托银行发放的个人住房贷款；

（6）外汇管理部门在从事国家外汇储备经营过程中，委托金融机构发放的外汇贷款；

（7）统借统还业务中，企业集团或企业集团中的核心企业以及集团所属财务公司按不高于支付给金融机构的借款利率水平或者支付的债券票面利率水平，向企业集团或者集团内下属单位收取的利息；

【注意】自 2019 年 2 月 1 日至 2020 年 12 月 31 日，对企业集团内单位（含企业集团）之间的资金无偿借贷行为，免征增值税。

(8)自2018年11月7日起至2021年11月6日止，对境外机构投资境内债券市场取得的债券利息收入。

11. 下列金融商品转让收入：

(1)合格境外投资者(QFII)委托境内公司在我国从事证券买卖业务；

(2)香港市场投资者(包括单位和个人)通过沪港通和深港通买卖上海证券交易所和深圳证券交易所上市A股；内地投资者(包括单位和个人)通过沪港通买卖香港联交所上市股票；

(3)对香港市场投资者(包括单位和个人)通过基金互认买卖内地基金份额；

(4)证券投资基金(封闭式证券投资基金，开放式证券投资基金)管理人运用基金买卖股票、债券；

(5)个人从事金融商品转让业务。

12. 2017年1月1日至2019年12月31日，对广播电视运营服务企业收取的有线数字电视基本收视维护费和农村有线电视基本收视费。

13. 对社保基金会、社保基金投资管理人在运用社保基金投资过程中，提供贷款服务取得的全部利息及利息性质的收入和金融商品转让收入。

14. 自2018年9月1日至2020年12月31日，对金融机构向小型企业、微型企业和个体工商户发放小额贷款取得的利息收入。

15. 境外教育机构与境内从事学历教育的学校开展中外合作办学，提供学历教育服务取得的收入。

16. 自2018年1月1日起至2020年12月31日，免征图书批发、零售环节增值税。

17. 自2018年1月1日起至2020年12月31日，对科普单位的门票收入，以及县级及以上党政部门和科协开展科普活动的门票收入免征增值税。

18. 自2019年1月1日至2021年12月31日，对国家级、省级科技企业孵化器、大学科技园和国家备案众创空间向在孵对象提供孵化服务取得的收入，免征增值税。

(三)财政部、国家税务总局规定的其他部分征免税项目

1. 免征蔬菜流通环节增值税

(1)对从事蔬菜批发、零售的纳税人销售的蔬菜免征增值税。经挑选、清洗、切分、晾晒、包装、脱水、冷藏、冷冻等工序加工的蔬菜，属于蔬菜的范围。各种蔬菜罐头不属于蔬菜的范围。

(2)纳税人既销售蔬菜又销售其他增值税应税货物的，应分别核算蔬菜和其他增值税应税货物的销售额；未分别核算的，不得享受蔬菜增值税免税政策。

2. 粕类产品征免增值税问题

(1)豆粕属于征收增值税的饲料产品。

(2)除豆粕以外的其他粕类饲料产品，均免征增值税。

3. 有机肥产品免征增值税

4. 债转股原企业免征增值税政策

按债转股企业与金融资产管理公司签订的债转股协议，债转股原企业将货物资产作为投资提供给债转股新公司的，免征增值税。

5. 小微企业新优惠政策

小规模纳税人发生增值税应税销售行为，合计月销售额未超过 10 万元(以 1 个季度为 1 个纳税期的，季度销售额未超过 30 万元，下同)的，免征增值税。

小规模纳税人发生增值税应税销售行为，合计月销售额超过 10 万元，但扣除本期发生的销售不动产的销售额后未超过 10 万元的，其销售货物、劳务、服务、无形资产取得的销售额免征增值税。

适用增值税差额征税政策的小规模纳税人，以差额后的销售额确定是否可以享受上述规定的免征增值税政策。

6. 供热企业

自 2016 年 1 月 1 日起至 2018 年供暖期结束，对供热企业向居民个人供热而取得的采暖费收入免征增值税。

7. 其他个人，采取一次性收取租金形式出租不动产取得的租金收入，可在对应的租赁期内平均分摊，分摊后的月租金收入未超过 10 万元的，免征增值税

8. 研发机构采购设备增值税退税政策

对内资研发机构和外资研发中心采购国产设备全额退还增值税。

9. 对赞助企业及参与赞助的下属机构根据赞助协议及补充赞助协议向北京冬奥组委免费提供的，与北京 2022 年冬奥会、冬残奥会、测试赛有关的服务，免征增值税。

10. 小规模纳税人月销售额未超过 10 万元的，当期因开具增值税专用发票已经缴纳的税款，在增值税专用发票全部联次追回或者按规定开具红字专用发票后，可以向主管税务机关申请退还。

(四)增值税即征即退

1. 软件产品的税务处理

(1)增值税一般纳税人销售其自行开发生产的软件产品，按 16% 的税率征收增值税后，对实际税负超过 3% 的部分实行即征即退；

(2)增值税一般纳税人将进口软件产品进行本地化改造后对外销售，享受增值税即征即退政策。

本地化改造是指对进口软件产品进行重新设计、改进、转换等，单纯对进口软件产品进行汉字化处理不包括在内。

2. 一般纳税人提供管道运输服务，对其增值税实际税负超过 3% 的部分实行增值税即征即退政策。

3. 经人民银行、银监会(现为银保监会)或者商务部批准从事融资租赁业务的试点纳税人中的一般纳税人，提供有形动产融资租赁服务和有形动产融资性售后回租服务，对其增值税实际税负超过 3% 的部分实行增值税即征即退政策。

4. 自 2018 年 5 月 1 日至 2020 年 12 月 31 日，对动漫企业增值税一般纳税人销售其自主开发生产的动漫软件，按照 16% 的税率征收增值税后，对其增值税实际税负超过 3% 的部分，实行即征即退政策。

5. 纳税人安置残疾人享受增值税即征即退优惠政策

(1)纳税人：安置残疾人的单位和个体工商户；

(2)纳税人本期应退增值税税额=本期所含月份每月应退增值税税额之和

月应退增值税额=纳税人本月安置残疾人员人数×本月月最低工资标准的4倍

(五)增值税先征后退政策

1. 100%先征后退政策

中小学的学生课本、少数民族文字出版物、盲文图书和盲文期刊等。

2. 先征后退50%的政策

各类图书、期刊、音像制品、电子出版物等(100%先征后退的出版物除外)。

押题点 15 一般纳税人和小规模纳税人的登记

(一)两类纳税人的划分

1. 划分标准

(1)经营规模——年应税销售额。

年应税销售额：纳税人在连续不超过12个月或四个季度的经营期内累计应征增值税销售额，包括纳税申报销售额、稽查查补销售额、纳税评估调整销售额。

【提示1】纳税人偶然发生的销售无形资产、转让不动产的销售额，不计入应税行为年应税销售额。

【提示2】销售服务、无形资产或者不动产有扣除项目的纳税人，其应税行为年应税销售额按未扣除之前的销售额计算。

(2)核算水平

按经营规模划分两类纳税人(见表16)

表16 纳税人分类

时效	小规模纳税人	一般纳税人
2018年5月1日起	年应征增值税销售额500万元及以下	年应征增值税销售额500万元以上
【重要变化——转登记】按原规定已登记为增值税一般纳税人的单位和个人，在2018年12月31日前，可转登记为小规模纳税人，或选择继续作为一般纳税人		

2. 关于两类纳税人之间的转换

纳税人登记为一般纳税人后，不得转为小规模纳税人，国家税务总局另有规定的除外。

以下政策属于另有规定的除外：

已登记为增值税一般纳税人的单位和个人，在2018年12月31日前，可转登记为小规模纳税人——转登记纳税人(一般人转小规模，只有一次)

(1)条件与期限：

①转登记日前连续12个月(以1个月为1个纳税期)或者连续4个季度(以1个季度为1个纳税期)累计应征增值税销售额(以下称应税销售额)未超过500万元的一般纳税人。

②期限：在2019年12月31日前，可选择转登记为小规模纳税人。

(2)纳税处理：

一般纳税人转登记为小规模纳税人后，自转登记日的下期起，按照简易计税方法计算缴纳增值税；转登记日当期仍按照一般纳税人的有关规定计算缴纳增值税。转登记之前的事项：

①转登记纳税人尚未申报抵扣的进项税额以及转登记日当期的期末留抵税额：计入"应交税费—待抵扣进项税额"核算；尚未申报抵扣的进项税额计入"应交税费—待抵扣进项税额"。

②转登记纳税人在一般纳税人期间发生购、销业务，自转登记日的下期起发生销售折让、中止或者退回的，调整转登记日当期的销项税额、进项税额和应纳税额。

③转登记纳税人在一般纳税人期间发生的增值税应税销售行为，未开具增值税发票需要补开的，应当按照原适用税率或者征收率补开增值税发票。

（3）转登记之后——小规模转一般人（再登记）

自转登记日的下期起连续不超过12个月或者连续不超过4个季度的经营期内，转登记纳税人应税销售额超过财政部、国家税务总局规定的小规模纳税人标准的，应当向主管税务机关办理一般纳税人登记。

【提示】转登记纳税人按规定再次登记为一般纳税人后，不得再转登记为小规模纳税人——转登记只有一次。

3. 不得办理一般纳税人登记的情况

(1)按照政策规定，选择按照小规模纳税人纳税的(应当向主管税务机关提交书面说明)。

【提示】非企业性单位可选择按小规模纳税人纳税。

(2)年应税销售额超过规定标准的其他个人。

（二）一般纳税人的登记

1. 办理一般纳税人登记的程序

(1)纳税人向主管税务机关填报《增值税一般纳税人登记表》，并提供税务登记证件——信息填报。

(2)纳税人填报内容与税务登记信息一致的，主管税务机关当场登记——确认登记。

(3)纳税人填报内容与税务登记信息不一致的，或者不符合填列要求的，税务机关应当场告知纳税人需要补正的内容。

2. 登记的时限

纳税人在年应税销售额超过规定标准的月份(或季度)的所属申报期结束后15日内按照规定办理相关手续；未按规定时限办理的，主管税务机关应当在规定时限结束后5日内制作《税务事项通知书》，告知纳税人应当在5日内向主管税务机关办理相关手续。

3. 风险管理

对税收遵从度低的一般纳税人，主管税务机关可以实行纳税辅导期管理。

历年真题

2018年

某市一家进出口公司为增值税一般纳税人，2018年7月发生以下业务：

(1)从国外进口中档护肤品一批，该批货物在国外的买价为200万元人民币，由进出口公司支付的购货佣金10万元人民币，运抵我国海关卸货前发生的运输费30万元人民币，保险费无法确定。该批货物已报关，取得海关开具的增值税专用缴款书。

(2)从境内某服装公司采购服装一批，增值税专用发票上注明的价款和税金分别为80万元和12.8万元。当月将该批服装全部出口，离岸价格为150万元人民币。

(3)将2017年购置的一处位于外省的房产出租，取得收入(含增值税)110万元。

(4)在公司所在地购置房产一处，会计上按固定资产核算，取得的增值税专用发票上注明的价款和税金分别为1500万元和150万元。

(5)从某境外公司承租仪器一台，支付租金(含增值税)174万元人民币。该境外公司所属国未与我国签订税收协定，且未在我国设有经营机构，也未派人前来我国。

(6)当月将业务(1)购进的护肤品98%销售，取得不含增值税的销售收入300万元，2%作为本公司职工的福利并发放。

(其他相关资料：销售货物、提供有形动产租赁的增值税税率为16%，出口的退税率为16%，不动产租赁的增值税税率为10%，进口护肤品的关税税率为10%，期初留抵税额为0，相关票据均已比对认证。)

要求：根据上述资料，按照下列顺序计算回答问题，如有计算需计算出合计数。

(1)计算业务(1)应缴纳的进口关税。

(2)计算业务(1)应缴纳的进口环节增值税。

(3)计算业务(2)的出口退税额。

(4)计算业务(3)在不动产所在地应预缴的增值税和应预缴的城市维护建设税。

(5)计算业务(4)当月允许抵扣的进项税额。

(6)计算业务(5)应扣缴的增值税。

(7)计算业务(5)应扣缴的企业所得税。

(8)计算业务(6)的增值税销项税额。

(9)计算当月允许抵扣的进项税额。

(10)计算当月合计缴纳的增值税(不含预缴或扣缴的增值税)。

【答案】

(1)关税完税价格=(200+30)+(200+30)×0.3%=230.69(万元)

关税应纳税额=230.69×10%=23.07(万元)

(2)增值税进口环节应纳税额=(230.69+23.07)×16%=40.6(万元)

(3)应退税额=80×16%=12.8(万元)

(4)应预缴的增值税=110÷(1+10%)×3%=3(万元)

应预缴的城市维护建设税=3×7%=0.21(万元)

(5)允许抵扣的进项税额=150×60%=90(万元)

(6)应扣缴增值税=174÷(1+16%)×16%=150×16%=24(万元)

(7)应扣缴的企业所得税=150×10%=15(万元)

(8)销项税额=300×16%=48(万元)

（9）当月允许抵扣的进项税额 = 40.6×98% +90+24 = 39.79+90+24 = 153.79（万元）

（10）当月合计缴纳增值税 = 110÷（1+10%）×10% +48-153.79-3 = -98.79（万元）

2017 年

某市房地产集团于 2018 年 10 月发生了以下业务：

（1）集团总部取得了保本保收益型理财产品的投资收益 106 万元；转让了持有的某基金产品，卖出价为 63.6 万元，买入价为 53 万元。

（2）集团总部将自有资金 2 亿元无偿调拨给下属项目公司，向银行支付了汇款手续费 530 元，并取得了增值税专用发票。向银行支付了贷款利息 5300 万元，取得了银行以"融资服务费"名目开具的增值税专用发票。

（3）项目公司开发写字楼项目，《建筑施工许可证》注明的开工日期为 2016 年 6 月 1 日。向国外某公司支付了设计费，合同约定不含税金额为 600 万元。向分包单位（增值税一般纳税人）支付了施工服务费，取得增值税专用发票中注明的价款为 1000 万元。

（4）据相关部门预测，截至 2018 年 12 月 31 日，写字楼项目价税合计销售收入为 11.1 亿元，建筑安装成本为 5 亿元、设计及测绘费成本为 1 亿元（均不含增值税、供应商采用一般计税方法），向政府支付土地价款为 2.22 亿元。项目总可售建筑面积为 9 万平方米，已售建筑面积为 4.5 万平方米。

（5）项目公司还开发了一住宅项目（与项目公司所在地不为同一县），住宅项目采用简易计税方法，当期取得预售收入价税合计 8400 万元。营销团队为了促销随机送出 2000 台便携式风扇，其市场平均售价和实际采购价格均为 5.8 元/台，购进时取得的增值税专用发票注明不含税价款为 1 万元。

（6）项目公司采购了一套会议系统设备，取得了增值税专用发票。财务人员认为设备共用于写字楼项目和住宅项目，需要作为"当期无法划分的全部税额"，按规定进行进项税额转出。

（其他相关资料：集团公司及项目公司均位于某市区，均为增值税一般纳税人，代扣代缴手续在当月完成）

要求：根据上述资料，按照下列顺序计算回答问题，如有计算需计算出合计数。

（1）计算集团总部在业务（1）中的销项税额。

（2）判断集团总部在业务（2）中的行为是否属于"统借统还"，应如何缴纳增值税？

（3）计算集团总部在业务（2）中的进项税额，需列示计算过程并说明理由。

（4）计算项目公司在业务（3）中应代扣代缴的增值税以及城市维护建设税、教育费附加、地方教育附加的金额。（三种附加税费均由境外企业承担，暂不考虑其他相关税费影响）

（5）计算项目公司在业务（3）中可以抵扣的进项税额。

（6）完成业务（4）中截至 2018 年 12 月 31 日的写字楼项目的增值税税负测算。

（7）计算项目公司在业务（5）中的当期可以抵扣的进项税额以及视同销售的销项税额。

（8）计算项目公司在业务（5）中需要在项目所在地预缴的增值税额以及在机构所在地需要缴纳的增值税额。

(9)指出业务(6)中对于会议系统设备的增值税处理方法是否正确,如错误,说明应如何处理。

【答案】

(1)业务(1)的销项税额=106÷(1+6%)×6%+(63.6−53)÷(1+6%)×6%=6.6(万元)

(2)不属于"统借统还"。

"统借统还"业务是指企业集团向金融机构借款或对外发行债券取得资金后,将所借资金分拨给下属单位,并向下属单位收取用于归还金融机构或债券购买方本息的业务。业务(2)中集团总部向项目公司调拨的资金为自有资金,所以不属于"统借统还",应该按照银行同期同类贷款利率确认贷款利息收入缴纳增值税。

(3)向银行支付的"汇款手续费"可以抵扣进项税额。纳税人接受贷款服务向贷款方支付的与该笔贷款直接相关的投融资顾问费、手续费、咨询费等费用,其进项税额不得从销项税额中抵扣。业务(2)的进项税额=530÷(1+6%)×6%=30(元)

(4)业务(3)应代扣代缴的增值税=600×6%=36(万元)

业务(3)应代扣代缴的城市维护建设税、教育费附加、地方教育附加=36×(7%+3%+2%)=4.32(万元)

业务(3)应代扣代缴的增值税、城市维护建设税、教育费附加、地方教育附加合计=36+4.32=40.32(万元)

(5)业务(3)中可以抵扣的进项税额=1000×10%+36=136(万元)

(6)业务(4)销项税额=(11.1−2.22×4.5÷9)÷(1+10%)×10%×10000=9081.82(万元),可抵扣的进项税额=(5×10%+1×6%)×10000=5600(万元)。

增值税应纳税额=9081.82−5600=3481.82(万元)

税负率=3481.82÷(11.1×10000−9081.82)×100%=3.42%

(7)业务(5)中项目公司当期可以抵扣的进项税额为0,因为用于简易计税项目的进项税额无法抵扣。视同销售的销项税额=1×16%=0.16(万元)

(8)业务(5)需要在项目所在地预缴的增值税税额=8400÷(1+5%)×3%=240(万元)

在机构所在地需要缴纳的增值税税额=8400÷(1+5%)×5%−240+1×16%=160.16(万元)

(9)业务(6)对于会议系统设备的增值税处理方法不正确。

因为购进的固定资产兼用于一般计税方法计税项目、简易计税方法计税项目、免征增值税项目、集体福利或者个人消费的,进项税额可以按照增值税专用发票上注明的税额全额抵扣,不需要作进项税额转出处理。

2016年

位于市区的某动漫软件公司为增值税一般纳税人,2018年7月经营业务如下:

(1)进口一台机器设备,国外买价折合人民币640000元、运抵我国入关地前支付的运费折合人民币42000元、保险费折合人民币38000元,入关后运抵企业所在地,取得运输公司开具的增值税专用发票,注明运费16000元,税额1600元。

(2)支付给境外某公司特许权使用费,扣缴相应税款并取得税收缴款凭证,合同约定的特许权使用费的金额为人民币 1000000 元(含按税法规定应由该动漫软件公司代扣代缴的税款)。

（3）购进一辆小汽车自用，取得的税控机动车销售统一发票上注明车辆金额为 190000 元、装饰费 10000 元，税额合计 32000 元。

（4）支付公司员工工资 300000 元，支付办公用矿泉水水费，取得增值税专用发票，发票注明金额 5000 元、税额 800 元。

（5）将某业务单元的实物资产以及相关联的债权、负债和劳动力一并转出，收取转让款 5000000 元。

（6）销售自行开发的动漫软件，取得不含税销售额 4000000 元，销售额中有 800000 元尚未开具发票。

（其他相关资料：进口机器设备关税税率为 12%。涉及的相关票据均已通过主管税务机关比对认证。期初留抵税额为 0。）

要求：根据上述资料，按照下列顺序计算回答问题，如有计算需计算出合计数。

（1）计算业务(1)应缴纳的进口关税。

（2）计算业务(1)应缴纳的进口环节增值税。

（3）计算业务(2)应代扣代缴的增值税。

（4）分别计算业务(2)应代扣代缴的城市维护建设税、教育费附加和地方教育附加。

（5）计算业务(2)应代扣代缴的预提所得税。

（6）计算当月增值税进项税额。

（7）计算当月增值税销项税额。

（8）计算享受"即征即退"政策后实际缴纳的增值税税款。

（9）分别计算该公司应缴纳的城市维护建设税、教育费附加和地方教育附加(不含代扣代缴的税款)。

（10）计算该公司应缴纳的车辆购置税。

【答案】

（1）进口关税 =(640000+42000+38000)×12% =86400(元)

（2）进口增值税 =(640000+42000+38000)×(1+12%)×16% =129024(元)

（3）应代扣代缴的增值税 =1000000÷(1+6%)×6% =56603.77(元)

（4）应代扣代缴的城建税 =56603.77×7% =3962.26(元)

应代扣代缴的教育费附加 =56603.77×3% =1698.11(元)

应代扣代缴的地方教育附加 =56603.77×2% =1132.08(元)

（5）应代扣代缴的预提所得税 =1000000÷(1+6%)×10% =94339.62(元)

（6）增值税进项税额 =129024+1600+56603.77+32000+800 =220027.77(元)

（7）纳税人在资产重组过程中，通过合并、分立、出售、置换等方式，将全部或者部分实物资产以及与其相关联的债权、债务和劳动力一并转让给其他单位和个人的行为，不征收增值税。业务 5 增值税为 0。

增值税销项税额 =4000000×16% =640000(元)

（8）增值税一般纳税人销售其自行开发生产的软件产品，按 16% 的税率征收增值税后，对实际税负超过 3% 的部分实行即征即退。

增值税应纳税额 = 640000 - 220027.77 = 419972.23(元)

即征即退税款 = 419972.23 - 4000000 × 3% = 299972.23(元)

实际缴纳的增值税 = 419972.23 - 299972.23 = 120000(元)

(9)对增值税和消费税实行先征后返、先征后退、即征即退办法的,除另有规定外,对随增值税和消费税附征的城建税和教育费附加,一律不予退(返)还。

应缴纳的城市维护建设税 = 419972.23 × 7% = 29398.06(元)

应缴纳的教育费附加 = 419972.23 × 3% = 12599.17(元)

应缴纳的地方教育附加 = 419972.23 × 2% = 8399.44(元)

(10)应缴纳的车辆购置税 = (190000 + 10000) × 10% = 20000(元)

2015 年

位于县城的某运输公司为增值税一般纳税人,具备国际运输资质,2018 年 7 月经营业务如下:

(1)国内运送旅客,按售票统计取得价税合计金额 176 万元;运送旅客至境外,按售票统计取得价税合计金额 53.28 万元。

(2)运送货物,开具增值税专用发票注明运输收入金额 260 万元、装卸收入金额 18 万元。

(3)提供仓储服务,开具增值税专用发票注明仓储收入金额 70 万元、装卸收入金额 6 万元。

(4)修理、修配各类车辆,开具普通发票注明价税合计金额 31.59 万元。

(5)销售使用过的未抵扣进项税额的货运汽车 6 辆,开具普通发票注明价税合计金额 24.72 万元。

(6)进口轻型商用客车 3 辆自用,经海关核定的成交价共计 57 万元、运抵我国境内输入地点起卸前的运费 6 万元、保险费 3 万元。

(7)购进小汽车 4 辆自用,每辆单价 16 万元,取得销售公司开具的增值税专用发票,注明金额 64 万元、税额 10.24 万元;另支付销售公司运输费用,取得增值税专用发票注明运费金额 4 万元、税额 0.4 万元。

(8)购进汽油取得增值专用发票注明金额 10 万元、税额 1.6 万元,90% 用于公司运送旅客,10% 用于公司接送员工上下班;购进矿泉水一批,取得增值税专用发票注明金额 2 万元、税额 0.32 万元,70% 赠送给公司运送的旅客,30% 用于公司集体福利。

(其他相关资料:假定进口轻型商用客车的关税税率为 20% 、消费税税率 5% 。)

要求:根据上述资料,按照下列顺序计算回答问题,如有计算需计算出合计数。

(1)计算业务(1)的销项税额。

(2)计算业务(2)的销项税额。

(3)计算业务(3)的销项税额。

(4)计算业务(4)的销项税额。

（5）计算业务（5）应缴纳的增值税。

（6）计算业务（6）进口轻型商用客车应缴纳的增值税。

（7）计算业务（7）购进小汽车可抵扣的进项税额。

（8）计算业务（8）购进汽油、矿泉水可抵扣的进项税额。

（9）计算该公司 7 月应向主管税务机关缴纳的增值税。

（10）计算该公司 7 月应缴纳的城市维护建设税、教育费附加和地方教育附加。

（11）计算该公司 7 月应缴纳的车辆购置税。

【答案】

（1）境内单位和个人提供的往返香港、澳门、台湾的交通运输服务适用增值税零税率。

销项税额＝176÷（1+10%）×10% +53.28÷（1+10%）×0＝16（万元）

（2）销项税额＝260×10% +18×6% ＝27.08（万元）

（3）销项税额＝70×6% +6×6% ＝4.56（万元）

（4）销项税额＝31.59÷（1+16%）×16% ＝4.36（万元）

（5）销项税额＝24.72÷（1+3%）×2% ＝0.48（万元）

（6）进口轻型商用客车应缴纳增值税 ＝（57 +6 +3）×（1 +20%）÷（1 −5%）×16% ＝13.34（万元）

（7）购进小汽车可抵扣进项税额＝10.24+0.4 ＝10.64（万元）

（8）购进汽油、矿泉水可抵扣进项税额＝1.6×90% +0.32×70% ＝1.66（万元）

（9）该公司 7 月份应向主管税务机关缴纳增值税 ＝16 +27.08 +4.56 +4.36 +0.48 −13.34 −10.64 +2×16% ×70% −1.66 ＝27.06（万元）

（10）该公司 7 月应缴纳城市维护建设税、教育费附加和地方教育附加＝27.06×（5% +3% +2% ）＝2.71（万元）

（11）该公司 7 月应缴纳车辆购置税＝[（57 +6 +3）×（1 +20%）÷（1 −5%）+64]×10% ＝14.74（万元）

2014 年

（B 卷）某市卷烟生产企业为增值税一般纳税人，2018 年 6 月生产经营业务如下：

（1）进口生产用机械一台，国外买价 128000 元，运抵我国入关前支付的运费 8400 元、保险费 7600 元；入关后运抵企业所在地取得的运输公司开具的增值税专用发票，注明运费 3200 元、税额 320 元。

（2）向农业生产者收购烟叶 120 吨并给予补贴，收购发票上注明每吨收购价款 20000 元，共计支付收购价款 2400000 元；另外，取得运输公司开具的增值税专用发票上注明运费 120000 元、税额 12000 元，收购的烟叶用于生产烟丝。

（3）销售甲类卷烟 400 标准箱给某烟草专卖店，每箱售价 15000 元、销项税额 2400 元，共计应收含税销售额 6960000 元。由于专卖店提前支付价款，卷烟企业给予专卖店 2% 的销售折扣，实际收款 6820800 元。另外，取得运输公司开具的增值税专用发票上，注明支付运费 140000 元、税额 14000 元。

（4）月末将20标准箱与对外销售同品牌的甲类卷烟销售给本企业职工，每箱售价6960元并开具普通发票，共计取得含税销售额139200元。

（5）月末盘存时发现，由于管理不善当月购进的烟叶霉烂变质3.5吨，经主管税务机关确认作为损失转营业外支出处理。

（6）出租货运汽车3辆，开具普通发票取得含税租金收入41760元。

（其他相关资料：关税税率15%，烟叶税税率20%，甲类卷烟消费税税率56%加150元/每标准箱，上述业务涉及的相关票据均已通过主管税务机关比对认证。）

该卷烟生产企业自行计算6月应缴纳的各项税费如下：

A. 进口机械应缴纳增值税=（128000+8400+7600+3200）×（1+15%）×16%=27084.8（元）

B. 可抵扣的进项税额=（2400000+120000）×（1+10%）×（1+20%）×12%+320+12000+14000+27084.8=452572.8（元）

C. 销项税额=（6820800+139200+41760）×16%=1120281.6（元）

D. 损失烟叶转出进项税额=3.5×20000×12%=8400（元）

E. 应缴纳增值税=1120281.6−452572.8+8400=676108.8（元）

F. 应缴纳的消费税=（6820800+139200）×56%+（400+20）×150=3960600（元）

G. 应缴纳城建税、教育费附加、地方教育附加=（27084.8+676108.8+3960600）×（7%+3%+2%）=559655.23（元）

要求：根据上述相关资料，按顺序回答下列问题，如有计算，每问需计算出合计数。

（1）按A至G的顺序指出该企业自行计算6月应缴纳税费的错误之处，并简要说明理由。

（2）计算该企业进口设备应缴纳的增值税。

（3）计算该企业6月可抵扣的进项税额。

（4）计算该企业6月的销项税额。

（5）计算该企业损失烟叶应转出的进项税额。

（6）计算该企业6月应缴纳的增值税。

（7）计算该企业6月应缴纳的消费税。

（8）计算该企业6月应缴纳的城建税、教育费附加和地方教育附加。

【答案】

（1）该企业自行计算6月份应缴纳税费的错误及理由说明如下：

A. 进口设备应缴纳增值税计算错误。入关后运抵企业所在地发生的运费不能作为计算关税的基数。

B. 可抵扣的进项税额计算错误。一是购进烟叶的运费不能作为计算烟叶税和增值税的基数，二是进口设备缴纳增值税计算错误。

C. 销项税额计算错误。一是销售折扣的金额在计算销项税额时不能扣除，二是销售给职工卷烟的金额应按同类产品的价格，三是销售给卷烟专卖店的含税销售额和租金收入应换算为不含税金额后才能计算销项税额。

D. 损失烟叶转出的进项税额计算错误。与损失相关的运费的进项税额应一并转出。

E. 增值税应纳税额计算错误。因可抵扣的进项税和销项税额计算错误。

F. 消费税计算错误。一是销售折扣的金额在计算消费税时不能扣除，二是销售给卷烟专卖店的含税销售额应换算为不含税金额后才能计算消费税，三是销售给职工20箱卷烟的价格不合理，应按同类产品售价进行调整。

G. 城市维护建设税、教育费附加、地方教育附加计算错误。是因为应缴纳的增值税、消费税计算错误而引起错误。另外，城建税及附加实行进口不征的政策。

（2）进口设备应缴纳增值税＝（128000＋8400＋7600）×（1＋15%）×16%＝26496（元）

（3）可抵扣的进项税额＝2400000×（1＋10%）×（1＋20%）×12%＋320＋12000＋14000＋26496＝432976（元）

（4）销项税额＝[6960000÷（1＋16%）＋15000×20＋41760÷（1＋16%）]×16%＝1013760（元）

（5）损失烟叶转出进项税额＝3.5×20000×（1＋10%）×（1＋20%）×12%＋12000÷120×3.5＝11438（元）

（6）应缴纳增值税＝1013760－432976＋11438＝592222（元）

（7）应缴纳的消费税＝[6960000÷（1＋16%）＋15000×20]×56%＋（400＋20）×150＝3591000（元）

（8）应缴纳城建税、教育费附加和地方教育附加＝（592222＋3591000）×（7%＋3%＋2%）＝501986.64（元）

2013年

某石化生产企业为增值税一般纳税人，2018年6月生产经营业务如下：

（1）开采原油50万吨；对外销售原油8万吨并取得不含税销售收入9600万元，用开采的同类原油30万吨加工生产成汽油7.2万吨。

（2）进口原油40万吨，用于加工生产成汽油11.6万吨；进口原油共支付买价72000万元、运抵我国海关入境前的运输费320万元、装卸费用60万元、保险费110万元。

（3）购置炼油机器设备10台，每台单价26万元，取得增值税专用发票上注明价款共计260万元、增值税进项税额41.6万元；支付运输费4万元并取得普通发票。

（4）批发销售汽油16万吨，开具增值税专用发票取得不含税销售收入96000万元，开具普通发票取得送货运输费收入4914万元。

（5）直接零售给消费者个人汽油2.8万吨，开具普通发票取得含税销售收入21000万元。

（6）销售使用过的未抵扣进项税额的机器设备6台，开具普通发票取得含税销售收入17.68万元。

（其他相关资料：假定原油资源税税率8%、关税税率2%，汽油1吨＝1388升，消费税税率1元/升，上述相关票据均已经过比对认证。）

要求：根据上述相关资料，按顺序回答下列问题，如有计算，每问需计算出合计数。

（1）计算该企业6月份应缴纳的资源税税额。

（2）计算销售原油应缴纳的增值税税额。

（3）计算进口原油应缴纳的关税税额。

（4）计算进口原油应缴纳的增值税税额。

(5)计算购进机器设备应抵扣的增值税进项税额。

(6)计算批发销售汽油的增值税销项税额。

(7)计算批发销售汽油应缴纳的消费税税额。

(8)计算零售汽油的增值税销项税额。

(9)计算零售汽油应缴纳的消费税税额。

(10)计算销售机器设备应缴纳的增值税税额。

(11)计算该石化生产企业6月份共计应缴纳的增值税税额。

【答案】

(1)该企业6月份应缴纳的资源税额=(9600+30×9600÷8)×8%=3648(万元)

(2)销售原油应缴纳的增值税额=9600×16%=1536(万元)

(3)进口原油应缴纳的关税=(72000+320+60+110)×2%=1449.8(万元)

(4)进口原油应缴纳的增值税=(72000+320+60+110+1449.8)×16%=11830.37(万元)

(5)购进机器设备应抵扣的进项税额=41.6(万元)

(6)批发销售汽油的销项税额=96000×16%+4914÷(1+10%)×10%=15360+446.73=15806.73(万元)

(7)批发销售汽油应缴纳的消费税额=16×1388×1=22208(万元)

(8)零售汽油的销项税额=[21000÷(1+16%)]×16%=2896.55(万元)

(9)零售汽油应缴纳的消费税额=2.8×1388×1=3886.4(万元)

(10)销售使用过机器设备应缴纳的增值税额=17.68÷(1+3%)×2%=0.34(万元)

(11)该石化生产企业6月份应缴纳的增值税=(1536+15806.73+2896.55)-11830.37-41.6+0.34=8367.65(万元)

`2019年` 预测题

预测 1

某旅游公司为一般纳税人,2018年8月发生以下业务:

(1)组织多个东南亚旅行团,当月收取参团人员旅游费用共计186.2万元,相关支出为:机票巴士费18万元,酒店住宿费55万元,门票费用22万元,签证费1万元,向境外的旅行社支付了旅游费用16万元,为本公司导游支付机票酒店费用共计1.7万元,另支付导游劳务费3.2万元。

(2)将一台已经使用1年的小汽车出售,取得含税价款29.25万元。

(3)以按揭贷款方式购入市区的一套写字楼,取得增值税专用发票注明款为110万元。已支付首付款项210万元。支付全年写字楼物业费,取得一般纳税人开具的增值税专用发票注明金额10万元。

(4)购入大巴车3辆,取得专用发票注明税款共计25.5万元,将其中一辆用于接送员工上下班使用。

已知：该公司旅游服务选择差额计税。本月取得的相关票据均符合税法规定并在本月认证抵扣。

要求：根据上述资料，按照下列序号计算回答问题。

(1)计算业务(1)的增值税销项税额。

(2)计算业务(2)的增值税销项税额。

(3)计算业务(3)可以抵扣的进项税额。

(4)计算该旅游公司当月应纳的增值税税额。

【答案】

(1)业务(1)销售额=186.2-18-55-22-1-16=74.2(万元)

增值税销项税额=74.2÷(1+6%)×6%=4.2(万元)

(2)业务(2)增值税销项税额=29.25÷(1+16%)×16%=4.03(万元)

由于之前购入小汽车时属于抵扣过进项税的情况，所以销售时就应当正常计算销项税；若购入时不得抵扣且未抵扣进项税，则销售时可按3%减按2%简易计税。

(3)业务(3)增值税进项税额=110×60%+10×6%=66.6(万元)

(4)业务(4)增值税进项税额=25.5×2/3=17(万元)

当月应纳增值税税额=4.2+4.03-66.6-17=-75.37(万元)

旅游公司当月无须缴纳增值税，增值税留抵税额为75.37万元。

预测2

某金融公司为增值税一般纳税人，2018年第四季度转让债券，卖出价100000元(含增值税价格，下同)，该债券是2017年6月购入的，购入价40000元，2018年1月取得利息2000元，缴纳了增值税。该公司2018年第四季度之前转让金融商品亏损20000元。该公司当年10月购进办公大楼一座用于办公用途，计入固定资产并于次月开始计提折旧。当月该纳税人取得该大楼的增值税专用发票并认证相符，专用发票注明的增值税税额为1000万元。

要求：根据上述相关资料，按顺序回答下列问题，如有计算，每问需计算出合计数。

(1)计算转让债券应确认的销项税额。

(2)计算当年可抵扣的进项税额。

【答案】

(1)金融商品转让，按照卖出价扣除买入价后的余额为销售额。转让金融商品出现的正负差，按盈亏相抵后的余额为销售额。若相抵后出现负差，可结转下一纳税期与下期转让金融商品销售额相抵，但年末时仍出现负差的，不得转入下一个会计年度。

销售额=(100000-40000)-20000=40000(元)

销项税额=40000÷(1+6%)×6%=2264.15(元)

(2)2016年5月1日后取得并在会计制度上按固定资产核算的不动产或者2016年5月1日后取得的不动产在建工程，其进项税额应自取得之日起分2年从销项税额中抵扣，第一年抵扣60%，第二年抵扣40%。

当年可抵扣的进项税额=1000×60%=600(万元)

预测 3

位于县城的某酒厂为增值税一般纳税人，2018 年 8 月生产经营业务如下：

（1）收购酿酒用高粱 50 吨，收购凭证注明收购价款 100000 元。

（2）生产销售高粱白酒 20 吨，每吨不含税出厂价 15000 元，每吨收取包装物押金 120 元；该酒厂当期没收到期末退的高粱白酒包装物押金 3600 元。

（3）外购酒精 10 吨，取得增值税专用发票，注明金额 8000 元，另支付运输公司运费，取得增值税专用发票，注明金额 800 元，该批酒精 80% 用于粮食白酒的生产、20% 用于职工福利。

（4）进口葡萄酒 20 吨，成交价格折合人民币 500000 元，货物运抵我国输入地点起卸前运费 30000 元，保险费无法查明。

（5）领用 15 吨进口葡萄酒进行分装，装瓶后全部销售，不含税出厂价 600000 元。

（6）向一般纳税人购入包装物，取得增值税专用发票，注明金额 10000 元。

（其他相关资料：该酒厂采用投入产出法核定抵扣增值税进项税，农产品单耗数量为 1.5；其他酒的消费税税率为 10%；葡萄酒进口关税税率为 10%；白酒适用 20% 税率加 0.5 元/500 克）

要求：根据上述相关资料，按顺序回答下列问题，如有计算，每问需计算出合计数。

（1）按照投入产出法，计算该酒厂收购高粱可抵扣的增值税进项税额。

（2）计算该酒厂进口葡萄酒应缴纳的关税税额。

（3）计算该酒厂进口葡萄酒应缴纳的消费税税额。

（4）计算该酒厂进口葡萄酒应缴纳的增值税税额。

（5）计算该酒厂当期可从销项税额中抵扣的进项税额。

（6）计算该酒厂销售高粱白酒的销项税额。

（7）计算该酒厂当期应缴纳的增值税合计数。

（8）计算该酒厂销售高粱白酒应缴纳的消费税税额。

（9）计算该酒厂当期应缴纳的消费税。

（10）计算该酒厂当期应缴纳的城建税、教育费附加和地方教育附加。

【答案】

（1）高粱耗用数量 = 20×1.5 = 30（吨）

允许抵扣高粱进项税 = 当期农产品耗用数量×平均购买单价×扣除率/（1+扣除率）=（30×100000÷50）×16%÷（1+16%）= 8275.86（元）

（2）应缴纳关税 =（500000+30000）×（1+0.3%）×10% = 53159（元）

（3）进口葡萄酒组成计税价格 = [（500000+30000）×（1+0.3%）+53159]÷（1−10%）= 649721.11（元）

应缴纳消费税 = 649721.11×10% = 64972.11（元）

（4）应缴纳增值税 = 649721.11×16% = 103955.38（元）

（5）业务（3）可抵扣的进项税额 =（8000×16% +800×10%）×80% = 1088（元）

业务(6)可抵扣的进项税额＝10000×16%＝1600(元)

该酒厂当期可抵扣的进项税额＝8275.86+103955.38+1088+1600＝114919.24(元)

(6)该酒厂销售高粱白酒的销项税额＝20×[15000+120÷(1+16%)]×16%＝48331.03(元)

(7)该酒厂当期应缴纳的增值税＝48331.03+600000×16%－114919.24＝29411.79(元)

(8)该酒厂销售高粱白酒应缴纳消费税＝20×2000×0.5+20×[15000+120÷(1+16%)]×20%＝80413.79(元)

(9)该酒厂当期应缴纳的消费税＝80413.79+600000×10%－64972.11÷20×15＝91684.71(元)

(10)该酒厂当期应缴纳的城建税、教育费附加和地方教育附加＝(29411.79+91684.71)×(5%+3%+2%)＝12109.65(元)

预测 4

位于某市的甲酒类生产企业(简称甲企业)为增值税一般纳税人，2019 年 2 月，甲企业发生下列经营业务：

(1)购进原材料一批，取得增值税专用发票上注明价款 30000 元，税额 4800 元，委托某一般纳税人运输企业将其运回企业，支付不含税运费 1500 元，取得增值税专用发票。

(2)销售边角废料，取得不含税收入 50000 元；销售自己使用过的小汽车 1 辆，取得含税收入 58000 元。小汽车购进时已抵扣过进项税额。

(3)向某增值税一般纳税人购进生产设备，取得增值税专用发票上注明的价款 20000 元。

(4)销售白酒和啤酒给乙企业，其中销售白酒开具增值税专用发票，收取不含税价款 150000 元，另外收取包装物押金 8120 元；销售啤酒开具普通发票，收取价税合计金额 139200 元，另外收取包装物押金 6960 元。合同约定，乙企业于 2019 年 5 月将白酒、啤酒包装物全部退还给酒厂时，可取回全部押金。

(5)用自产的白酒换取丙企业不含税价相等的原材料用于酿造白酒，已知换出白酒的市场不含税价 30000 元，双方互开了增值税专用发票。

(6)月末进行盘点时发现，因管理不善导致上月购进的原材料(已抵扣进项税额)霉烂变质，账面成本为 5500 元。

(其他相关资料：上述相关票据均已经过比对认证)

要求：根据上述相关资料，按顺序回答下列问题，如有计算，每问需计算出合计数。

(1)计算该企业业务(1)准予抵扣的进项税额。

(2)计算该企业业务(3)准予抵扣的进项税额。

(3)计算该企业当期准予抵扣的进项税额。

(4)计算该企业业务(2)应确认的增值税销项税额。

(5)计算该企业业务(4)应确认的增值税销项税额。

(6)计算该企业当期应确认的增值税销项税额。

(7)计算该企业当期应缴纳的增值税。

【答案】

(1)准予抵扣的进项税额＝4800+1500×10%＝4950(元)

（2）准予抵扣的进项税额＝20000×16%＝3200（元）

（3）业务（5）：以物易物双方都应做购销处理，以各自发生的货物核算销售额并计算销项税额，以各自收到的货物按规定核算购货额并计算进项税额。

准予抵扣换入原材料的进项税额＝30000×16%＝4800（元）

业务（6）：非正常损失的进项税额不得从销项税额中抵扣。

应转出的进项税额＝5500×16%＝880（元）

该企业当期准予抵扣的进项税额＝4950＋3200＋4800－880＝12070（元）

（4）应确认的增值税销项税额＝50000×16%＋58000÷（1＋16%）×16%＝16000（元）

（5）销售白酒收取的包装物押金，应在收取当期并入销售额征税。

应确认白酒的增值税销项税额＝［150000＋8120÷（1＋16%）］×16%＝25120（元）

销售啤酒收取的包装物押金，应在包装物逾期未退没收押金时并入销售额征税，收取当期不征税。

应确认啤酒的增值税销项税额＝139200÷（1＋16%）×16%＝19200（元）

（6）该企业当期应确认的增值税销项税额＝16000＋25120＋19200＋4800＝65120（元）

（7）该企业当期应缴纳的增值税＝65120－12070＝53050（元）

预测 5

位于市区的某酒厂为增值税一般纳税人，主要生产白酒，2019 年 2 月份发生经济业务如下：

（1）本月自农场购进其自产玉米一批，进项税额 45500 元，成本 332500 元，委托运输企业运输到本单位，支付不含税运费 30000 元，取得增值税专用发票。

（2）将本月自农场购进的玉米全部发往县城的甲工厂加工药酒，本月收回取得增值税专用发票，注明加工费 60000 元，甲工厂依法代收代缴消费税，甲工厂没有同类药酒的售价，本月全部生产领用。

（3）销售瓶装粮食白酒 1500 箱，含税单价每箱 500 元，另收取品牌使用费 15000 元。

（4）销售散装粮食白酒 10 吨，不含税单价每吨 6500 元，收取包装物押金 12000 元，双方议定 10 个月后押金退还。

（5）销售散装白酒 10 吨，含税单价每吨 4680 元，货款存入银行。

（6）用自产散装粮食白酒 15 吨，等价换取酿酒所用原材料（含税价款）150000 元，双方不再支付价款；双方互开增值税专用发票。

（7）用本厂生产的瓶装粮食白酒赠送客户 80 箱，奖励给本厂职工 20 箱。

（8）购进原料一批，合同注明价款 350000 元，分两次付清货款，对方一次全额开具专用发票；本期支付电费取得专用发票，注明价款为 180000 元，本期支付水费取得增值税专用发票，注明税款 15000 元，经核算，本期职工浴室耗用水电为总电量和总水量的 1/5；

（9）本月因管理不善导致上月购进的原料被盗，账面成本为 78000 元（含运费成本 4050 元）。

（其他相关资料：上述粮食白酒每箱规格为 1 斤×12 瓶；粮食白酒的比例税率为 20%，定额税率为 0.5 元/斤；药酒消费税税率为 10%；不考虑地方教育附加）

要求：根据上述相关资料，按顺序回答下列问题，如有计算，每问需计算出合计数。

（1）计算业务（2）由甲工厂代收代缴的消费税。

（2）计算委托加工业务由甲工厂代收代缴的城建税及教育费附加。

（3）计算该酒厂本月发生的销项税。

（4）计算业务（9）因粮食霉烂变质应作的进项税转出额。

（5）计算该酒厂本月实际准予抵扣的进项税。

（6）计算该酒厂本月应向税务机关缴纳的增值税。

（7）计算该酒厂本月应向税务机关缴纳的消费税。

（8）计算该酒厂本月应向税务机关缴纳的城建税和教育费附加。

【答案】

（1）委托加工的应税消费品，按照受托方的同类消费品的销售价格计税，没有同类消费品销售价格的，按照组成计税价格计算纳税。组成计税价格=（材料成本+加工费）÷（1-消费税税率）。

甲工厂代收代缴的消费税=（332500+30000+60000）÷（1-10%）×10%=46944.44（元）

（2）甲工厂代收代缴的城建税及教育费附加=46944.44×（5%+3%）=3755.55（元）

（3）业务（3）销项税额=（1500×500+15000）÷（1+16%）×16%=105517.24（元）

业务（4）销项税额=[10×6500+12000÷（1+16%）]×16%=12055.17（元）

业务（5）销项税额=10×4680÷（1+16%）×16%=6455.17（元）

业务（6）销项税额=150000÷（1+16%）×16%=20689.66（元）

业务（7）销项税额=500×（80+20）÷（1+16%）×16%=6896.55（元）

本月销项税额=105517.24+12055.17+6455.17+20689.66+6896.55=151613.79（元）

（4）进项税转出额=（78000-4050）×16%+4050×10%=12237（元）

（5）业务（1）准予抵扣的进项税额=45500+30000×10%=48500（元）

业务（2）准予抵扣的进项税额=60000×16%=9600（元）

业务（6）准予抵扣的进项税额=150000÷（1+16%）×16%=20689.66（元）

业务（8）准予抵扣的进项税额=350000×16%+180000×16%×4÷5+15000×4÷5=91040（元）

准予抵扣的进项税额=48500+9600+20689.66+91040-12237=157592.66（元）

（6）应缴纳的增值税=151613.79-157592.66=-5978.87（元）

本期不需向税务机关缴纳增值税，留抵下期抵扣的进项税额为5978.87元。

（7）业务（3）应缴纳的消费税=1500×12×1×0.5+（1500×500+15000）÷（1+16%）×20%=9000+131896.55=140896.55（元）

业务（4）应缴纳的消费税=10×2000×0.5+[10×6500+12000÷（1+16%）]×20%=25068.97（元）

业务（5）应缴纳的消费税=10×2000×0.5+10×4680÷（1+16%）×20%=18068.97（元）

业务（6）应缴纳的消费税=15×2000×0.5+150000÷（1+16%）×20%=40862.07（元）

业务（7）应缴纳的消费税=（80+20）×12×0.5+500×（80+20）÷（1+16%）×20%=9220.69（元）

应缴纳的消费税＝140896.55＋25068.97＋18068.97＋40862.07＋9220.69＝234117.25(元)

(8)应缴纳的城建税和教育附加＝234117.25×(7%＋3%)＝23411.73(元)

预测 6

某市具有国际运输资质的运输公司，为增值税一般纳税人，2018 年 6 月经营情况如下：

(1)从事运输服务和装卸服务，开具增值税专用发票，注明运输费 320 万元、装卸费 36 万元。

(2)从事仓储服务和装卸服务，开具增值税专用发票，注明仓储收入 110 万元，装卸费 18 万元。

(3)从事国内运输服务，价税合计 277.5 万元；运输至香港、澳门，价税合计 51.06 万元。

(4)出租客货两用车，取得含税收入 60.84 万元。

(5)销售自己使用过的未抵扣过进项税额的固定资产，开具普通发票注明金额 3.09 万元。

(6)进口货车成交价为 160 万元，支付境外运费 12 万元，保险费 8 万元。

(7)国内购进轿车，取得增值税专用发票，价款 80 万元，增值税 12.8 万元；接受运输服务，取得增值税专用发票，价款 6 万元，增值税 0.6 万元。

(8)购买矿泉水，取得增值税专用发票，价款 8 万元，增值税 1.28 万元，其中 60% 赠送给客户，40% 用于职工福利。

(已知：关税税率 20%)

要求：根据上述相关资料，按顺序回答下列问题，如有计算，每问需计算出合计数。

(1)计算业务(1)的销项税额。

(2)计算业务(2)的销项税额。

(3)计算业务(3)的销项税额。

(4)计算业务(4)的销项税额。

(5)计算业务(5)的增值税税额。

(6)计算进口业务应纳的增值税。

(7)计算 6 月的进项税额。

(8)计算 6 月的增值税。

(9)计算 6 月的城建税、教育费附加、地方教育附加。

(10)计算应纳的车辆购置税。

【答案】

(1)业务(1)的销项税额＝320×10%＋36×6%＝34.16(万元)

(2)业务(2)的销项税额＝110×6%＋18×6%＝7.68(万元)

(3)境内单位和个人提供的往返香港、澳门、台湾的交通运输服务适用增值税零税率。

业务(3)的销项税额＝277.5÷(1＋10%)×10%＝25.23(万元)

(4)业务(4)的销项税额＝60.84÷(1＋16%)×16%＝8.39(万元)

（5）业务（5）应缴纳的增值税=3.09/（1+3%）×2%=0.06（万元）

（6）进口环节关税完税价格=160+12+8=180（万元）

关税=180×20%=36（万元）

进口环节应缴纳的增值税=（180+36）×16%=34.56（万元）

（7）6月的进项税额=12.8+0.6+1.28×60%+34.56=48.73（万元）

（8）6月应缴纳的增值税=34.16+7.68+25.23+8.39+1.28×60%-48.73+0.06=27.56（万元）

（9）6月应缴纳的城建税、教育费附加和地方教育附加=27.56×（7%+3%+2%）=3.31（万元）

（10）应缴纳的车辆购置税=（180+36）×10%+80×10%=21.6+8=29.6（万元）

专题三 消费税

考点梳理

押题点 ① 增值税 VS 消费税

增值税和消费税纳税环节的对比（见表17）。

表17 纳税环节对比

环节		增值税	消费税
进口应税消费品		√	√（金、银、钻、铂金除外）
生产销售应税消费品		√	√（金、银、钻、铂金除外）
移送使用	将自产应税消费品用于连续生产应税消费品	×	×
	将自产应税消费品用于连续生产非应税消费品	×	√（按同类加权平均销售价格计征）
将自产应税消费品用于馈赠、赞助、集资、广告、样品、职工福利、奖励等		√（按同类加权平均销售价格计征）	
将自产应税消费品用于换取生产资料和消费资料、投资、抵债		√（按同类加权平均销售价格计征）	√（按同类最高销售价格计征）
批发应税消费品		√	√（仅限卷烟，但批发商之间销售不缴纳消费税）
零售应税消费品		√	√（仅限于金银首饰、铂金首饰、钻石及钻石饰品、超豪华小汽车）

纳税地点：卷烟批发企业的机构所在地，总机构与分支机构不在同一地区的，由总机构申报纳税。

押题点 ② 税目

(一)烟

1. 甲类卷烟，即每标准条调拨价格在 70 元(不含增值税)以上(含 70 元)的卷烟；乙类卷烟，即每标准条调拨价格在 70 元(不含增值税)以下的卷烟。

2. 生产或进口环节：每标准条 200 支，每支 0.003 元，每条 0.6 元，每标准箱 250 条，每标准箱 150 元。批发环节：每标准条 200 支，每支 0.005 元，每条 1 元，每标准箱 250 条，每标准箱 250 元。

(二)酒

包括白酒、黄酒、啤酒(包括果啤)和其他酒。不包括酒精和调味料酒。

1. 白酒 0.5 元/500 克，1 元/1000 克，1000 元/1 吨。

2. 甲类啤酒，每吨出厂价(含包装物及包装物押金)在 3000 元(含 3000 元，不含增值税)以上；乙类啤酒，每吨出厂价(含包装物及包装物押金)在 3000 元(不含增值税)以下。

3. 包装物押金不包括重复使用的塑料周转箱的押金。

4. 对饮食业、商业、娱乐业举办的啤酒屋(啤酒坊)利用啤酒生产设备生产的啤酒应当征收消费税。

5. 葡萄酒，适用"其他酒"子目。

6. 配制酒

(1)以蒸馏酒或食用酒精为酒基，具有国家相关部门批准的国食健字或卫食健字文号并且酒精度≤38 度的配制酒，按"其他酒"10% 适用税率征收消费税；

(2)以发酵酒为酒基，酒精度≤20 度的配制酒，按"其他酒"10% 适用税率征收消费税；

(3)其他配制酒，按"白酒"适用 20% 税率加 0.5 元/500 克(或 500 毫升)征收消费税。

(三)高档化妆品

自 2016 年 10 月 1 日起，本税目调整为包括高档美容、修饰类化妆品、高档护肤类化妆品和成套化妆品。不包括舞台、戏剧、影视演员化妆用的上妆油、卸妆油、油彩。

(四)贵重首饰及珠宝玉石

包括出国人员免税商店销售的金银首饰。

(五)鞭炮、焰火

不包括：体育上用的发令纸、鞭炮药引线。

(六)成品油

包括汽油、柴油、石脑油、溶剂油、航空煤油、润滑油、燃料油。航空煤油暂缓征收。变压器油、导热类油等绝缘油类产品不征收消费税。

【新增】经国务院批准，从 2009 年 1 月 1 日起，对同时符合下列条件的纯生物柴油免征消费税：

(1)生产原料中废弃的动物油和植物油用量所占比重不低于 70%。

（2）生产的纯生物柴油符合国家《柴油机燃料调合生物柴油（BD100）》标准。

（七）小汽车

不包括电动汽车，车身长度大于 7 米（含）并且座位在 10～23 座（含）以下的商用客车，沙滩车、雪地车、卡丁车、高尔夫车。

超豪华小汽车为每辆零售价格 130 万元（不含增值税）及以上的乘用车和中轻型商用客车。

（八）摩托车

（1）最大设计车速不超过 50Km/h，发动机气缸总工作容量不超过 50ml 的三轮摩托车不征收消费税。

（2）气缸容量 250 毫升（不含）以下的小排量摩托车不征收消费税。

（九）高尔夫球及球具

包括：高尔夫球、高尔夫球杆、高尔夫球包（袋）、高尔夫球杆的杆头、杆身和握把。

（十）高档手表

指销售价格（不含增值税）每只在 10000 元（含）以上的各类手表。

（十一）游艇

长度大于 8 米小于 90 米。

（十二）木制一次性筷子

包括未经打磨、倒角的木制一次性筷子。

（十三）实木地板

包括未经涂饰的素板。

（十四）电池

对无汞原电池、金属氢化物镍蓄电池、锂原电池、锂离子蓄电池、太阳能电池、燃料电池和全钒液流电池免征消费税。

对铅蓄电池 2015 年 12 月 31 日前缓征消费税。自 2016 年 1 月 1 日起，对铅蓄电池按 4% 税率征收消费税。

（十五）涂料

施工状态下挥发性有机物（VOC）含量低于 420 克/升（含）的涂料免征消费税。

押题点 ③ 税率

（1）定额税率：黄酒、啤酒、成品油；
（2）定额和比例税率复合：卷烟、白酒；
（3）比例税率：除上述列举以外的其他应税消费品。

【注意】 纳税人兼营不同税率应税消费品，应当分别核算不同税率应税消费品的销售额、销售数量。未分别核算销售额、销售数量，或者将不同税率的应税消费品组成成套消费品销售的，从高适用税率。

押题点 ④ 计税依据

消费税不同计税方法和计税公式（见表 18）。

表18　计税方法和计税公式

计税方法	计税公式
1. 从价定率	销售额×比例税率
2. 从量定额(啤酒、黄酒、成品油)	销售数量×单位税额
3. 复合计税(白酒、卷烟)	销售额×比例税率+销售数量×单位税额

(一)从价计征

销售额的口径与增值税的相关规定基本相同。

【总结】包装物押金(见表19)。

表19　包装物押金的处理

包装物押金	收取时(未逾期)		逾期(没收)时	
	增值税	消费税	增值税	消费税
一般应税消费品	×	×	√	√
酒类产品(除啤酒、黄酒以外)	√	√	×	×
啤酒、黄酒	×	×	√	×(从量征收)

(二)从量计征

销售量的确定:

(1)销售应税消费品的,为应税消费品的销售数量;

(2)自产自用应税消费品的,为应税消费品移送使用的数量;

(3)委托加工应税消费品的,为纳税人收回应税消费品的数量;

(4)进口的应税消费品,为海关核定的应税消费品的进口数量。

(三)复合计征

应税销售额和应税销售数量的确定与从价和从量计征一致。

(四)特殊规定

1. 纳税人通过自设非独立核算门市部销售的自产应税消费品,应当按照门市部对外销售额或销售数量征收消费税。

2. 纳税人用于换取生产资料和消费资料,投资入股和抵偿债务(换抵投)等方面的应税消费品,应当以纳税人同类应税消费品的最高销售价格作为计税依据计算消费税。增值税按照平均销售价格计算征收。

3. 白酒生产企业向商业销售单位收取的"品牌使用费"应作为价外费用并入白酒的销售额中缴纳消费税。

4. 金银首饰的特殊计税依据

(1)对既销售金银首饰,又销售非金银首饰的生产经营单位,应将两类商品划分清楚,分别核算销售额。凡划分不清楚或不能分别核算的,在生产环节销售的,一律从高适用税率征收消费税;在零售环节销售的,一律按金银首饰征收消费税。

(2)金银首饰与其他产品组成成套消费品销售的,应按销售额全额征收消费税。

(3)金银首饰连同包装物销售,无论包装物是否单独计价,也无论会计上如何核算,均应并入金银首饰的销售额,计征消费税。

(4)以旧换新(含翻新改制)方式销售金银首饰,按实际收取的不含增值税的全部价款确定计税依据征收消费税。

(5)带料加工的金银首饰,应按受托方销售同类金银首饰的销售价格确定计税依据征收消费税。没有同类金银首饰销售价格,按照组成计税价格计算纳税。

押题点 ⑤ 应纳税额的计算

(一)生产销售环节应纳消费税的计算

1. 直接对外销售应纳消费税的计算

2. 自产自用应纳消费税的计算

(1)用于连续生产应税消费品,不纳税。

(2)用于其他方面的应税消费品,于移送使用时纳税。

用于其他方面是指纳税人用于生产非应税消费品、在建工程、管理部门、非生产机构、提供劳务、馈赠、赞助、集资、广告、样品、职工福利、奖励等方面。

3. 组成计税价格及税额的计算

(1)有同类消费品销售价格的,按同类消费品的价格计税;

(2)销售价格高低不同,按加权平均价格。

(3)没有同类消费品销售价格的,按照组成计税价格计算纳税。

①组成计税价格=(成本+利润)÷(1-消费税比例税率)=[成本×(1+成本利润率)]÷(1-消费税比例税率)

应纳税额=组成计税价格×适用税率

②组成计税价格=(成本+利润+自产自用数量×定额税率)÷(1-消费税比例税率)

应纳税额=组成计税价格×比例税率+自产自用数量×定额税率

应税消费品全国平均成本利润率由国家税务总局确定。

(二)委托加工环节应税消费品应纳税额的计算

1. **不属于**委托加工情形:

(1)由受托方提供原材料生产的消费品;(贴牌)

(2)受托方先将原材料卖给委托方,再接受加工消费品;

(3)由受托方以委托方名义购进原材料生产的消费品(自制消费品)。

2. 代收代缴税款的规定

受托方代收代缴后,委托方收回后继续销售的:

(1)**不高于**(平价、低价出售)受托方的计税价格出售的,不再缴税。

(2)**高于**(加价出售)受托方的计税价格出售的,按售价缴税,在计税时准予扣除受托方已代收代缴的消费税。

受托方没有按规定代收代缴消费税税款的:

（1）委托方要补缴税款，补税的计税依据为：

①收回后已经直接销售的，按销售额计税；

②收回后尚未销售或不能直接销售的，按组成计税价格计税。

（2）对受托方处以应代收代缴税款50%以上3倍以下的罚款。

3. 组成计税价格及应纳税额的计算

（1）委托加工的应税消费品，按照受托方的同类消费品的销售价格计税；

（2）销售价格高低不同，按加权平均价格；

（3）没有同类消费品销售价格的，按照组成计税价格计算纳税。

组成计税价格=（材料成本+加工费）÷（1-消费税比例税率）

组成计税价格=（材料成本+加工费+委托加工数量×定额税率）÷（1-消费税比例税率）

①材料成本指材料的实际成本。

②加工费包括代垫辅助材料的实际成本，不包括随加工费收取的增值税税金和代收代缴消费税税金。

(三)进口环节应纳消费税的计算

1. 从价计征

组成计税价格=（关税完税价格+关税）÷（1-消费税比例税率）

应纳税额=组成计税价格×消费税比例税率

2. 从量计征

应纳税额=应税消费品数量×消费税定额税率

3. 复合计税

组成计税价格=（关税完税价格+关税+进口数量×消费税定额税率）÷（1-消费税比例税率）

应纳税额=组成计税价格×消费税比例税率+进口数量×消费税定额税率

(四)超豪华小汽车零售环节应纳消费税的计算

1. 税率

对超豪华小汽车，在生产(进口)环节按现行税率征收消费税基础上，在零售环节加征消费税，税率为10%。

2. 应纳税额的计算

应纳税额=零售环节不含增值税销售额×零售环节税率

国内汽车生产企业直接销售给消费者的超豪华小汽车，消费税税率按照生产环节税率和零售环节税率加总计算。消费税应纳税额计算公式：

应纳税额=不含增值税销售额×（生产环节税率+零售环节税率）

(五)卷烟批发环节应纳消费税的计算

1. 税率

自2015年5月10日起，税率为11%的比例税率加0.005元/支的定额税率。

2. 征收范围

环节内不征收——批发商之间销售卷烟不缴纳消费税。

3. 其他规定

卷烟消费税在生产和批发两个环节征收后，批发企业在计算纳税时不得扣除已含的生产环节的消费税税款。

押题点 ⑥ 已纳消费税扣除的计算

（一）外购应税消费品已纳税款的扣除

1. 外购应税消费品连续生产应税消费品

（1）扣除范围

对用外购已缴纳消费税的应税消费品连续生产应税消费品计算征税时，应按当期生产领用数量计算准予扣除外购的应税消费品已纳的消费税税款。

①外购已税烟丝生产的卷烟；

②外购已税高档化妆品生产的高档化妆品；

③外购已税珠宝玉石生产的贵重首饰及珠宝玉石；

④外购已税鞭炮、焰火生产的鞭炮、焰火；

⑤外购已税杆头、杆身和握把为原料生产的高尔夫球杆；

⑥外购已税木制一次性筷子为原料生产的木制一次性筷子；

⑦外购已税实木地板为原料生产的实木地板；

⑧对外购已税汽油、柴油、石脑油、燃料油、润滑油用于连续生产应税成品油；

⑨从葡萄酒生产企业购进、进口葡萄酒连续生产应税葡萄酒。

（2）已纳税款扣除的计算

当期准予扣除的外购应税消费品已纳税款＝当期准予扣除的外购应税消费品（当期生产领用数量）买价×外购应税消费品适用税率

当期准予扣除的外购应税消费品买价＝期初库存的外购应税消费品买价＋当期购进的应税消费品买价−期末库存的外购应税消费品买价

2. 外购应税消费品后销售

对自己不生产应税消费品，只是购进后再销售应税消费品的工业企业，其销售的化妆品、鞭炮焰火和珠宝玉石，凡不能构成最终消费直接进入消费品市场，而需进一步加工的、包装、贴标、组合的珠宝玉石，化妆品、酒、鞭炮焰火等，应征消费税，同时允许扣除上述外购应税消费品的已纳税款。

（二）委托加工收回的应税消费品已纳税款的扣除

1. 扣除范围

对委托方收回货物后用于连续生产应税消费品计算征税的，应按当期生产领用数量计算扣除委托加工收回的应税消费品已纳消费税税款。

（1）以委托加工收回的已税烟丝为原料生产的卷烟；

（2）以委托加工收回的已税高档化妆品为原料生产的高档化妆品；

（3）以委托加工收回的已税珠宝玉石为原料生产的贵重首饰及珠宝玉石；

（4）以委托加工收回的已税鞭炮、焰火为原料生产的鞭炮、焰火；

(5)以委托加工收回的已税杆头、杆身和握把为原料生产的高尔夫球杆;

(6)以委托加工收回的已税木制一次性筷子为原料生产的木制一次性筷子;

(7)以委托加工收回的已税实木地板为原料生产的实木地板;

(8)以委托加工收回的已税汽油、柴油、石脑油、燃料油、润滑油用于连续生产应税成品油;

(9)以委托加工收回的已税摩托车连续生产应税摩托车。

2. 已纳税款扣除的计算

当期准予扣除的委托加工应税消费品已纳税款=期初库存的委托加工应税消费品已纳税款+当期收回的委托加工应税消费品已纳税款-期末库存的委托加工应税消费品已纳税款

3. 纳税人用委托加工收回的已税珠宝玉石生产的改在零售环节征收消费税的金银首饰,在计税时一律不得扣除外购珠宝玉石的已纳税款。

押题点 ⑦ 纳税义务发生时间

消费税纳税义务发生时间的具体规定(见表20)。

表20 纳税义务发生时间

货款结算方式	纳税义务发生时间
赊销和分期收款方式	书面合同约定的收款日期的当天
预收货款方式	发出应税消费品的当天
托收承付和委托银行收款方式	发出应税消费品并办妥托收手续的当天
其他结算方式	收讫销售款或者取得索取销售款凭据的当天
自产自用应税消费品	移送使用的当天
委托加工应税消费品	纳税人提货的当天
进口应税消费品	报关进口的当天

历 年 真 题

2018 年

甲酒厂为增值税一般纳税人,主要经营粮食白酒的生产与销售,2018年6月发生下列业务:

(1)以自产的10吨A类白酒换入乙企业的蒸汽酿酒设备,取得乙企业开具的增值税专用发票上注明价款20万元,增值税3.2万元。已知该批白酒的生产成本为1万元/吨,不含增值税平均销售价格为2万元/吨,不含增值税最高销售价格为2.5万元/吨。

(2)移送50吨B类白酒给自设非独立核算门市部,不含增值税售价为1.5万元/吨,门市部对外不含增值税售价为3万元/吨。

(3)受企业丙委托加工20吨粮食白酒,双方约定由丙企业提供原材料,成本为30万元,开具增值税专用发票上注明的加工费 8 万元、增值税 1.28 万元。甲酒厂同类产品售价为 2.75 万元/吨。

（其他相关资料：白酒消费税税率为 20% 加 0.5 元/500 克，粮食白酒成本利润率为 10%。）

要求：根据上述资料，按照下列序号回答问题，如有计算需计算出合计数。

（1）简要说明税务机关应核定白酒消费税最低计税价格的两种情况。

（2）计算业务（1）应缴纳的消费税税额。

（3）计算业务（2）应缴纳的消费税税额。

（4）说明业务（3）的消费税纳税义务人和计税依据。

（5）计算业务（3）应缴纳的消费税税额。

【答案】

（1）白酒生产企业销售给销售单位的白酒，生产企业消费税计税价格低于销售单位对外销售价格（不含增值税）70% 以下的，税务机关应核定消费税最低计税价格；纳税人将委托加工收回的白酒销售给销售单位，消费税计税价格低于销售单位对外销售价格（不含增值税）70% 以下的，也应核定消费税最低计税价格。

（2）业务（1）应缴纳的消费税 =10×2.5×20% +10×2000×0.5/10000 =6（万元）。

（3）业务（2）应缴纳的消费税 =3×50×20% +50×2000×0.5/10000 =35（万元）。

（4）业务（3）的消费税纳税义务人是丙企业。该业务的实质是甲酒厂受托加工应税消费品，纳税人为委托方丙企业，计税依据为受托方的同类消费品的销售价格。

（5）业务（3）应缴纳的消费税 =2.75×20×20% +20×2000×0.5/10000 =13（万元）。

2017 年

甲礼花厂 2018 年 6 月发生如下业务：

（1）委托乙厂加工一批焰火，甲厂提供原材料成本为 37.5 万元。当月乙厂将加工完毕的焰火交付甲厂，开具增值税专用发票注明收取加工费 5 万元。

（2）将委托加工收回的焰火 60% 用于销售，取得不含税销售额 38 万元，将其余的 40% 用于连续生产 A 型组合焰火。

（3）将生产的 A 型组合焰火的 80% 以分期收款方式对外销售，合同约定不含税销售额 36 万元，6 月 28 日收取货款的 70%。7 月 28 日收取货款的 30%。当月货款尚未收到。另将剩余的 20% 焰火赠送给客户。

（其他相关资料：焰火消费税税率为 15%）

要求：根据上述资料，按照下列序号回答问题，如有计算需计算出合计数。

（1）计算业务（1）中乙厂应代收代缴的消费税。

（2）判断业务（2）中用于销售的焰火是否应缴纳消费税并说明理由，如果需要缴纳，计算应缴纳的消费税。

（3）计算业务（3）中赠送客户焰火计征消费税计税依据的金额。

（4）计算业务（3）中准予扣除的已纳消费税税款。

（5）计算业务（3）应缴纳的消费税。

【答案】

（1）乙厂应代收代缴的消费税 =（37.5+5）÷（1-15%）×15% =50×15% =7.5（万元）

（2）业务（2）中用于销售的焰火应该缴纳消费税。销售部分对应的受托方代收代缴消费税的计税价格 =（37.5+5）÷（1-15%）×60% =30（万元）<38 万元，委托加工的应税消费品在提取时已由受托方代收代缴了消费税，委托方以高于受托方的计税价格出售的，需按照规定申报缴纳消费税，在计税时准予扣除受托方已代收代缴的消费税。

应纳消费税 =38×15% -7.5×60% =1.2（万元）

（3）将自产焰火赠送给客户，属于视同销售，应该缴纳消费税，有同类消费品的销售价格的，按照纳税人生产的同类消费品的不含增值税的销售价格计算纳税。

业务（3）中赠送客户焰火计征消费税计税依据的金额 =36÷80%×20% =9（万元）

（4）准予扣除的已纳消费税税款 =7.5×40% =3（万元）

委托加工的应税消费品因为已由受托方代收代缴消费税，因此，委托加工收回后用于连续生产应税消费品，符合抵扣范畴的，可以按照当期生产领用数量抵扣已纳消费税。

（5）纳税人采取分期收款结算方式的，消费税纳税义务发生时间为书面合同约定的收款日期的当天。

6 月应纳消费税 =36×70%×15% +9×15% -3 =2.13（万元）

7 月应纳消费税 =36×30%×15% =1.62（万元）

消费税合计 =2.13+1.62 =3.75（万元）

2016 年

某企业为增值税一般纳税人，2018 年 9 月经营状况如下：

（1）生产食用酒精一批，将其中 50% 用于销售，开具增值税专用发票注明金额 10 万元、税额 1.6 万元。

（2）将剩余 50% 的食用酒精作为酒基，加入食品添加剂调制成 38 度的配制酒，当月全部销售，开具的增值税专用发票注明金额 18 万元、税额 2.88 万元。

（3）配制葡萄酒一批，将 10% 的葡萄酒用于生产酒心巧克力，采用赊销方式销售，不含税总价为 20 万元，货已经交付，合同约定 10 月 31 日付款。

（4）将剩余 90% 的葡萄酒装瓶对外销售，开具的增值税专用发票注明金额 36 万元、税额 5.76 万元。

（其他相关资料：企业当期通过认证可抵扣的进项税额为 8 万元，其他酒的消费税税率为 10%）

要求：根据上述资料，按照下列序号回答问题，如有计算需计算出合计数。

（1）计算业务（1）应缴纳的消费税。

（2）计算业务（2）应缴纳的消费税。

（3）计算业务（3）应缴纳的消费税。

（4）计算业务（4）应缴纳的消费税。

（5）计算该企业 9 月应缴纳的增值税。

【答案】

（1）酒精不属于消费税的征税范围。业务（1）应缴纳的消费税 =0

（2）应缴纳的消费税 =18×10% =1.8（万元）

（3）应缴纳的消费税 =36÷90% ×10% ×10% =0.4（万元）

（4）应缴纳的消费税 =36×10% =3.6（万元）

（5）纳税人采取赊销方式销售的，纳税义务发生时间为合同约定的收款日期的当天，业务三，合同约定 10 月 31 日付款，所以 9 月份不计算增值税。

该企业 9 月应缴纳的增值税 =1.6+5.76+2.88-8 =2.24（万元）

2015 年

甲地板厂（以下简称"甲厂"）生产实木地板，2018 年 8 月发生下列业务：

（1）外购一批实木素板并支付运费，取得的增值税专用发票注明素板金额 50 万元、税额 8 万元；取得增值税专用发票注明运费金额 1 万元、税额 0.1 万元。

（2）甲厂将外购素板 40% 加工成 A 型实木地板，当月对外销售并开具增值税专用发票注明销售金额 40 万元、税额 6.4 万元。

（3）受乙地板厂（以下简称"乙厂"）委托加工一批 A 型实木地板，双方约定由甲厂提供素板，乙厂支付加工费。甲厂将剩余的外购实木素板全部投入加工，当月将加工完毕的实木地板交付乙厂，开的增值税专用发票注明收取材料费金额 30.6 万元、加工费 5 万元，甲厂未代收代缴消费税。

（其他相关资料：甲厂直接持有乙厂 30% 股份，实木地板消费税税率为 5% 。）

要求：根据上述资料，按照下列序号回答问题，如有计算需计算出合计数。

（1）判断甲厂和乙厂是否为关联企业并说明理由。

（2）计算业务（2）应缴纳的消费税税额。

（3）判断业务（3）是否为消费税法规定的委托加工业务并说明理由。

（4）指出业务（3）的消费税纳税义务人、计税依据确定方法及数额。

（5）计算业务（3）应缴纳的消费税税额。

【答案】

（1）甲厂和乙厂为关联企业。根据企业所得税法及实施条例的规定，如果一方直接持有另一方的股份总和达到 25% 以上，即视为具有关联关系。

（2）业务（2）应缴纳的消费税 =40×5% -50×5% ×40% =2-1 =1（万元）

（3）业务（3）不是消费税法规定的委托加工业务。按照消费税税法的规定，委托加工应税消费品是指委托方提供原料和主要材料，受托方只收取加工费和代垫部分辅助材料加工的应税消费品，而本例中主要材料是由受托方提供，不能视为委托加工，属于甲厂销售自产实木地板。

（4）业务（3）的纳税人为甲厂。该业务的实质是甲厂销售自产实木地板，销售价格按照最近时期同类实木地板的价格确定，即按照业务（2）对外销售价格确定。

计税依据＝40÷40%×60%＝60(万元)

(5)业务(3)应缴纳的消费税＝60×5%－50×5%×60%＝3－1.5＝1.5(万元)

(B卷)张女士为A市甲超市(增值税一般纳税人)财务管理人员,她从2018年1月份开始建立家庭消费电子账,6月份从甲超市购买了下列商品:

(1)高档粉底液一盒,支出400元。

(2)白酒1000克,支出640元。

(3)食品支出1010元,其中:橄榄油2500克,支出400元;淀粉1000克,支出10元;新鲜蔬菜50千克,支出600元。同时她对部分商品的供货渠道和价格进行了追溯,主要数据如下表:

	高档粉底液	白酒	橄榄油	淀粉	新鲜蔬菜
供货商	B市化妆品厂	B市白酒厂	A市外贸公司	A市调料厂	A市蔬菜公司
供货方式	自产自销	自产自销	进口销售	自产自销	外购批发
不含增值税供货价	300元/盒	260元/500克	60元/500克	3元/500克	3元/500克

(其他相关资料:高档化妆品的消费税税率为15%,白酒消费税税率20%加0.5元/500克)

要求:根据上述资料,按照下列序号计算回答问题,每问需计算出合计数。

(1)计算甲超市销售给张女士高档粉底液的增值税销项税额。

(2)计算甲超市销售给张女士白酒的增值税销项税额。

(3)计算甲超市销售给张女士食品的增值税销项税额。

(4)计算张女士购买高档粉底液支出中包含的消费税税额,并确定消费税的纳税人和纳税地点。

(5)计算张女士购买白酒支出中包含的消费税税额,并确定消费税的纳税人和纳税地点。

[答案]

(1)甲超市销售给张女士高档粉底液的增值税销项税额＝400÷(1+16%)×16%＝55.17(元)

(2)甲超市销售给张女士白酒的增值税销项税额＝640÷(1+16%)×16%＝88.28(元)

(3)甲超市销售给张女士食品的增值税销项税额＝400÷(1+10%)×10%＋10÷(1+16%)×16%＝37.74(元)

(4)张女士购买高档粉底液支出中包含的消费税税额＝300×15%＝45(元)

纳税人为B市化妆品厂,纳税地点为B市。

(5)张女士购买白酒支出中包含的消费税税额＝260×2×20%＋2×0.5＝105(元)

纳税人为B市白酒厂,纳税地点为B市。

某礼花厂2019年1月发生以下业务:

（1）月初库存外购已税鞭炮的金额为 12000 元，当月购进已税鞭炮 300 箱，增值税专用发票上注明的每箱购进金额为 300 元。月末库存外购已税鞭炮的金额为 8000 元。其余为当月生产领用。

（2）当月生产甲鞭炮 120 箱，销售给 A 商贸公司 100 箱，每箱不含税销售价格为 800 元；其余 20 箱通过该厂自设非独立核算门市部销售，每箱不含税销售价格为 850 元。

（3）当月生产乙鞭炮 500 箱，销售给 B 商贸公司 250 箱，每箱不含税销售价格为 1100 元；将 200 箱换取火药厂的火药，双方按易货价格开具了增值税专用发票；剩余的 50 箱作为福利发给职工。

（其他相关资料：上述增值税专用发票的抵扣联均已经过认证；鞭炮的消费税税率为 15%。）

要求：根据上述资料，按照下列序号计算回答问题，每问需计算出合计数。

（1）计算礼花厂销售给 A 商贸公司鞭炮应缴纳的消费税。

（2）计算礼花厂销售给 B 商贸公司鞭炮应缴纳的消费税。

（3）计算礼花厂门市部销售鞭炮应缴纳的消费税。

（4）计算礼花厂用鞭炮换取原材料应缴纳的消费税。

（5）计算礼花厂将鞭炮作为福利发放应缴纳的消费税。

（6）计算礼花厂当月允许扣除的已纳消费税。

（7）计算礼花厂当月实际应缴纳的消费税。

【答案】

（1）销售给 A 商贸公司鞭炮应缴纳的消费税 ＝800×100×15% ＝12000（元）

（2）销售给 B 商贸公司鞭炮应缴纳的消费税 ＝1100×250×15% ＝41250（元）

（3）门市部销售鞭炮应缴纳的消费税 ＝850×20×15% ＝2550（元）

（4）用鞭炮换取原材料应缴纳的消费税 ＝1100×200×15% ＝33000（元）

（5）将鞭炮作为福利发放应缴纳的消费税 ＝1100×50×15% ＝8250（元）

（6）当月允许扣除的已纳消费税 ＝（12000＋300×300－8000）×15% ＝14100（元）

（7）当月实际应缴纳消费税 ＝12000＋41250＋2550＋33000＋8250－14100＝82950（元）

˙2019年˙ 预 测 题

预测 1

某汽车生产企业为增值税一般纳税人，主要从事小汽车生产和改装业务，2018 年 9 月份的经营状况如下：

（1）将生产的 800 辆小汽车分两批销售，其中 300 辆开具的增值税专用发票注明金额 4500 万元、税额 720 万元；500 辆开具的增值税专用发票注明金额 6500 万元、税额 1040 万元。

（2）将生产的 100 辆小汽车用于换取生产资料，并按照成本价每辆 12 万元互相开具增值税专用发票,注明金额1200万元、税额192万元。同时该汽车生产企业按成本价计算了消费税。

(3)将生产的10辆小汽车奖励给劳动模范,并按照成本价记入"应付职工薪酬-应付福利费"。

(4)从其他生产企业外购小汽车5辆进行底盘改装,取得的增值税专用发票注明金额40万元、税额6.4万元,改装完成后对外销售,开具增值税专用发票注明金额60万元、税额9.6万元。

(其他相关资料:小汽车消费税税率为5%)

要求:根据上述资料,按照下列序号回答问题,如有计算需计算出合计数。

(1)计算业务(1)应缴纳的消费税。

(2)判断业务(2)的处理是否正确并计算应缴纳的消费税。

(3)判断业务(3)的处理是否正确并计算应缴纳的消费税。

(4)计算业务(4)应缴纳的消费税。

(5)计算该汽车生产企业应缴纳的增值税。

【答案】

(1)业务(1)应缴纳的消费税=(4500+6500)×5%=550(万元)

(2)不正确。用于换取生产资料和消费资料,投资入股和抵偿债务等方面的自产应税消费品,应当以纳税人同类应税消费品的最高销售价格作为计税依据计算消费税。而不是用成本价。增值税应按平均销售价格计算。

业务(2)应缴纳的消费税=4500÷300×100×5%=75(万元)

(3)不正确。纳税人自产自用的应税消费品,除用于连续生产应税消费品外,凡用于其他方面的,于移送使用时纳税。记入"应付职工薪酬-应付福利费"的金额是按照平均销售价格和应缴纳的增值税销项税额之和。

业务(3)应缴纳的消费税=(4500+6500)÷(300+500)×10×5%=6.88(万元)

(4)对用外购已缴纳消费税的应税消费品连续生产应税消费品计算征税时,应按当期生产领用数量计算准予扣除外购的应税消费品已纳的消费税税款,但不包括小汽车。

业务(4)应缴纳的消费税=60×5%=3(万元)

(5)该汽车生产企业应缴纳的增值税=720+1040+(4500+6500)÷(300+500)×110×16%+9.6-6.4-192=1813.2(万元)

预测2

甲卷烟厂为增值税一般纳税人,主要生产甲类卷烟和雪茄烟,2019年2月生产经营如下:

(1)从烟农手中购进烟叶,收购价款50000元,并且按规定支付了5000元的价外补贴,同时按照20%缴纳了烟叶税。将其运往丙企业委托加工成烟丝,支付运输企业(增值税一般纳税人)不含税运费10000元,取得增值税专用发票,向丙企业支付加工费,取得增值税专用发票注明加工费15000元,增值税2400元,该批烟丝已经验收入库,但本月尚未领用生产，丙企业无同类烟丝的销售价格。

（2）从增值税小规模纳税人的乙企业购进已税烟丝，取得税务机关代开的增值税专用发票，注明价款 30000 元。

（3）进口一批烟丝，海关审定的关税完税价格为 30000 元，缴纳进口环节相关税金后，海关放行，并取得海关进口增值税专用缴款书，该批烟丝已经验收入库，但本月尚未领用生产。

（4）领用从乙企业购进烟丝的 60% 用于继续生产甲类卷烟，销售甲类卷烟 3 箱，取得不含税销售收入 150000 元；领用从乙企业购进烟丝的 10% 用于继续生产雪茄烟，销售雪茄烟取得不含税销售收入 100000 元。

（5）本月因管理不善导致上月从增值税一般纳税人处购进的烟丝（已抵扣进项税额）霉烂变质，成本 20000 元；因管理不善导致上月从烟农手中购进的烟叶（已抵扣进项税额）霉烂变质，成本 10000 元。

（其他相关资料：烟丝的消费税税率为 30%；甲类卷烟生产环节消费税税率为 56% 加 0.003 元/支；雪茄烟的消费税税率 36%，烟丝的关税税率为 50%；上述相关票据均已经过比对认证。）

要求：根据上述相关资料，按顺序回答下列问题，如有计算，每问需计算出合计数。

（1）计算丙企业应代收代缴的消费税。

（2）计算甲企业当期应缴纳的进口环节消费税和增值税。

（3）计算甲企业应向主管税务机关缴纳的增值税。

（4）计算甲企业应向主管税务机关缴纳的消费税。

【答案】

（1）委托加工的应税消费品，按照受托方的同类消费品的销售价格计税；没有同类消费品销售价格的，按照组成计税价格计算纳税。组成计税价格 =（材料成本+加工费）÷（1−消费税税率）。

纳税人购进用于生产销售或委托加工 16% 税率货物的农产品按照 12% 的扣除率计算进项税额，进项税额 = 买价×12%，成本 = 买价×（1−12%）。

应纳烟叶税 = 实际支付价款总额×20% = 收购价款×（1+10%）×20%，其中 10% 为价外补贴。

丙企业应代收代缴的消费税 = [50000×（1+10%）×（1+20%）×（1−12%）+10000+15000] ÷（1−30%）×30% = 35605.71（元）

（2）应缴纳的进口环节消费税 =（30000+30000×50%）÷（1−30%）×30% = 19285.71（元）

应缴纳的进口环节增值税 =（30000+30000×50%）÷（1−30%）×16% = 10285.71（元）

（3）业务（1）准予抵扣的进项税额 = 50000×（1+10%）×（1+20%）×12%+10000×10%+2400 = 11320（元）

业务（2）准予抵扣的进项税额 = 30000×3% = 900（元）

业务（4）应确认的增值税销项税额 = 150000×16%+100000×16% = 40000（元）

非正常损失的进项税额不得从销项税额中抵扣。

业务(5)应转出的进项税额＝20000×16%＋10000÷(1－12%)×12%＝4563.64(元)

甲企业应向主管税务机关缴纳的增值税＝40000－11320－900＋4563.64－10285.71＝22057.93(元)。

(4)应缴纳的消费税＝150000×56%＋3×0.003×200×250－30000×30%×60%＋100000×36%＝115050(元)

预测3

甲企业为高尔夫球及球具生产厂家，是增值税一般纳税人。2018年10月发生以下业务：

(1)购进一批原材料A，取得增值税专用发票上注明价款5000元、增值税税款800元，委托乙企业将其加工成20个高尔夫球包，支付加工费10000元、增值税税款1600元，取得乙企业开具的增值税专用发票；乙企业同类高尔夫球包不含税销售价格为450元/个。甲企业收回时，乙企业代收代缴了消费税。

(2)从生产企业购进高尔夫球杆的杆头，取得增值税专用发票，注明货款17200元、增值税2752元；购进高尔夫球杆的杆身，取得增值税专用发票，注明货款23600元、增值税3776元；购进高尔夫球杆握把，取得增值税专用发票，注明货款1040元、注明增值税166.4元；当月领用外购的杆头、握把、杆身各90%，加工成A、B两种型号的高尔夫球杆共20把。

(3)当月将自产的A型高尔夫球杆2把对外销售，取得不含税销售收入10000元；另将自产的A型高尔夫球杆5把赞助给高尔夫球大赛。

(4)将自产的3把B型高尔夫球杆移送至位于同一县的非独立核算门市部销售，当月门市部对外销售了2把，取得不含税金额22932元。

(其他相关资料：高尔夫球及球具消费税税率为10%，成本利润率为10%；上述相关票据均已经过比对认证。)

要求：根据上述相关资料，按顺序回答下列问题，如有计算，每问需计算出合计数。

(1)计算乙企业应代收代缴的消费税。

(2)计算甲企业应自行向税务机关缴纳的消费税。

(3)计算甲企业当月应缴纳的增值税。

【答案】

(1)乙企业应代收代缴的消费税＝450×20×10%＝900(元)。

(2)准予抵扣的高尔夫球杆的杆头、杆身和握把的已纳消费税＝(17200＋23600＋1040)×90%×10%＝3765.6(元)

甲企业应自行向税务机关缴纳的消费税＝10000÷2×(2＋5)×10%＋22932×10%－3765.6＝2027.6(元)

(3)业务(1)：准予抵扣的进项税额＝800＋1600＝2400(元)

业务(2)：准予抵扣的进项税额＝2752＋3776＋166.4＝6694.4(元)

业务(3)：产生的销项税额＝10000÷2×(2＋5)×16%＝5600(元)

业务(4)：产生的销项税额＝22932×16%＝3669.12(元)

甲企业当月应缴纳的增值税＝5600＋3669.12－(2400＋6694.4)＝174.72(元)

专题四 企业所得税

考点梳理

押题点 ① 纳税义务人

不包括个人独资企业和合伙企业。

(一)居民企业

在中国境内成立,或者依照外国(地区)法律成立但实际管理机构在中国境内的企业。

认定标准:(符合其中一个即可)

(1)注册地标准是主要标准,即在境内注册的企业;

(2)实际管理机构标准是附加标准,即在境外注册、但实际管理在境内的企业。

(二)非居民企业

依照外国(地区)法律成立且实际管理机构不在中国境内,但在中国境内设立机构、场所的,或在中国境内未设立机构、场所,但有来源于中国境内所得的企业。

非居民企业的认定标准:

(1)境外注册、境内设立机构(非实际管理机构)的企业;

(2)境外注册、境内无机构,但有来源于中国境内所得的企业。

押题点 ② 征税对象

(一)居民企业

来源于中国境内、境外的所得。

(二)非居民企业

来源于中国境内的所得。

(三)所得来源地的确定(见表21)

表21 所得来源地的确定

所得类型	所得来源地的确定
销售货物所得	按照交易活动发生地确定
提供劳务所得	按照劳务发生地确定
不动产转让所得	按照不动产所在地确定
动产转让所得	按照转让动产的企业或者机构、场所所在地确定
权益性投资资产转让所得	按照被投资企业所在地确定
股息、红利等权益性投资所得	按照分配所得的企业所在地确定

续表

所得类型	所得来源地的确定
利息所得、租金所得、特许权使用费所得	按照负担、支付所得的企业或者机构、场所所在地确定，或者按照负担、支付所得的个人的住所地确定
其他所得	由国务院财政、税务主管部门确定

押题点 ❸ 税率

企业所得税税率的种类和适用范围(见表 22)。

表 22　企业所得税税率

种类	税率	适用范围
基本税率	25%	居民企业
		中国境内设有机构、场所且所得与机构、场所有关联的非居民企业
两档优惠税率	减按 20%	符合条件的小型微利企业
	减按 15%	国家重点扶持的高新技术企业和技术先进型服务企业
低税率	20%(实际征税时减按 10% 的税率)	在中国境内未设立机构、场所，或者虽设立机构、场所但取得的所得与其所设机构、场所没有实际联系的非居民企业

押题点 ❹ 应纳税额的计算

直接计算法：

应纳税所得额=收入总额-不征税收入-免税收入-各项扣除金额-允许弥补的以前年度亏损

间接计算法：

应纳税所得额=会计利润总额±纳税调整项目金额

(一)收入总额

包括以货币形式(包括债务豁免)和非货币形式从各种来源取得的收入。

企业以非货币形式取得的收入，应当按照公允价值确定收入额，即按照市场价格确定的价值。

1. 一般收入的确认

(1)销售货物收入。

(2)提供劳务收入。

(3)转让财产收入。

企业转让股权收入，应于转让协议生效且完成股权变更手续时，确认收入的实现。

转让股权收入扣除为取得该股权所发生的成本后，为股权转让所得。在计算股权转让所得时，不得扣除被投资企业未分配利润等股东留存收益中按该项股权所可能分配的金额。

（4）股息、红利等权益性投资收益。

按被投资企业作出利润分配决定的日期确认收入的实现。

股权溢价形成资本公积转增股本的，不作为投资方企业的股息、红利收入，投资方企业也不得增加该项长期投资的计税基础。

以未分配利润、盈余公积转增资本，作为投资方企业的股息、红利收入；投资方企业增加该项长期投资的计税基础。

对内地企业投资者通过沪港通投资香港联交所上市股票：

取得的转让差价所得，计入其收入总额，依法征收企业所得税。

取得的股息红利所得，计入其收入总额，依法计征企业所得税。其中，内地居民企业连续持有 H 股满 12 个月取得的股息红利所得，免征企业所得税。

（5）利息收入。

按照合同约定的债务人应付利息的日期确认收入的实现(国债利息免税)。

（6）租金收入。

按照合同约定的承租人应付租金的日期确认收入的实现。如果交易合同或协议中规定租赁期限跨年度，且租金提前一次性支付的，根据规定的收入与费用配比原则，出租人可对上述已确认的收入，在租赁期内，分期均匀计入相关年度收入。

（7）特许权使用费收入。

按照合同约定的应付特许权使用费的日期确认收入的实现。

（8）接受捐赠收入。

按照实际收到捐赠资产的日期确认收入的实现。

受赠资产相关金额的确定：

①企业接受捐赠的货币性、非货币性资产，均并入当期的应纳税所得额。

②企业接受捐赠的非货币性资产，以受赠资产价值和由捐赠企业代为支付的增值税计入应纳税所得额，不包括由受赠企业另外支付或应付的相关税费。

2. 特殊收入的确认

（1）分期收款方式销售货物，按照合同约定的收款日期确认收入的实现。

（2）企业受托加工制造大型机械设备等或者提供其他劳务等，持续时间超过 12 个月的，按照纳税年度内完工进度或者完成的工作量确认收入的实现。

（3）采取产品分成方式取得收入，按照企业分得产品的日期确认收入的实现，其收入额按照产品的公允价值确定。

（4）企业发生非货币性资产交换，以及将货物、财产、劳务用于捐赠、偿债、赞助、集资、广告、样品、职工福利或者利润分配等用途的，应视同销售确认收入。

3. 处置资产收入的确认（见表 23）

表 23　处置资产收入的确认

分类	具体处置资产行为	计量
内部处置 (不视同销售)	(1)将资产用于生产、制造、加工另一产品 (2)改变资产形状、结构或性能 (3)改变资产用途 (4)将资产在总机构及其分支机构之间转移 (5)上述两种或两种以上情形的混合 (6)其他不改变资产所有权属的用途	相关资产的计税基础延续计算
外部处置 (视同销售确认收入)	(1)用于市场推广或销售 (2)用于交际应酬 (3)用于职工奖励或福利 (4)用于股息分配 (5)用于对外捐赠 (6)其他改变资产所有权属的用途	自制的资产,按同类资产同期对外销售价格确定销售收入;外购的资产,按被移送资产的公允价值确定销售收入

4. 相关收入实现的确认

(1)销售商品收入的确认(见表 24)。

表 24　销售商品收入的确认

结算方式	确认收入的实现
托收承付	办妥托收手续时
预收款	发出商品时
需要安装和检验	购买方接受商品以及安装和检验完毕时(如果安装程序比较简单,可在发出商品时确认收入)
支付手续费方式委托代销	收到代销清单时

(2)提供劳务收入的确认(见表 25)。

表 25　提供劳务收入的确认

收入方式	确认收入的实现
安装费	根据安装完工进度;安装工作是商品销售附带条件,则在确认商品销售实现确认收入
宣传媒介的收费	在相关的广告或商业行为出现于公众面前时; 广告的制作费,根据制作广告的完工进度确认收入
软件费	根据开发的完工进度确认收入
服务费	包含在商品售价内可区分的服务费,在提供服务的期间分期确认收入

续表

收入方式	确认收入的实现
艺术表演、招待宴会和其他特殊活动的收费	在相关活动发生时确认收入；收费涉及几项活动的，预收的款项应合理分配给每项活动，分别确认收入
会员费	①只取得会籍，所有其他服务或商品都要另行收费的，在取得该会员费时确认； ②在会员期内不再付费就可得到各种服务或商品，或者以低于非会员的价格销售商品或提供服务的，该会员费应在整个受益期内分期确认
特许权费	属于提供设备和其他有形资产的特许权费，在交付资产或转移资产所有权时确认收入；属于提供初始及后续服务的特许权费，在提供服务时确认收入
劳务费	在相关劳务活动发生时

(3)特殊销售方式收入的确认(见表26)。

表26 特殊销售方式收入的确认

特殊业务	税务处理
售后回购	①销售的商品按售价确认收入，回购的商品作为购进商品处理； ②以销售商品方式进行融资，收到的款项应确认为负债，回购价格大于原售价的，差额应在回购期间确认为利息费用
以旧换新	按照销售商品收入确认条件确认收入，回收的商品作为购进商品处理
折扣方式	①商业折扣：按照扣除商业折扣后的金额确定销售商品收入金额； ②现金折扣：按扣除现金折扣前的金额确定销售商品收入金额，现金折扣在实际发生时作为财务费用扣除； ③销售折让：在发生当期冲减当期销售商品收入
买一赠一	不属于捐赠，应将总的销售金额按各项商品的公允价值的比例来分摊确认各项的销售收入

(二)不征税收入和免税收入

1. 不征税收入(形成的费用、折旧不可以税前扣除)

(1)财政拨款。

(2)依法收取并纳入财政管理的行政事业性收费、政府性基金。

(3)国务院规定的其他不征税收入，是指企业取得的，由国务院财政、税务主管部门规定专项用途并经国务院批准的财政性资金，不包括企业按规定取得的出口退税款。

(4)专项用途财政性资金企业所得税处理的具体规定。

【提示】

(1)对企业从县级以上各级人民政府取得的财政性资金，凡同时符合以下条件的，可以作为不征税收入：

①企业能够提供规定资金专项用途的资金拨付文件；

②财政部门或其他拨付资金的政府部门对该资金有专门的资金管理办法或具体管理

要求；

③企业对该资金以及以该资金发生的支出单独进行核算。

(2)企业的不征税收入用于支出所形成的费用，不得在计算应纳税所得额时扣除；企业的不征税收入用于支出所形成的资产，其计算的折旧、摊销不得在计算应纳税所得额时扣除。

(3)企业将符合条件的财政性资金作不征税收入处理后，在5年(60个月)内未发生支出且未缴回财政部门或其他拨付资金的政府部门的部分，应计入取得该资金第六年的收入总额；计入收入总额的财政性资金发生的支出，允许在计算应纳税所得额时扣除。

2. 免税收入(形成的费用、折旧可以税前扣除)

(1)国债利息收入。

国债持有期间和持有至到期的利息持有收入，免税；国债转让的价差收入，征税。

①到期前转让国债，或者从非发行者投资购买的国债，其持有期间尚未兑付的国债利息收入，免征企业所得税。

尚未兑付的国债利息收入 =国债金额×(适用年利率÷365)×持有天数

②企业转让或到期兑付国债取得的价款，减除其购买国债成本，并扣除其持有期间尚未兑付的国债利息收入以及交易过程中相关税费后的余额，为企业转让国债收益(损失)，应按规定纳税。

(2)居民企业直接投资于其他居民企业取得的股息、红利等权益性投资收益。不包括连续持有居民企业公开发行并上市流通的股票不足12个月取得的投资收益。

(3)在中国境内设立机构、场所的非居民企业从居民企业取得与该机构、场所有实际联系的股息、红利等权益性投资收益。不包括连续持有居民企业公开发行并上市流通的股票不足12个月取得的投资收益。

(4)符合条件的非营利组织的收入。

①接受其他单位或者个人捐赠的收入；

②除《中华人民共和国企业所得税法》第七条规定的财政拨款以外的其他政府补助收入，但不包括因政府购买服务取得的收入；

③按照省级以上民政、财政部门规定收取的会费；

④不征税收入和免税收入孳生的银行存款利息收入；

⑤财政部、国家税务总局规定的其他收入。

(三)扣除项目及其标准

1. 工资、薪金支出(合理的据实扣除)

税前扣除项目的工资、薪金支出，是企业已经实际支付给职工的金额，不是应该支付的职工薪酬。

(1)属于国有性质的企业，其工资薪金，不得超过政府有关部门给予的限定数额；超过部分，不得计入企业工资薪金总额，也不得在计算企业应纳税所得额时扣除。

(2)企业因雇用季节工、临时工、实习生、返聘离退休人员以及接受外部劳务派遣用工所实际发生的费用，应区分为工资薪金支出和职工福利费支出，并按《企业所得税法》规定在企业所得税税前扣除。其中属于工资薪金支出的，准予计入企业工资薪金总额的基数，作为计算其他各项相关费用扣除的依据。

（3）关于我国居民企业实行股权激励计划有关企业所得税处理问题

①实行后立即可以行权的，上市公司可以根据实际行权时该股票的公允价格与激励对象实际行权支付价格的差额和数量，计算确定作为当年上市公司工资薪金支出在税前扣除。

②实行后，需待一定服务年限或者达到规定业绩条件（以下简称等待期）方可行权的。上市公司等待期内会计上计算确认的相关成本费用，不得在对应年度计算缴纳企业所得税时扣除。在股权激励计划可行权后按上述①处理。

（4）企业福利性补贴支出税前扣除。列入企业员工工资薪金制度、固定与工资薪金一起发放的福利性补贴，符合规定的合理工资、薪金支出条件，可作为企业发生的工资薪金支出，按规定在税前扣除。

不能同时符合条件的福利性补贴，应作为职工福利费，按规定计算限额税前扣除。

（5）在年度汇算清缴结束前向员工实际支付的已预提汇缴年度工资薪金，准予在汇缴年度按规定扣除。

（6）企业接受外部劳务派遣用工所实际发生的费用，应分两种情况按规定在税前扣除：

①按照协议（合同）约定直接支付给劳务派遣公司的费用，应作为劳务费支出；

②直接支付给员工个人的费用，应作为工资薪金支出和职工福利费支出。其中属于工资薪金支出的费用，准予计入企业工资薪金总额的基数，作为计算其他各项相关费用扣除的依据。

2. 职工福利费、工会经费、职工教育经费（见表27）

表 27　职工福利费、工会经费、职工教育经费

项目	准予扣除的限度	超过部分处理
职工福利费	不超过工资薪金总额14%	不得扣除
工会经费	不超过工资薪金总额2%	不得扣除
职工教育经费	不超过工资薪金总额8%	准予在以后年度结转扣除

（1）企业职工福利费的范围。

①尚未实行分离办社会职能的企业，其内设福利部门所发生的设备、设施和人员费用；

②为职工卫生保健、生活、住房、交通等所发放的各项补贴和非货币性福利；

③按规定发生的其他职工福利费。

（2）工会经费。

委托税务机关代收工会经费的，可凭合法、有效的工会经费代收凭据依法在税前扣除。

（3）职工教育经费。

①软件生产企业发生的职工教育经费中的职工培训费用，可以全额在企业所得税前扣除。软件生产企业应准确划分职工教育经费中的职工培训费支出，对不能准确划分的，以及准确划分后职工教育经费中扣除职工培训费用的余额，一律按照工资薪金总额8%的比例扣除。

②核力发电企业为培养核电厂操纵员发生的培养费用，可作为企业的发电成本在税前扣除。企业应将核电厂操纵员培养费与员工的职工教育经费严格区分，单独核算，员工实际发生的职工教育经费支出不得计入核电厂操纵员培养费直接扣除。

3. 社会保险费

（1）按照政府规定的范围和标准缴纳"五险一金"，准予扣除。

（2）企业为投资者或者职工支付的补充养老保险费、补充医疗保险费，在国务院财政、税务主管部门规定的范围和标准（5%）内，在计算应纳税所得额时准予扣除；超过的部分，不予扣除。

（3）企业参加财产保险，按照规定缴纳的保险费，准予扣除；企业为投资者或者职工支付的商业保险费，不得扣除。

（4）企业依照国家有关规定为特殊工种职工支付的人身安全保险费和符合国务院财政、税务主管部门规定可以扣除的商业保险费准予扣除。

4. 利息费用

（1）非金融企业向金融企业借款的利息支出、金融企业的各项存款利息支出和同业拆借利息支出、企业经批准发行债券的利息支出，准予扣除。

（2）非金融企业向非金融企业借款的利息支出，不超过按照金融企业同期同类贷款利率计算的数额的部分，准予扣除。

（3）关联方借款利息处理。

①企业从其关联方接受的债权性投资与权益性投资的比例超过规定标准而发生的利息支出，不得在计算应纳税所得额时扣除。

债权性投资与权益性投资的比例：金融企业 5∶1；其他企业 2∶1。

不得扣除的利息支出 = 年度实际支付的全部关联方利息 ×（1-标准比例÷关联债资比例）

②企业如果能够按照税法及其实施条例的有关规定提供相关资料，并证明相关交易活动符合独立交易原则的；或者该企业的实际税负不高于境内关联方的，其实际支付给境内关联方的利息支出，在计算应纳税所得额时准予扣除。

③企业同时从事金融业务和非金融业务，其实际支付给关联方的利息支出，应按照合理方法分开计算；没有按照合理方法分开计算的，一律按关联企业的规定计算利息扣除。

（4）企业向自然人借款的利息处理。

①企业向股东或关联自然人借款的利息支出，按照关联企业利息处理。

②企业向内部职工或其他人员借款的利息支出，若借贷是真实、合法、有效的，不具有非法集资目的或其他违反法律、法规行为，并且企业与个人之间签订了借款合同，其利息支出在不超过按照金融企业同期同类贷款利率计算的数额的部分，准予扣除。

5. 借款费用

不需要资本化的借款费用，准予扣除；符合资本化条件的，应计入相关资产成本。

6. 汇兑损失

除已经计入有关资产成本以及与向所有者进行利润分配相关的部分外，准予扣除。

7. 业务招待费

（1）发生的与生产经营活动有关的业务招待费支出，按照发生额的60%扣除，但最高不得超过当年销售（营业）收入的5‰。

计算广告费、宣传费、招待费扣除限额的基数为销售（营业）收入＝主营业务收入＋其他业务收入＋视同销售收入。不包括营业外收入、投资收益。

（2）对从事股权投资业务的企业，其从被投资企业所分配的股息、红利以及股权转让收入，可以按规定的比例计算业务招待费扣除限额。

（3）企业在筹建期间，发生的与筹办活动有关的业务招待费支出，可按实际发生额的60%计入企业筹办费，并按有关规定在税前扣除。

8. 广告费和业务宣传费

（1）一般企业发生的符合条件的广告费和业务宣传费支出，不超过当年销售（营业）收入15%的部分，准予扣除；超过部分，准予在以后纳税年度结转扣除。

（2）自2016年1月1日起至2020年12月31日止，对化妆品制造或销售、医药制造和饮料制造（不含酒类制造）企业发生的广告费和业务宣传费支出，不超过当年销售（营业）收入30%的部分，准予扣除；超过部分，准予在以后纳税年度结转扣除。

（3）对签订广告费和业务宣传费分摊协议（简称分摊协议）的关联企业，其中一方发生的不超过当年销售（营业）收入税前扣除限额比例内的广告费和业务宣传费支出可以在本企业扣除，也可以将其中的部分或全部按照分摊协议归集至另一方扣除。另一方在计算本企业广告费和业务宣传费支出企业所得税税前扣除限额时，可将按照上述办法归集至本企业的广告费和业务宣传费不计算在内。

（4）企业在筹建期间，发生的广告费和业务宣传费，可按实际发生额计入企业筹办费，并按有关规定在税前扣除。

（5）烟草企业的烟草广告费和业务宣传费支出，一律不得在计算应纳税所得额时扣除。

（6）广告费支出必须符合下列条件：广告是通过工商部门批准的专门机构制作的；已实际支付费用，并已取得相应发票；通过一定的媒体传播。

【提示】非广告性赞助支出不得税前扣除。

9. 环境保护专项资金

依照有关规定提取的用于环境保护、生态恢复等方面的专项资金准予扣除；上述专项资金提取后改变用途的，不得扣除。

10. 保险费

企业参加财产保险，按照规定缴纳的保险费，准予扣除。

11. 租赁费

（1）经营租赁：按照租赁期限均匀扣除；

（2）融资租赁：构成融资租入固定资产价值的部分应当提取折旧费用分期扣除；租赁费支出不得扣除。

12. 劳动保护费

企业发生的合理的劳动保护支出，准予扣除。

企业根据其工作性质和特点，由企业统一制作并要求员工工作时统一着装所发生的工作服饰费用，可以作为企业合理的支出给予税前扣除。

劳保不能发放现金，否则将被视作工资薪金支出或职工福利费支出。

13. 公益性捐赠支出

企业发生的公益性捐赠支出，不超过年度利润总额12%的部分，准予扣除。超过年度利润总额12%的部分，准予以后三年内在计算应纳税所得额时结转扣除。

公益性捐赠的扣除，必须同时符合三个条件：

①捐赠必须是公益性的，非公益性的不得扣除；

②捐赠必须是间接发生的，直接的捐赠不得扣除；

③捐赠必须是通过非营利机构或政府机构发生的捐赠，通过营利机构或个人发生的捐赠不得扣除。

(四)不得扣除的项目

(1)向投资者支付的股息、红利等权益性投资收益款项。

(2)企业所得税税款。

(3)税收滞纳金。

(4)罚金、罚款和被没收财物的损失。

(5)超过规定标准的捐赠支出。

(6)赞助支出，指与生产经营无关的非广告性质支出。

(7)未经核定的准备金支出，指不符合规定的各项资产减值准备、风险准备等准备金支出。

(8)企业之间支付的管理费、企业内营业机构之间支付的租金和特许权使用费，以及非银行企业内营业机构之间支付的利息，不得扣除。

(9)与取得收入无关的其他支出。

押题点 ⑤ 资产的税务处理

(一)固定资产

固定资产改扩建的税务处理：

(1)属于推倒重置的，净值并入重置后的固定资产计税成本；

(2)属于提升功能、增加面积的，改扩建支出并入该固定资产计税基础，按尚可使用的年限与税法规定的最低年限孰低原则选择年限计提折旧。

(二)长期待摊费用

1. 企业发生的下列支出作为长期待摊费用，按照规定摊销的，准予扣除：

(1)已足额提取折旧的固定资产的改建支出，按照固定资产预计尚可使用年限分期摊销。

(2)租入固定资产的改建支出，按照合同约定的剩余租赁期限分期摊销。

(3)固定资产的大修理支出，按照固定资产尚可使用年限分期摊销。

固定资产的大修理支出，是指同时符合下列条件的支出：

(1)修理支出达到取得固定资产时的计税基础50%以上；

(2)修理后固定资产的使用年限延长2年以上。

2. 其他支出，自支出发生月份的次月起，分期摊销，摊销年限不得低于 3 年。

(三)投资资产

1. 扣除方法

企业对外投资期间，投资资产的成本在计算应纳税所得额时不得扣除。企业在转让或者处置投资资产时，投资资产的成本准予扣除。

2. 撤回或减少投资的税务处理

取得的资产中，相当于初始出资的部分，应确认为投资收回；相当于被投资企业累计未分配利润和累计盈余公积按减少实收资本比例计算的部分，应确认为股息所得(免税)；其余部分确认为投资资产转让所得。

(四)税法规定与会计规定差异的处理

(1)不一致时，依照税法规定予以调整。

(2)企业依法清算时，以其清算终了后的清算所得为应纳税所得额，按规定缴纳企业所得税。

企业清算所得=企业的全部资产可变现价值或者交易价格-资产净值-清算费用-相关税费

(3)投资方企业从被清算企业分得的剩余资产，其中相当于从被清算企业累计未分配利润和累计盈余公积中应当分得的部分，应当确认为股息所得；剩余资产扣除上述股息所得后的余额，超过或者低于投资成本的部分，应当确认为投资转让所得或者损失。

押题点 ⑥ 税收优惠

(一)从事符合条件的环境保护、节能节水项目的所得

自项目取得第一笔生产经营收入所属纳税年度起，三免三减半。

在减免税期限内转让的，受让方自受让之日起，可在剩余期限内享受规定的减免税优惠；减免税期限届满后转让的，受让方不得就该项目重复享受减免税待遇。

(二)符合条件的技术转让所得

(1)一个纳税年度内，居民企业技术转让所得不超过 500 万元的部分，免征企业所得税；超过 500 万元的部分，减半征收企业所得税。

(2)技术转让所得=技术转让收入-技术转让成本-相关税费

或技术转让所得=技术转让收入-无形资产摊销费用-相关税费-应分摊期间费用

不包括销售或转让设备、仪器、零部件、原材料等非技术性收入。

(3)居民企业取得禁止出口和限制出口技术转让所得、居民企业从直接或间接持有股权之和达到 100% 的关联方取得的技术转让所得，不享受技术转让减免企业所得税优惠政策。

(三)高新技术企业优惠——减按 15% 的税率征收。

(四)技术先进型服务企业优惠——减按 15% 的税率征收。

(五)小型微利企业优惠——减按 20% 的税率征收。

1. 小型微利企业认定(见表 28)

表 28　小型微利企业认定

类型	年度应纳税所得额	从业人数(全年平均数)	资产总额(年初和年末额平均数)
工业企业	不超过 50 万元	不超过 100 人	不超过 3000 万元
其他企业		不超过 80 人	不超过 1000 万元

(1)从业人数,包括与企业建立劳动关系的职工人数和企业接受的劳务派遣用工人数。

(2)从业人数和资产总额指标,应按企业全年的季度平均值确定。

(3)仅就来源于我国所得负有我国纳税义务的非居民企业不适用。

2. 小型微利企业 2018 年 1 月 1 日至 2020 年 12 月 31 日优惠政策(2018 年 40 号公告,2018 年适用,已废止)

自 2018 年 1 月 1 日至 2020 年 12 月 31 日,符合条件的小型微利企业,无论采取查账征收方式还是核定征收方式,其年应纳税所得额低于 100 万元(含 100 万元,下同)的,均可以享受所得减按 50% 计入应纳税所得额,按 20% 的税率计算缴纳企业所得税的政策。

3. 小型微利企业 2019 年 1 月 1 日至 2020 年 12 月 31 日优惠政策

对小型微利企业年应纳税所得额不超过 100 万元的部分,减按 25% 计入应纳税所得额,按 20% 的税率缴纳企业所得税;对年应纳税所得额超过 100 万元但不超过 300 万元的部分,减按 50% 计入应纳税所得额,按 20% 的税率缴纳企业所得税。

【提示】小型微利企业是指从事国家非限制和禁止行业,且同时符合年度应纳税所得额不超过 300 万元、从业人数不超过 300 人、资产总额不超过 5000 万元等三个条件的企业。

(六)加计扣除优惠

1. 研究开发费用

研究开发费,自 2018 年至 2020 年 12 月 31 日,未形成无形资产计入当期损益的,在按照规定据实扣除的基础上,再按照研究开发费用的75%加计扣除;形成无形资产的,按照无形资产成本的175%摊销。

2. 支付给残疾职工的工资,在据实扣除的基础上,按照支付给残疾职工工资的100%加计扣除。

3. 企业委托境外研究开发费用与税前加计扣除

企业委托境外的研发费用按照费用实际发生额的80%计入委托方的委托境外研发费用,不超过境内符合条件的研发费用2/3的部分,可以按规定在企业所得税前加计扣除。(新增)

(七)创投企业优惠

创业投资企业采取股权投资方式直接投资于初创科技型企业满 2 年的,可以按照其投资额的 70%在股权持有满 2 年的当年抵扣该创业投资企业的应纳税所得额;当年不足抵扣的,可以在以后纳税年度结转抵扣。

(八)税额抵免优惠

企业购置并实际使用优惠目录规定的环境保护、节能节水、安全生产等专用设备的,该专用设备的投资额的 10%可以从企业当年的应纳税额中抵免;当年不足抵免的,可以在以后 5 个纳税年度结转抵免。

进行税额抵免时，如增值税进项税额允许抵扣，其专用设备投资额不再包括增值税进项税额；如增值税进项税额不允许抵扣，其专用设备投资额应为增值税专用发票上注明的价税合计金额。

（九）非居民企业优惠（见表29）

表29　非居民企业优惠

优惠种类	具体规定
低税率	非居民企业减按10%的税率征收企业所得税
免征企业所得税	（1）外国政府向中国政府提供贷款取得的利息所得； （2）国际金融组织向中国政府和居民企业提供优惠贷款取得的利息所得； （3）经国务院批准的其他所得

（十）加速折旧优惠（见表30）

表30　加速折旧优惠

行业 政策　　　　　条件	生物药品制造业等6行业	轻工、纺织、机械、汽车四个领域重点行业	所有企业
固定资产缩短折旧年限（最低折旧年限不得低于规定折旧年限的60%）或加速折旧（双倍余额递减法或者年数总和法）	2014年1月1日后新购进	2015年1月1、日后新购进	（1）由于技术进步，产品更新换代较快的固定资产； （2）常年处于强震动、高腐蚀状态的固定资产
小型微利企业研发和生产经营共用仪器、设备单位价值A≤100万元：一次扣除；A>100万元：缩短折旧年限或加速折旧			—
专门用于研发的仪器、设备单位价值A≤100万元：一次扣除；A>100万元：缩短折旧年限或加速折旧	所有行业2014年1月1日后新购进		
单位价值≤5000元的固定资产一次性扣除	所有行业企业持有的		

备注：生物药品制造等6行业包括：（1）生物药品制造业。（2）专用设备制造业。（3）铁路、船舶、航空航天和其他运输设备制造业。（4）计算机、通信和其他电子设备制造业。（5）仪器仪表制造业。（6）信息传输、软件和信息技术服务业

【新增】设备、器具等固定资产一次性扣除的规定

企业在2018年1月1日至2020年12月31日期间新购进的设备、器具（指除房屋、建筑物以外的固定资产），单位价值不超过500万元的，允许一次性计入当期成本费用在计算应纳税所得额时扣除，不再分年度计算折旧；单位价值超过500万元的，按相关规定执行。

押题点 ⑦ 应纳税额的计算

(一)居民企业应纳税额的计算

应纳税额＝应纳税所得额×适用税率－减免税额－抵免税额

直接计算法：应纳税所得额＝收入总额－不征税收入－免税收入－各项扣除－允许弥补的以前年度亏损

间接计算法：应纳税所得额＝会计利润总额±纳税调整项目金额

(二)境外所得抵扣税额的计算

企业实际应纳所得税额＝企业境内外所得应纳税总额－企业所得税减免、抵免优惠税额－境外所得税抵免额

我国税法规定对境外已纳税款实行限额扣除。抵免限额采用分国不分项或不分国不分项的计算原则。

1. 企业取得的下列所得已在境外缴纳的所得税税额，可以从其当期应纳税额中抵免，抵免限额为该项所得依照规定计算的应纳税额；超过抵免限额的部分，可以在以后5个年度内，用每年度抵免限额抵免当年应抵税额后的余额进行抵补。

(1)居民企业来源于中国境外的应税所得；

(2)非居民企业在中国境内设立机构、场所，取得发生在中国境外但与该机构、场所有实际联系的应税所得。

2. 抵免限额——分国(地区)不分项计算

抵免限额＝中国境内、境外所得按国内税法的规定计算的应纳税总额×来源于某国(地区)的应纳税所得额÷中国境内、境外应纳税所得总额

(三)居民企业核定征收应纳税额的处理

采用应税所得率方式核定征收企业所得税，应纳所得税额的计算：

应纳所得税额＝应纳税所得额×适用税率

应纳税所得额＝应税收入额×应税所得率

或：应纳税所得额＝成本(费用)支出额÷(1－应税所得率)×应税所得率

押题点 ⑧ 跨地区经营汇总纳税企业所得税征收管理

企业实行"统一核算、分级管理、就地预缴、汇总清算、财政调库"的企业所得税征收管理办法。

1. 汇总纳税企业汇总计算的企业所得税

包括预缴税款和汇算清缴应缴应退税款：

(1)50%在各分支机构间分摊，各分支机构根据分摊税款就地办理缴库；

(2)50%由总机构分摊缴纳，其中25%就地办理缴库，25%就地全额缴入中央国库。

2. 总分机构分摊税款的计算

(1)总机构分摊税款＝汇总纳税企业当期应纳所得税额×50%

(2)所有分支机构分摊税款总额＝汇总纳税企业当期应纳所得税额×50%

某分支机构分摊税款 ＝所有分支机构分摊税款总额×该分支机构分摊比例

3. 总机构按照上年度分支机构的营业收入、职工薪酬和资产总额三个因素计算各分支机构分摊所得税款的比例；三级及以下分支机构，其营业收入、职工薪酬和资产总额统一计入二级分支机构；三因素的权重依次为0. 35、0. 35、0. 30。

该分支机构分摊比例 ＝(该分支机构营业收入÷各分支机构营业收入之和)×0. 35＋(该分支机构职工薪酬÷各分支机构职工薪酬之和)×0. 35＋(该分支机构资产总额÷各分支机构资产总额之和)×0. 30

历年真题

2018 年

某制造企业为增值税一般纳税人，自 2017 年起被认定为高新技术企业，其 2018 年度的生产经营情况如下：

(1)当年销售货物实现销售收入 8000 万元，对应成本为 5100 万元。

(2)12 月购入专门用于研发的新设备，取得增值税普通发票上注明的金额为 600 万元，当月投入使用，会计上作为固定资产核算并按照 5 年计提折旧。

(3)通过其他业务收入核算转让 5 年以上非独占许可使用权收入 700 万元，与之相应的成本及税费为 100 万元。

(4)当年发生管理费用 800 万元，其中含新产品研究开发费用 300 万元(已独立核算管理)。业务招待费 80 万元。

(5)当年发生销售费用 1800 万元，其中含广告费 1500 万元。

(6)当年发生财务费用 200 万元。

(7)取得国债利息收入 150 万元，企业债券利息收入 180 万元。

(8)全年计入成本、费用的实发合理工资总额 400 万元(含残疾职工工资 50 万元)，实际发生职工福利费 120 万元，职工教育经费 33 万元，拨缴工会经费 18 万元。

(9)当年发生营业外支出共计 130 万元，其中违约金 5 万元，税收滞纳金 7 万元，补缴高管个人所得税 15 万元。

(10)当年税金及附加科目共列支 200 万元。

(其他相关资料：各扣除项目均已取得有效凭证，相关优惠已办理必要手续)。

要求：根据上述资料，按照下列顺序计算回答问题，如有计算需计算出合计数。

(1)判断 12 月份购进新设备的成本能否一次性税前列支并说明理由。

(2)计算当年会计利润。

(3)计算业务(3)中转让非独占许可使用权应纳税所得额调整金额。

(4)计算业务(4)中研究开发费及业务招待费应纳税所得额调整金额。

(5)计算业务(5)中广告费应纳税所得额调整金额。

(6)计算业务(7)中涉及的应纳税所得额调整金额。

(7)计算业务(8)中工资、职工福利费、工会经费、职工教育经费应纳税所得额调整金额。

 (8)计算业务(9)涉及的应纳税所得额调整金额。

 (9)计算当年该企业的企业所得税应纳税所得额。

 (10)计算当年该企业应缴纳的企业所得税。

【答案】

 (1)不能一次性税前列支。

 理由:企业在2018年1月1日至2020年12月31日期间新购进的设备、器具,单位价值不超过500万元的,允许一次性计入当期成本费用在计算应纳税所得额时扣除,不再分年度计算折旧;单位价值超过500万元的,不允许一次性扣除。

 (2)会计利润=8000-5100+700-100-800-1800-200+150+180-130-200=700(万元)

 (3)纳税调减=500+(700-100-500)×50%=550(万元)

 (4)研究开发费应调减应纳税所得额=300×75%=225(万元)

 业务招待费扣除限额=(8000+700)×5‰=43.5(万元)

 实际发生额的60%=80×60%=48(万元)

 业务招待费应调增应纳税所得额=80-43.5=36.5(万元)

 (5)广告费扣除限额=(8000+700)×15%=1305(万元),应调增应纳税所得额=1500-1305=195(万元)。

 (6)取得的国债利息收入免征企业所得税,应调减应纳税所得额150万元。

 (7)支付给残疾人的工资可以加计扣除100%,工资调减应纳税所得额50万元;

 职工福利费扣除限额=400×14%=56(万元),应调增应纳税所得额=120-56=64(万元);

 职工教育经费扣除限额=400×8%=32(万元),应调增应纳税所得额=33-32=1(万元);

 工会经费扣除限额=400×2%=8(万元),应调增应纳税所得额=18-8=10(万元);

 业务(8)合计调增应纳税所得额=64+1+10-50=25(万元)。

 (8)企业缴纳的税收滞纳金7万元和补缴高管的个人所得税15万元不得在企业所得税前列支,因此调增应纳税所得额22万元。

 (9)企业所得税应纳税所得额=700-550-225+36.5+195+25-150+22=53.5(万元)

 (10)应缴纳的企业所得税=53.5×15%=8.03(万元)

2017年

 位于某市的一家生产企业,2018年度会计自行核算取得主营业务收入68000万元、其他业务收入6000万元、营业外收入4500万元、投资收益1500万元、应扣除的主营业务成本42000万元、其他业务成本3500万元、营业外支出3200万元、税金及附加6100万元、管理费用6500万元、销售费用13000万元、财务费用3100万元,当年实现利润总额2600万元,拟申请的企业所得税应纳税所得额与利润总额相等,全年已预缴企业所得税240万元。2019年2月经聘请的会计师事务所进行审核,发现该企业2018年度自行核算存在以下问题:

 (1)一栋闲置生产车间未申报缴纳房产税和城镇土地使用税,该生产车间占地面积1000m²,原值650万元,已提取折旧420万元,车间余值为230万元。

（2）2018 年 12 月 8 日购置办公楼一栋，支付不含增值税的金额 2200 万元、增值税 220 万元并办妥权属证明，当月已经提取折旧费用 20 万元，但未缴纳契税。

（3）营业外支出中包含通过非营利的社交团体向贫困山区捐款 360 万元，已经取得该团体开具的合法票据。

（4）扣除的成本和管理费用中包含了实发工资总额 5600 万元、职工福利费 920 万元、拨缴的工会经费 120 万元、职工教育经费 160 万元。

（5）销售费用和管理费用中包含全年发生的广告费 11300 万元、业务招待费 660 万元。

（6）财务费用中含向非居民企业借款支付的 6 个月利息费用 130 万元，借款金额为 3200 万元，当年同期同类银行贷款年利息率为 6%。

（7）管理费用中含新产品研究开发费用 460 万元。

（8）投资收益中含取得的国债利息收入 70 万元、直接投资居民企业的股息收入 150 万元。

（9）其他业务收入中含技术转让收入 2300 万元，与收入对应的成本和税费共计 1400 万元。

（其他相关资料：该企业计算房产原值的扣除比例为 20%，契税税率为 4%，城镇土地使用税适用税额 30 元/m²）

要求：根据上述相关资料，按照下列顺序计算回答问题，如有计算需计算出合计数。

（1）分别计算该企业 2018 年度应补缴的城镇土地使用税和房产税。

（2）计算该企业 12 月购置办公楼应缴纳的契税。

（3）计算该企业 2018 年度的利润总额、向贫困山区捐赠款应调整的应纳税所得额。

（4）计算职工福利费、工会经费和职工教育经费应调整的应纳税所得额。

（5）分别计算广告费用、业务招待费应调整的应纳税所得额。

（6）计算向非居民企业借款支付利息费用应调整的应纳税所得额。

（7）计算新产品研究开发费用应调整的应纳税所得额。

（8）说明国债利息收入、投资居民企业的股息收入应调整的应纳税所得额。

（9）计算该企业技术转让收入调整的应纳税所得额。

（10）计算该企业 2018 年度应补缴的企业所得税。

【答案】

（1）2018 年度补缴的房产税 =650×（1−20%）×1.2% =6.24（万元）

2018 年度补缴的城镇土地使用税 =1000×30÷10000 =3（万元）

该企业 2018 年度应补缴的城镇土地使用税和房产税合计 =6.24+3 =9.24（万元）

（2）该企业 12 月购置办公楼应缴纳的契税 =2200×4% −88（万元）

（3）该企业 2018 年度的利润总额 =2600−9.24+20 =2610.76（万元）

向贫困山区捐赠款扣除限额 =2610.76×12% =313.29（万元），实际发生 360 万元，应调增应纳税所得额 =360−313.29 =46.71（万元）。

（4）职工福利费扣除限额 =5600×14% =784（万元），实际发生 920 万元，应调增应纳税所得额 =920−784 =136（万元）。

工会经费扣除限额=5600×2%＝112（万元），实际发生120万元，应调增应纳税所得额＝120-112＝8（万元）。

职工教育经费扣除限额=5600×8%＝448（万元），实际发生160万元，可全额扣除。

职工福利费、工会经费和职工教育经费应调整的应纳税所得额合计数＝136＋8＝144（万元）

（5）广告费扣除限额＝（68000＋6000）×15%＝11100（万元），实际发生11300万元，调增应纳税所得额＝11300-11100＝200（万元）。

业务招待费扣除限额1＝660×60%＝396（万元），业务招待费扣除限额2＝（68000＋6000）×5‰＝370（万元），因此业务招待费税前扣除限额为370万元，实际发生额为660万元，调增应纳税所得额＝660-370＝290（万元）。

（6）非金融企业向非金融企业借款的利息支出：不超过按照金融企业同期同类贷款利率计算的数额的部分可据实扣除，超过部分不许扣除。

向非居民企业借款支付利息费用扣除限额＝3200×6%/12×6＝96（万元），实际发生额130万元，应调增应纳税所得额＝130-96＝34（万元）。

（7）企业开展研发活动中实际发生的开发费用未形成无形资产的加计75%税前扣除。

应调减应纳税所得额＝460×75%＝345（万元）。

（8）国债利息收入和符合条件的居民企业之间的投资收益属于免税收入。

应调减应纳税所得额＝70＋150＝220（万元）。

（9）一个纳税年度内，居民企业转让技术所有权所得不超过500万元的部分，免征企业所得税；超过500万元的部分，减半征收企业所得税。

技术转让收入应调减应纳税所得额＝500＋（2300-1400-500）×50%＝700（万元）

（10）应补缴所得税额＝（2610.76＋46.71＋144＋200＋290＋34-345-220-700）×25%-240＝275.12（万元）

2016年

某市服装生产企业为增值税一般纳税人2018年度取得销售收入40000万元、投资收益1000万元，发生销售成本28900万元，税金及附加1800万元，管理费用3500万元、销售费用4200万元、财务费用1300万元，营业外支出200万元，企业自行计算实现年度利润总额1100万元。

2019年初聘请某会计师事务所进行审核，发现以下问题：

（1）收入、成本中包含转让自建的旧办公楼合同记载的收入1300万元、成本700万元（其中土地价款200万元），但未缴纳转让环节的相关税费，经评估机构评估该办公楼的重置成本为1600万元，成新度折扣率5成。假设该企业转让办公楼选择简易计税方法。

（2）8月中旬购买安全生产专用设备（属于企业所得税优惠目录规定范围）一台，取得增值税专用发票注明金额36万元，进项税额5.76万元，当月投入使用，企业将其费用一次性计入了成本扣除。

（3）接受非股东单位捐赠原材料一批，取得增值税专用发票注明金额30万元，进项税额

4.8 万元，直接计入"资本公积"账户核算。

（4）管理费用中含业务招待费用 130 万元。

（5）成本、费用中含实发工资总额 1200 万元、职工福利费 180 万元、职工工会经费 28 万元、职工教育经费 40 万元。

（6）投资收益中含转让国债收益 85 万元，该国债购入面值 72 万元，发行期限 3 年，年利率 5%，转让时持有天数为 700 天。

（7）营业外支出中含通过当地环保部门向环保设施建设捐款 180 万元并取得合法票据。

（其他相关资料，企业税法上选择一次性税前扣除政策，城市维护建设税税率 7%，产权转移书据印花税税率 0.5‰）

要求：根据上述资料，按照下列顺序计算回答问题，如有计算需计算出合计数。

（1）计算旧办公楼销售环节应缴纳的增值税、城市维护建设税、教育费附加、地方教育附加、印花税和土地增值税。

（2）计算专用设备投入使用当年应计提的折旧费用。

（3）计算该企业 2018 年度的会计利润总额。

（4）计算业务招待费应调整的应纳税所得额。

（5）计算职工福利费、职工工会经费、职工教育经费应调整的应纳税所得额。

（6）计算转让国债应调整的应纳税所得额。

（7）计算公益性捐赠应调整的应纳税所得额。

（8）计算该企业 2018 年度的应纳税所得额。

（9）计算该企业 2018 年度应缴纳的企业所得税。

【答案】

（1）应缴纳的增值税 =1300÷（1+5%）×5% =61.9（万元）

应缴纳的城建税、教育费附加和地方教育附加 =61.9×（7% +3% +2%）= 7.43（万元）

应缴纳的印花税 =1300×0.5‰ =0.65（万元）

该企业计算土地增值税时允许扣除项目金额的合计数 = 200 +1600×50% +0.65 +7.43 = 1008.08（万元）

土地增值额 =1300−61.90−1008.08 =230.02（万元）

增值率 =230.02÷1008.08×100% =22.82%，适用税率 30%。

应纳土地增值税 =230.02×30% =69.01（万元）

除增值税以外的税金合计 =7.43+0.65+69.01 =77.09（万元）

（2）折旧费用 =36÷10×4÷12 =1.2（万元）

（3）利润总额 =1100−77.09−1.2+36+30+4.8 =1092.51（万元）

（4）业务招待费税前扣除限额 =40000×5‰ =200（万元）>130×60% =78（万元）

应调增应纳税所得额 =130−78 =52（万元）

（5）职工福利费税前扣除限额 =1200×14% =168（万元）

应调增应纳税所得额 =180−168 =12（万元）

工会经费税前扣除限额 =1200×2% =24（万元）

应调增应纳税所得额＝28-24＝4(万元)

职工教育经费税前扣除限额＝1200×8%＝96(万元)，无须纳税调整。

共调增＝12+4＝16(万元)

(6)尚未兑付的国债利息收入＝72×5%÷365×700＝6.9(万元)

应调减应纳税所得额＝6.9(万元)

(7)公益性捐赠扣除限额＝1092.51×12%＝131.10(万元)，实际支出180万元，应调增应纳税所得额＝180-131.10＝48.9(万元)

(8)应纳税所得额＝1092.51+52+16-6.90+48.9-(36-1.2)＝1167.71(万元)

(9)应纳企业所得税＝1167.71×25%-36×10%＝288.33(万元)

2015 年

1. 外国甲公司2015年为中国乙公司提供内部控制咨询服务，为此在乙公司所在市区租赁一办公场所，具体业务情况如下：

(1)1月5日，甲公司与乙公司签订服务合同，确定内部控制咨询服务具体内容，合同约定服务期限为8个月，服务收费为人民币600万元(含增值税)所涉及的税费由税法确定的纳税人一方缴纳。

(2)1月12日，甲公司从国外派业务人员抵达乙公司并开始工作，服务全部发生在中国境内。

(3)9月1日，乙公司对甲公司的工作成果进行验收，通过后确认项目完工。

(4)9月3日，甲公司所派业务人员全部离开中国。

(5)9月4日，乙公司向甲公司全额付款。

(其他相关资料：主管税务机关对甲公司采用"按收入总额核定应纳税所得额"的方法计征企业所得税，并核定利润率为15%；甲公司适用增值税一般计税方法；甲公司为此项目进行的采购均未取得增值税专用发票。)

要求：根据上述资料，按照下列序号回答问题，如有计算需计算出合计数。

(1)回答甲公司申请办理税务登记手续的期限。

(2)回答甲公司申报办理注销税务登记的期限。

(3)计算甲公司应缴纳的企业所得税。

(4)计算甲公司应缴纳的增值税。

(5)计算甲公司应缴纳的城市维护建设税、教育费附加、地方教育附加。

【答案】

(1)甲公司申请办理税务登记手续的期限为合同签订之日起30日内。

(2)甲公司申报办理注销税务登记的期限为项目完工后15日内。

(3)甲公司应缴纳的企业所得税＝600÷(1+6%)×15%×25%＝21.23(万元)

(4)甲公司应缴纳的增值税＝600÷(1+6%)×6%＝33.96(万元)

(5)甲公司应缴纳的城建税、教育费附加和地方教育附加＝33.96×(7%+3%+2%)＝4.08(万元)

2. 某上市公司自 2018 年起被认定为高新技术企业，2019 年度取得主营业务收入 48000 万元、其他业务收入 2000 万元，营业外收入 1000 万元，投资收益 500 万元，发生主营业务成本 25000 万元、其他业务成本 1000 万元、营业外支出 1500 万元、税金及附加 4000 万元，管理费用 3000 万元，销售费用 10000 万元，财务费用 1000 万元，实现年度利润总额 6000 万元，当年发生的相关具体业务如下：

(1)广告费支出 8000 万元。

(2)业务招待费支出 350 万元。

(3)实发工资 4000 万元，另外，当年 6 月 5 日，中层以上员工对公司 2 年前授予的股票期权(该股票期权等待期至 2018 年 12 月 31 日)500 万股实施行权，行权价每股 6 元，当日该公司股票收盘价每股 10 元，其中高管王某行权 6 万股。

(4)拨缴职工工会经费 150 万元，发生职工福利费 900 万元，职工教育经费 160 万元。

(5)专门用于新产品研发的费用 2000 万元，独立核算管理。

(6)计提资产减值损失准备金 1500 万元，该资产减值损失准备金未经税务机关核定。

(7)公司取得的投资收益中包括国债利息收入 200 万元，购买某上市公司股票分得股息 300 万元，该股票持有 8 个月后卖出。

(8)获得当地政府财政部门补助的具有专项用途的财政资金 500 万元，已取得财政部门正式文件，支出 400 万元。

(9)向民政部门捐款 800 万元用于救助贫困儿童。

(其他相关资料：各扣除项目均已取得有效凭证，相关优惠已办理必要手续)

要求：根据上述资料，按照下列顺序计算回答问题，如有计算需计算出合计数。

(1)计算广告费支出应调整的应纳税所得额。

(2)计算业务招待费支出应调整的应纳税所得额。

(3)计算应计入成本、费用的工资总额。

(4)计算工会经费、职工福利费和职工教育经费应调整的应纳税所得额。

(5)计算研发费用应调整的应纳税所得额。

(6)计算资产减值损失准备金应调整的应纳税所得额并说明理由。

(7)计算投资收益应调整的应纳税所得额。

(8)计算财政补助资金应调整的应纳税所得额并说明理由。

(9)计算向民政部门捐赠应调整的应纳税所得额。

(10)计算该公司 2019 年应缴纳的企业所得税税额。

(11)计算高管王某 6 月份应缴纳的个人所得税。

[答案]

(1)计算广告费支出税前扣除限额的基数 =48000+2000=50000(万元)

广告费支出税前扣除限额 =50000×15% =7500(万元)

应调增应纳税所得额 =8000−7500=500(万元)

(2)计算业务招待费税前扣除限额的基数 =48000+2000=50000(万元)

业务招待费税前扣除限额 =50000×5‰ =250(万元)>350×60% =210(万元)

应调增应纳税所得额＝350－210＝140（万元）

（3）计入成本、费用的工资总额＝4000＋500×（10－6）＝6000（万元）

公司员工股票期权行权的工资薪金2000万元，应调减应纳税所得额。

（4）工会经费税前扣除限额＝6000×2%＝120（万元）

应调增应纳税所得额＝150－120＝30（万元）

职工福利费税前扣除限额＝6000×14%＝840（万元）

应调增应纳税所得额＝900－840＝60（万元）

职工教育经费税前扣除限额＝6000×8%＝480（万元）＞实际发生额160万元，无须纳税调整。

共调增应纳税所得额＝30＋60＋0＝90（万元）

（5）研发费用应调减应纳税所得额＝2000×75%＝1500（万元）

（6）未经税务机关核定的准备金不得税前扣除。

应调增应纳税所得额＝1500（万元）

（7）应调减应纳税所得额＝200（万元）

（8）应调减应纳税所得额＝500－400＝100（万元）

当地政府财政部门补助的具有专项用途的财政资金500万元属于不征税收入，应纳税调减；与不征税收入对应的支出400万元，不得在税前扣除，应纳税调增。

（9）公益性捐赠税前扣除限额＝6000×12%＝720（万元）

应调增应纳税所得额＝800－720＝80（万元）

（10）应纳税所得额＝6000＋500＋140－2000＋90－1500＋1500－200－100＋80＝4510（万元）

应纳税额＝4510×15%＝676.5（万元）

（11）股票期权所得额＝60000×（10－6）＝240000（元）

王某应缴纳个人所得税＝240000×20%－16920＝31080（元）

2014年

某位于市区的冰箱生产企业为增值税一般纳税人，2018年主营业务收入4800万元，其他业务收入500万元，营业外收入800万元，主营业务成本2800万元，其他业务成本300万元，营业外支出250万元，营业税金及附加400万元，销售费用950万元，管理费用500万元，财务费用180万元，投资收益300万元。当年发生的其中部分具体业务如下：

（1）5月用一批自产的冰箱对外投资，产品成本为320万元，同类型冰箱的不含税售价为500万元，该企业未作任何账务处理。

（2）6月份购进一台生产设备并于当月投入使用，购进时取得增值税专用发票，注明价税合计150万元。该企业预计设备残值率为0且已将计提的折旧费15万元计入2018年成本费用。

（3）实际发放职工工资1000万元（其中残疾人员工资50万元），发生职工福利费支出150万元，拨缴工会经费25万元并取得专用收据，发生职工教育经费支出20万元。

（4）发生广告支出 900 万元、业务招待费支出 80 万元，支付给母公司管理费 60 万元。

（5）因向母公司借款 2000 万元按年利率 9%（金融机构同期同类贷款利率为 6%）支付利息 180 万元，该企业不能证明此笔交易符合独立交易原则。母公司适用 15% 的企业所得税税率且在该冰箱生产企业的权益性投资金额为 800 万元。

（6）从境内 A 公司分回股息 20 万元，A 公司为小型微利企业，适用 20% 的企业所得税税率且其所得减按 50% 计入应纳税所得额；从境外 B 公司分回股息 30 万元，已在所在国缴纳企业所得税，税率为 40%。（不考虑 B 国征收的预提所得税）

（7）将 80% 持股的某子公司股权全部转让，取得股权对价 300 万元，取得现金对价 20 万元。该笔股权的历史成本为 200 万元，转让时公允价值为 320 万元。该子公司的留存收益为 50 万元。此项重组业务已办理了特殊重组备案手续。

（其他相关资料：除非特别说明，各扣除项目均已取得有效凭证，相关优惠已办理必要手续。）

要求：根据上述资料，按照下列顺序计算回答问题。

（1）计算业务（1）应调整的应纳税所得额以及应计算的增值税销项税额。

（2）计算业务（2）应调整的应纳税所得额。

（3）计算业务（3）应调整的应纳税所得额。

（4）计算业务（4）应调整的应纳税所得额。

（5）计算业务（5）应调整的应纳税所得额。

（6）计算业务（6）应调整的应纳税所得额和应调整的应纳税额。

（7）计算业务（7）应调整的应纳税所得额。

（8）计算该企业 2018 年应纳企业所得税税额。

【答案】

（1）用自产产品对外投资视同销售处理，应纳税所得额 ＝500－320＝180（万元），均匀分 5 年计入应纳税所得额，当年应该调减应纳税所得额 ＝180－180÷5＝144（万元）。

增值税销项税额 ＝500×16%＝80（万元）

（2）该设备单位价值不超过 500 万元，允许一次性计入当期成本费用在计算应纳税所得额时扣除，不再分年度计算折旧。因此该业务应纳税调减 ＝150－15＝135（万元）

（3）残疾人员工资 50 万元另按 100% 加计扣除。

应调减应纳税所得额 50 万元。

可以扣除的福利费限额 ＝1000×14%＝140（万元）

应调增应纳税所得额 ＝150－140＝10（万元）

可以扣除的工会经费限额 ＝1000×2%＝20（万元）

应调增应纳税所得额 ＝25－20＝5（万元）

可以扣除的教育经费限额 ＝1000×8%＝80（万元）＞实际发生额 20 万元，教育经费支出可全额扣除。

（4）计算广告费和业务招待费扣除的基数 ＝4800＋500＋500＝5800（万元）

可以扣除的广告费限额 ＝5800×15%＝870（万元）

当年发生的900万广告费超过限额，应作纳税调增。

应调增应纳税所得额=900-870=30（万元）

可以扣除的业务招待费限额1=5800×5‰=29（万元）

可以扣除的业务招待费限额2=80×60%=48（万元）

允许扣除限额29万元。

应调增应纳税所得额=80-29=51（万元）

支付给母公司的管理费不能税前扣除，应调增应纳税所得额60万元。

（5）可以税前扣除的借款利息=800×2×6%=96（万元）

应调增应纳税所得额=180-96=84（万元）

（6）从A公司分回的股息免税，应调减应纳税所得额20万元。

从B公司分回的股息单独计算，在计算应纳税所得额时先纳税调减30万元。

从B公司分回的股息在境外已经缴纳的企业所得税=30÷（1-40%）×40%=20（万元）

境外已缴税款的抵免限额=30÷（1-40%）×25%=12.5（万元）

从B公司分回的股息，可抵免境外的已纳税款12.5万元。

（7）非股权支付对应的资产转让所得=（320-200）×（20÷320）=7.5（万元）

应调减应纳税所得额=（320-200）-7.5=112.5（万元）

（8）会计利润=4800+500+800-2800-300-250-400-950-500-180+300+180=1200（万元）

应纳税所得额=1200-135-50+10+5+30+51+60+84-20-112.5-30-144=948.5（万元）

应纳税额=948.5×25%+30÷（1-40%）×25%-12.5=237.13（万元）

2013 年

某外资持股25%的重型机械生产企业，2018年全年主营业务收入7500万元，其他业务收入2300万元，营业外收入1200万元，主营业务成本6000万元，其他业务成本1300万元，营业外支出800万元，税金及附加420万元，销售费用1800万元，管理费用1200万元，财务费用180万元，投资收益1700万元。当年发生的部分具体业务如下：

（1）将两台重型机械设备通过市政府捐赠给贫困地区用于公共设施建设。"营业外支出"中已列支两台设备的成本及对应的销项税额合计244.8万元。每台设备市场售价为140万元（不含增值税）。

（2）向95%持股的境内子公司转让一项账面余值（计税基础）为500万元的专利技术，取得不含税转让收入700万元，该项转让已经省科技部门认定登记。

（3）实际发放职工工资1400万元，发生职工福利费支出200万元，拨缴工会经费30万元并取得专用收据，发生职工教育经费支出25万元，以前年度累计结转至本年的职工教育经费扣除额为5万元。

（4）发生广告支出1542万元。发生业务招待费支出90万元，其中有20万元未取得合法票据。

（5）从事《国家重点支持的高新技术领域》规定项目的研究开发活动，对研发费用实行专账管理，发生研发费用支出200万元。

(6)就2017年税后利润向全体股东分配股息1000万元，另向境外股东支付含税特许权使用费50万元。

（其他相关资料：除非特别说明，各扣除项目均已取得有效凭证，相关优惠已办理必要手续。）

要求：根据上述资料，按照要求(1)至要求(7)回答下列问题，如有计算，每问需计算出合计数。

（1）计算业务(1)应调整的应纳税所得额。

（2）计算业务(2)应调整的应纳税所得额。

（3）计算业务(3)应调整的应纳税所得额。

（4）计算业务(4)应调整的应纳税所得额。

（5）计算业务(5)应调整的应纳税所得额。

（6）计算业务(6)应扣缴的增值税税额、预提所得税税额。

（7）计算该企业2018年应纳企业所得税税额。

【答案】

（1）会计利润 $=7500+2300+1200-6000-1300-800-420-1800-1200-180+1700=1000$（万元）

公益性捐赠的扣除限额 $=1000\times12\%=120$（万元）

应调增应纳税所得额 $=244.8-120=124.8$（万元）

另外，捐赠设备视同销售处理。

视同销售收入应调增应纳税所得额 $=140\times2=280$（万元）

视同销售成本应调减应纳税所得额 $=100\times2=200$（万元）

视同销售调增应纳税所得额 $=280-200=80$（万元）

合计调增应纳税所得额 $=124.8+80=204.8$（万元）

（2）居民企业从直接或间接持有股权之和达到100%的关联方取得的技术转让所得，不享受技术转让减免企业所得税的优惠政策。95%的持股比例下，可以享受转让所得不超过500万元部分免征企业所得税的优惠政策。

技术转让所得 $=700-500=200$（万元）<500 万元

应调减应纳税所得额 $=200$（万元）

（3）可以扣除的福利费限额 $=1400\times14\%=196$（万元）

应调增应纳税所得额 $=200-196=4$（万元）

可以扣除的工会经费限额 $=1400\times2\%=28$（万元）

应调增应纳税所得额 $=30-28=2$（万元）

可以扣除的教育经费限额 $=1400\times8\%=112$（万元）

教育经费支出可全额扣除，并可扣除上年结转的扣除额5万元，应调减应纳税所得额5万元。合计应该调增应纳税所得额 $=4+2-5=1$（万元）

（4）计算广告费和业务宣传费扣除限额的基数 $=7500+2300+280=10080$（万元），可以扣除的广告费限额 $=10080\times15\%=1512$（万元）。

当年发生的 1542 万元广告费超过限额，应作纳税调增。应调增应纳税所得额＝1542－1512＝30(万元)

可以扣除的业务招待费限额 1＝10080×5‰＝50.4(万元)

可以扣除的业务招待费限额 2＝(90－20)×60%＝42(万元)，扣除限额为 42 万元。

应调增应纳税所得额＝90－42＝48(万元)

(5)研发费用加计扣除应调减应纳税所得额＝200×75%＝150(万元)

(6)分配股息应扣缴境外股东预提所得税

预提所得税＝1000×25%×10%＝25(万元)

支付特许权使用费应扣缴增值税＝50÷(1+6%)×6%＝2.83(万元)

支付特许权使用费应扣缴预提所得税：

预提所得税＝50÷(1+6%)×10%＝4.72(万元)

合计应扣缴的预提所得税＝25+4.72＝29.72(万元)

(7)会计利润＝1000(万元)

应纳税所得额＝1000+1+30+48－150+204.8－200＝933.8(万元)

应纳所得税税额＝933.8×25%＝233.45(万元)

2012 年

某生产化工产品的公司，2019 年全年主营业务收入 2500 万元，其他业务收入 1300 万元，营业外收入 240 万元，主营业务成本 600 万元，其他业务成本 460 万元，营业外支出 210 万元，税金及附加 240 万元，销售费用 120 万元，管理费用 130 万元，财务费用 105 万元；取得投资收益 282 万元，其中来自境内非上市居民企业分得的股息收入 100 万元。当年发生的部分业务如下：

(1)签订一份委托贷款合同，合同约定两年后合同到期时一次收取利息。2019 年已将其中 40 万元利息收入计入其他业务收入。年初签订一项商标使用权合同，合同约定商标使用期限为 4 年，使用费总额为 240 万元，每两年收费一次，2019 年第一次收取使用费，实际收取 120 万元，已将 60 万元计入其他业务收入。

(2)将自发行者购进的一笔三年期国债售出，取得收入 117 万元。售出时持有该国债恰满两年，该笔国债的买入价为 100 万元，年利率 5%，利息到期一次支付。该公司已将 17 万元计入投资收益。

(3)将 100%持股的某子公司股权全部转让，取得股权对价 238.5 万元，取得现金对价 26.5 万元。该笔股权的历史成本为 180 万元，转让时的公允价值为 265 万元。该子公司的留存收益为 50 万元。此项重组业务已办理了特殊重组备案手续。

(4)撤回对某公司的股权投资取得 85 万元，其中含原投资成本 50 万元，另含相当于被投资公司累计未分配利润和累计盈余公积按减少实收资本比例计算的部分 15 万元。

(5)当年发生广告支出 480 万元，以前年度累计结转广告费扣除额 65 万元。当年发生业务招待费 30 万元，其中 20 万元未取得合法票据。当年实际发放职工工资 300 万元，其中含福利部门人员工资 20 万元；除福利部门人员工资外的职工福利费总额为 44.7 万元，拨缴工会经费 5 万元，职工教育经费支出 9 万元。

（6）当年自境内关联企业借款 1500 万元，年利率 7%（金融企业同期同类贷款利率为 5%），支付利息 105 万元。关联企业在该公司的权益性投资金额为 500 万元。该公司不能证明此笔交易符合独立交易原则，也不能证明实际税负不高于关联企业。

（7）当年转让一项账面价值为 300 万元的专利技术，转让收入为 1200 万元，该项转让已经省科技部门认定登记。

（8）该企业是当地污水排放大户，为治理排放，当年 12 月购置 500 万元的污水处理设备投入使用，同时为其他排污企业处理污水，当年取得收入 30 万元，相应的成本为 13 万元。该设备属于《环境保护专用设备企业所得税优惠目录》所列设备，为其他企业处理污水属于公共污水处理。

（其他相关资料：该公司注册资本为 800 万元。除非特别说明，各扣除项目均已取得有效凭证，相关优惠已办理必要手续。）

要求：根据上述资料，回答问题，如有计算，需计算出合计数。

（1）计算业务（1）应调整的应纳税所得额并简要说明理由。

（2）计算业务（2）应调整的应纳税所得额。

（3）计算业务（3）应调整的应纳税所得额。

（4）计算业务（4）应调整的应纳税所得额。

（5）计算业务（5）应调整的应纳税所得额。

（6）计算业务（6）应调整的应纳税所得额。

（7）计算业务（7）应调整的应纳税所得额。

（8）计算业务（8）应调整的应纳税所得额和应纳税额。

（9）计算该公司全年应纳企业所得税额。

【答案】

（1）利息收入应调减应纳税所得额 40 万元。

对利息收入，应按照合同约定的债务人应付利息的日期确认收入的实现。

商标使用权收入应调增应纳税所得额 60 万元。

对特许权使用费收入，应按照合同约定的特许权使用人应付特许权使用费的日期确认收入的实现。

（2）国债利息收入免税，应予调减。

调减的应纳税所得额＝100×（5%÷365）×365×2＝10（万元）。

（3）非股权支付对应的资产转让所得＝（265－180）×（26.5÷265）＝8.5（万元）。

应调减应纳税所得额＝（265－180）－8.5＝76.5（万元）。

（4）应调减应纳税所得额＝15（万元）。

（5）计算广告费和业务宣传费扣除的基数＝2500＋1300＝3800（万元）。

可以扣除的广告费限额＝3800×15%＝570（万元）。

当年发生的 480 万元广告费可全额扣除，并可扣除上年结转的广告费 65 万元，应调减应纳税所得额 65 万元。

可以扣除的招待费限额＝3800×5‰＝19(万元)。

实际可以扣除的招待费＝(30-20)×60%＝6(万元)。

应调增应纳税所得额＝30-6＝24(万元)。

可以扣除的福利费限额＝280×14%＝39.2(万元)。

应调增应纳税所得额＝(20+44.7)-39.2＝25.5(万元)。

可以扣除的工会经费限额＝280×2%＝5.6(万元)。

工会经费可全额扣除。

可以扣除的教育经费限额＝280×8%＝22.4(万元)。

实际发生9万元，可以据实扣除。

(6)可扣除的借款利息＝500×2×5%＝50(万元)。

应调增应纳税所得额＝105-50＝55(万元)。

(7)技术转让所得＝1200-300＝900(万元)。

应调减应纳税所得额＝500+(900-500)×50%＝500+200＝700(万元)。

(8)可以抵减的应纳所得税额＝500×10%＝50(万元)。

可以免税的所得额＝30-13＝17(万元)。

应调减应纳税所得额17万元。

(9)会计利润＝2500+1300+240-600-460-210-240-120-130-105+282＝2457(万元)。

应纳税所得额＝2457-40+60-10-76.5-15-65+24+25.5+55-700-17-100＝1598(万元)。

应纳所得税税额＝1598×25%-50＝349.5(万元)。

`2019年`
预 测 题

预测 1

某公司总机构设在北京，分别在我国 A、B、C 三省的省城设有二级分支机构。该公司实行以实际利润按季预缴分摊企业所得税的办法，根据2019年第一季度报表得知，公司第一季度取得不含增值税业务收入共500万元、发生税前可扣除的成本、费用、税金共计308万元。此外，从公司以前年度报表中得知 A、B、C 三省的二级分支机构2018年末有关资料如下：

	营业收入	职工薪酬	资产总额
A省分支机构	1800	280	1200
B省分支机构	3500	380	2000
C省分支机构	4600	440	3000
合计	9900	1100	6200

要求：根据上述资料，按照下列顺序计算回答问题，如有计算需计算出合计数。

(1)计算公司2019年第一季度共计应预缴的企业所得税。

（2）简要回答总分公司企业所得税的征收管理办法。

（3）写出分支机构分摊比例的计算公式。

（4）计算 A 分支机构 2019 年第一季度的分摊比例。

（5）计算 A 分支机构 2019 年第一季度预缴的企业所得税。

【答案】

（1）2019 年第一季度共计应预缴的企业所得税 =（500−308）×25% =48（万元）

（2）居民企业在中国境内跨地区设立不具有法人资格的营业机构、场所的，该居民企业为汇总纳税企业（另有规定除外）。企业实行"统一核算、分级管理、就地预缴、汇总清算、财政调库"的企业所得税征收管理。

（3）总机构按照上一年度分支机构的营业收入、职工薪酬和资产总额三个因素计算各分支机构分摊所得税款的比例；三级及以下分支机构，其营业收入、职工薪酬和资产总额统一计入二级分支机构；三因素的权重依次为 0.35、0.35、0.30。

该分支机构分摊比例 =（该分支机构营业收入÷各分支机构营业收入之和）×0.35+（该分支机构职工薪酬÷各分支机构职工薪酬之和）×0.35+（该分支机构资产总额÷各分支机构资产总额之和）×0.30

（4）A 分支机构 2019 年第一季度的分摊比例 = 0.35×（1800÷9900）+0.35×（280÷1100）+0.3×（1200÷6200）= 6.36% +8.91% +5.81% =21.08%

（5）所有分支机构分摊税款总额 =汇总纳税企业当期应纳所得税额×50%

某分支机构分摊税款 =所有分支机构分摊税款总额×该分支机构分摊比例

A 分支机构 2019 年第一季度预缴的企业所得税 =21.08% ×50% ×48 =5.06（万元）

预测 2

位于我国某县城的一家电线电缆生产企业为增值税一般纳税人，2014 年至 2019 年经相关机构认为高新技术企业，2018 年度该企业有关的经营情况如下：

（1）全年取得销售电子产品不含税收入 7000 万元，取得技术咨询收入 200 万元。

（2）购进原材料取得增值税专用发票注明价款 3200 万元，进项税额 512 万元；购进安全生产专用设备（属于企业所得税优惠目录规定），取得增值税专用发票注明价款 50 万元，进项税额 8 万元，企业会计上按照直线法计提折旧计入成本费用，税法上选择一次性税前扣除。

（3）全年与销售产品相关的成本 4150 万元；全年发生销售费用 1400 万元，其中含广告费 1100 万元；全年发生管理费用 280 万元，其中含业务招待费 75 万元，未包含新技术研究开发费。

（4）该企业当年发生新技术研究开发费用并单独核算，共计发生研发支出 320 万元，其中除包含本企业研发人员、设备等费用外，还包含 20 万元经营租赁方式租入的专用于研发活动的设备租赁费。

（5）计入成本、费用中的实发工资 400 万元、发生的工会经费支出 9 万元、职工福利费支出 70 万元、教育经费支出 13 万元。

(6)全年营业外支出 300 万元,其中支付合同违约金 6 万元,通过县级人民政府对贫困地区捐款 100 万元。

(其他相关资料:增值税税率为 16%,高新技术企业职工教育经费税前扣除限额的比例为 8%;所有票据已通过主管税务机关认证。)

要求:根据上述资料,按照下列顺序计算回答问题,如有计算需计算出合计数。

(1)计算该企业当年应缴纳的增值税。

(2)计算该企业当年应缴纳的城建税、教育费附加和地方教育附加。

(3)计算该企业的年度利润总额。

(4)计算该企业职工福利费、职工工会经费、职工教育经费共计应调整的应纳税所得额。

(5)计算该企业广告费应调整的应纳税所得额。

(6)计算该企业业务招待费应调整的应纳税所得额。

(7)计算该企业捐赠应调整的应纳税所得额。

(8)计算该企业的应纳税所得额。

(9)计算该企业应纳的企业所得税额。

【答案】

(1)应缴纳的增值税 $=7000\times16\%+200\times6\%-(512+8)=612$(万元)

(2)应缴纳的城建税、教育费附加和地方教育附加 $=612\times(5\%+3\%+2\%)=61.2$(万元)

(3)该企业当年实现的会计利润 $=7000+200-4150-1400-280-320-300-61.2=688.8$(万元)

(4)允许扣除的职工福利费限额 $=400\times14\%=56$(万元)<70(万元)

应调增应纳税所得额 $=70-56=14$(万元)

允许扣除的职工工会经费限额 $=400\times2\%=8$(万元)<9(万元)

应调增应纳税所得额 $=9-8=1$(万元)

允许扣除的职工教育经费限额 $=400\times8\%=32$(万元)>13(万元)

职工教育经费不必作纳税调整。

合计应调增应纳税所得额 $=14+1=15$(万元)

(5)允许扣除的广告费限额 $=(7000+200)\times15\%=1080$(万元)$<1100$(万元)

应调增应纳税额所得额 $=1100-1080=20$(万元)

(6)允许扣除的业务招待费限额 $=(7000+200)\times0.5\%=36$(万元)$<75\times60\%=45$(万元)

应调增应纳税额所得额 $=75-36=39$(万元)

(7)允许扣除的捐赠限额 $=688.8\times12\%=82.66$(万元)<100(万元)

应调增应纳税额所得额 $=100-82.66=17.34$(万元)

(8)新技术研究开发费可以加计扣除 75%。

应调减应纳税额所得额 $=320\times75\%=240$(万元)

该企业应纳税所得额 $=688.8+14+1+20+39+17.34-240-50=490.14$(万元)

(9)该企业应缴纳企业所得税 $=490.14\times15\%-50\times10\%=68.52$(万元)

预测 3

某居民企业为增值税一般纳税人，以境内、境外全部生产经营所得认定为高新技术企业，2018 年取得商品不含税销售收入 5500 万元，转让固定资产的净收益 50 万元，投资收益 80 万元；发生商品销售成本 2200 万元，税金及附加 120 万元，发生销售费用 1900 万元，管理费用 960 万元，财务费用 180 万元，营业外支出 100 万元，实现利润总额 170 万元，企业自行计算缴纳企业所得税＝170×15%＝25.5（万元）。经注册会计师审核，发现 2018 年该企业存在如下问题：

（1）12 月购进一台符合《安全生产专用设备企业所得税优惠目录》规定的安全生产专用设备，取得增值税专用发票上注明价款 30 万元、增值税 4.8 万元，当月投入使用，企业将该设备购买价款 30 万元一次性在成本中列支。该设备生产的产品全部在当月销售，相关成本已结转。

（2）管理费用中含业务招待费 80 万元。

（3）销售费用中含广告费 800 万元，业务宣传费 300 万元。

（4）财务费用中含支付给银行的借款利息 60 万元（借款金额 1000 万元，期限 1 年）；支付给关联方借款利息 60 万元（借款金额 1000 万元，期限 1 年），已知关联方的权益性投资为 400 万元，此项交易活动不符合独立交易原则且该企业实际税负高于境内关联方。

（5）营业外支出中含通过公益性社会团体向灾区捐款 65 万元，因违反合同约定支付给其他企业违约金 30 万元，因违反工商管理规定被工商局处以罚款 5 万元。

（6）投资收益中含国债利息收入 10 万元；从境外 A 国子公司分回税后收益 45 万元，A 国政府规定的所得税税率为 20%；从境外 B 国子公司分回税后投资收益 25 万元，B 国政府规定的所得税税率为 10%。

（7）已计入成本、费用中的全年实发合理的工资总额为 400 万元，实际拨缴的工会经费 6 万元，发生职工福利费 60 万元、职工教育经费 15 万元。

要求：根据上述资料，按照下列顺序计算回答问题，如有计算需计算出合计数。

（1）计算该居民企业准予在企业所得税前扣除的业务招待费金额。

（2）计算该居民企业准予在企业所得税前扣除的广告费和业务宣传费金额。

（3）计算该居民企业准予在企业所得税前扣除的利息费用。

（4）计算该居民企业准予在企业所得税前扣除的营业外支出金额。

（5）该居民企业计算应纳税所得额时，工资总额、工会经费、职工福利费和职工教育经费应调整应纳税所得额的金额。

（6）计算该居民企业 2018 年度境内应纳税所得额。

（7）计算该居民企业境外所得应在我国补缴的企业所得税。

（8）计算该居民企业应补（退）企业所得税税额。

【答案】

（1）业务招待费税前扣除限额 1＝5500×5‰＝27.5（万元），业务招待费税前扣除限额 2＝实际发生额的 60%＝80×60%＝48（万元）＞27.5 万元，所以准予在税前扣除业务招待费 27.5

万元。

（2）广告费和业务宣传费税前扣除限额＝5500×15%＝825（万元），实际发生广告费和业务宣传费＝800＋300＝1100（万元）＞825万元，准予在企业所得税前扣除的广告费和业务宣传费为825万元。

（3）支付给银行的60万元利息可以税前扣除。银行同期同类贷款年利率＝60÷1000×100%＝6%。

支付给关联方的利息支出：1000÷400＝2.5＞2，可以在税前扣除的支付给关联方的利息支出＝400×2×6%＝48（万元）。准予在企业所得税前扣除的利息费用＝60＋48＝108（万元）。

（4）购买安全生产专用设备的支出，应计入固定资产的成本并分期计提折旧在税前扣除；当月购进次月开始计提折旧，所以2018年不需计提折旧在税前扣除，所以不能一次性在成本中列支，利润总额要调增30万元。公益性捐赠支出税前扣除限额＝（170＋30）×12%＝24（万元），实际发生公益性捐赠支出65万元＞24万元，准予在税前扣除的公益性捐赠支出为24万元。

因违反合同约定支付给其他企业的违约金，可以在税前扣除。

违反工商管理规定被工商局处以的罚款，属于行政性质的罚款，不得在税前扣除。

所以准予在税前扣除的营业外支出金额＝100－65＋24－5＝54（万元）。

（5）企业实际发生的合理的工资允许在税前据实扣除。工会经费税前扣除限额＝400×2%＝8（万元），实际拨缴的6万元没有超过限额，可以在税前据实扣除。

职工福利费税前扣除限额＝400×14%＝56（万元）＜实际发生的60万元，只能在税前扣除56万元，应调增应纳税所得额＝60－56＝4（万元）。

职工教育经费税前扣除限额＝400×8%＝32（万元）＞实际发生的15万元，不需要调整。

工资总额、工会经费、职工福利费和职工教育经费共应调增应纳税所得额4万元。

（6）国债利息收入免征企业所得税，应调减应纳税所得额10万元。

该居民企业2018年度境内应纳税所得额＝170＋30＋（80－27.5）＋（1100－825）＋（60－48）＋（100－54）＋4－10－45－25＝509.5（万元）。

（7）境外A国所得的抵免限额＝45÷（1－20%）×15%＝8.44（万元），实际在A国缴纳的税额＝45÷（1－20%）×20%＝11.25（万元），由于在境外A国实际缴纳的税额超过了抵免限额，所以可以全额抵免，不需要在我国补税；境外B国所得的抵免限额＝25÷（1－10%）×15%＝4.17（万元），实际在B国缴纳的税额＝25÷（1－10%）×10%＝2.78（万元），需要在我国补税＝4.17－2.78＝1.39（万元）。

该居民企业境外所得应在我国补缴的企业所得税为1.39万元。

（8）企业购置并实际使用符合《安全生产专用设备企业所得税优惠目录》规定的安全生产专用设备的，该专用设备的投资额的10%可以从企业当年的应纳税额中抵免，当年不足抵免的，可以在以后5个纳税年度结转抵免；可抵免的应纳税额＝30×10%＝3（万元）

该居民企业应补缴企业所得税税额＝509.5×15%＋1.39－3－25.5＝49.32（万元）。

专题五 个人所得税

考点梳理

押题点① 纳税义务人

纳税义务人包括中国公民、个体工商业户、个人独资企业、合伙企业投资者、在中国有所得的外籍人员(包括无国籍人员,下同)和香港、澳门、台湾同胞。

纳税义务人依据住所和居住时间两个标准,区分为居民个人和非居民个人,分别承担不同的纳税义务。

(1)居民个人负有无限纳税义务。

(2)非居民个人承担有限纳税义务。

押题点② 征税范围

(一)工资、薪金所得

工资、薪金所得,是指个人因任职或者受雇而取得的工资、薪金、奖金、年终加薪、劳动分红、津贴、补贴以及与任职或者受雇有关的其他所得。

个人取得的津贴、补贴,不计入工资、薪金所得的项目:

(1)独生子女补贴。

(2)执行公务员工资制度未纳入基本工资总额的补贴、津贴差额和家属成员的副食品补贴。

(3)托儿补助费。

(4)差旅费津贴、误餐补助。

(5)外国来华留学生,领取的生活津贴费、奖学金,不属于工资、薪金范畴,不征税。(新增)

(二)劳务报酬所得

劳务报酬所得,指个人独立从事各种非雇用的各种劳务所取得的所得。包括从事设计、装潢、安装、制图、化验、测试、医疗、法律、会计、咨询、讲学、翻译、审稿、书画、雕刻、影视、录音、录像、演出、表演、广告、展览、技术服务、介绍服务、经纪服务、代办服务以及其他劳务取得的所得。

(三)稿酬所得

稿酬所得,是指个人因其作品以图书、报刊形式出版、发表而取得的所得。

(四)特许权使用费所得

特许权使用费所得,是指个人提供专利权、商标权、著作权、非专利技术以及其他特许权的使用权取得的所得。

（五）经营所得

经营所得，是指：

（1）个体工商户从事生产、经营活动取得的所得，个人独资企业投资人、合伙企业的个人合伙人来源于境内注册的个人独资企业、合伙企业生产、经营的所得；

（2）个人依法从事办学、医疗、咨询以及其他有偿服务活动取得的所得；

（3）个人对企业、事业单位承包经营、承租经营以及转包、转租取得的所得；

（4）个人从事其他生产、经营活动取得的所得。

（六）利息、股息、红利所得

利息、股息、红利所得，是指个人拥有债权、股权等而取得的利息、股息、红利所得。

（七）财产租赁所得

财产租赁所得，是指个人出租不动产、机器设备、车船以及其他财产取得的所得。

（八）财产转让所得

财产转让所得，是指个人转让有价证券、股权、合伙企业中的财产份额、不动产、机器设备、车船以及其他财产取得的所得。

（九）偶然所得

偶然所得，是指个人得奖、中奖、中彩以及其他偶然性质的所得。

押题点 ③ 税率与应纳税所得额的确定

（一）税率

（1）综合所得：3%～45%七级超额累进税率；

（2）经营所得：5%～35%五级超额累进税率；

（3）利息、股息、红利所得，财产租赁所得，财产转让所得和偶然所得：20%比例税率。

（二）应纳税所得额的确定

征税方法：

（1）按年计征：经营所得，居民个人取得的综合所得；

（2）按月计征：非居民个人取得的工资、薪金所得；

（3）按次计征：利息、股息、红利所得，财产租赁所得，偶然所得和非居民个人取得的劳务报酬所得、稿酬所得，特许权使用费所得。

押题点 ④ 应纳税所得额和应纳税额的计算

一、综合所得

应纳税所得额确定的一般规定：应纳税所得额=各项收入-税法规定的扣除项目或扣除金额

（一）居民个人综合所得应纳税所得额确定和应纳税额的计算

1. 每月（次）综合所得税务处理（见表31）

表 31　每月(次)综合所得税务处理

所得项目	税务处理
1. 工资、薪金所得	扣缴义务人支付时，按"累计预扣法"计算预扣税款，并按月办理扣缴申报
2. 劳务报酬所得	扣缴义务人支付时，按以下方法按次或按月预扣预缴税款： (1)每次收入不超过 4000 元的，预扣预缴税额＝(收入－800)×预扣率 20%； (2)每次收入 4000 元以上的，预扣预缴税额＝收入×(1－20%)×预扣率(3 档)
3. 稿酬所得	扣缴义务人支付时，按以下方法按次或按月预扣预缴税款： (1)每次收入不超过 4000 元的，预扣预缴税额＝(收入－800)×70%×20%； (2)每次收入 4000 元以上的，预扣预缴税额＝收入×(1－20%)×70%×20%
4. 特许权使用费所得	扣缴义务人支付时，按以下方法按次或按月预扣预缴税款： (1)每次收入不超过 4000 元的，预扣预缴税额＝(收入－800)×20%； (2)每次收入 4000 元以上的，预扣预缴税额＝收入×(1－20%)×20%

2. 全年综合所得税务处理

综合所得应纳税所得额＝每一纳税年度的收入额－6 万元/年－专项扣除－专项附加扣除－其他扣除。

(二)非居民个人应纳税所得额确定和应纳税额的计算

1. 工资、薪金所得应纳税所得额＝每月收入额－5000 元/月；

2. 劳务报酬所得、稿酬所得、特许权使用费所得，以每次收入额为应纳税所得额。应纳税额计算如下：

(1)劳务报酬所得应纳税额＝应纳税所得额×税率－速算扣除数＝收入×(1－20%)×税率－速算扣除数

(2)稿酬所得应纳税额＝应纳税所得额×税率－速算扣除数＝收入×(1－20%)×70%×税率－速算扣除数

(3)特许权使用费所得应纳税额＝应纳税所得额×税率－速算扣除数＝收入×(1－20%)×税率－速算扣除数

附：个人所得税税率表(见表 32)

表 32　个人所得税税率表

(非居民个人工资、薪金所得，劳务报酬所得，稿酬所得，特许权使用费所得适用)

级数	应纳税所得额	税率(％)	速算扣除数
1	不超过 3000 元	3	0
2	超过 3000 元至 12000 元的部分	10	210
3	超过 12000 元至 25000 元的部分	20	1410
4	超过 25000 元至 35000 元的部分	25	2660
5	超过 35000 元至 55000 元的部分	30	4410

续表

级数	应纳税所得额	税率(%)	速算扣除数
6	超过 55000 元至 80000 元的部分	35	7160
7	超过 80000 元的部分	45	15160

二、专项附加扣除

1. 子女教育

纳税人的子女接受学前教育和全日制学历教育的相关支出,按照每个子女每月 1000 元的标准定额扣除。

2. 赡养老人

纳税人赡养一位及以上被赡养人的赡养支出,统一按照以下标准定额扣除:

(1)纳税人为独生子女的,按照每月 2000 元的标准定额扣除;

(2)纳税人为非独生子女的,由其与兄弟姐妹分摊每月 2000 元的扣除额度,每人分摊的额度不能超过每月 1000 元。

3. 住房贷款利息

纳税人本人或者配偶,单独或者共同使用商业银行或者住房公积金个人住房贷款,为本人或者其配偶购买中国境内住房,发生的首套住房贷款利息支出,在实际发生贷款利息的年度,按照每月 1000 元的标准定额扣除,扣除期限最长不超过 240 个月。

4. 住房租金

纳税人在主要工作城市没有自有住房而发生的住房租金支出,可以按照以下标准定额扣除(见表 33)。

表 33　不同地区住房租金支出扣除标准

地区		扣除标准
直辖市、省会(首府)城市、计划单列市以及国务院确定的其他城市		1500 元/月
上述以外	市辖区户籍人口超过 100 万的城市	1100 元/月
	市辖区户籍人口不超过 100 万的城市	800 元/月

5. 大病医疗

在一个纳税年度内,纳税人发生的与基本医保相关的医药费用支出,扣除医保报销后个人负担(指医保目录范围内的自付部分)累计超过 15000 元的部分,由纳税人在办理年度汇算清缴时,在 80000 元限额内据实扣除。

6. 继续教育

(1)纳税人在中国境内接受学历(学位)继续教育的支出,在学历(学位)教育期间按照每月 400 元定额扣除。同一学历(学位)继续教育的扣除期限不能超过 48 个月。

(2)纳税人接受技能人员职业资格继续教育、专业技术人员职业资格继续教育的支出,在取得相关证书的当年,按照 3600 元定额扣除。

三、经营所得

应纳税所得额=收入总额-成本-费用-损失

应纳税额=全年应纳税所得额×适用税率-速算扣除数

（一）个体工商户个人所得税计税方法

1. 计税基本规定

应纳税所得额=收入总额-成本-费用-损失-税金-其他支出-允许弥补的以前年度亏损

2. 扣除项目及标准

（1）应付职工薪酬等相关费用的扣除（见表34）。

表34　应付职工薪酬等相关费用的扣除

	从业人员	业主
工资薪金支出	实际支付可以据实扣除	不得税前扣除（费用扣除标准6万/年）
五险一金	规定的范围和标准缴纳的可扣	
补充养老保险费和补充医疗保险费	分别在不超过从业人员工资总额5%标准内的部分据实扣除；超过部分，不得扣除	以当地（地级市）上年度社会平均工资的3倍为计算基数，分别在不超过该计算基数5%标准内的部分据实扣除；超过部分，不得扣除
商业保险	按规定为特殊工种从业人员支付的人身安全保险费和按规定可以扣除的其他商业保险费外，业主本人或为从业人员支付的商业保险费不得扣除	
工会经费、职工福利费和职工教育经费支出	工资薪金总额的2%、14%和2.5%的标准内据实扣除	以当地（地级市）上年度社会平均工资的3倍为计算基数，在规定比例内据实扣除

（2）其他扣除规定。

①个体工商户按照规定缴纳的摊位费、行政性收费、协会会费等，按实际发生数额扣除。

②个体工商户自申请营业执照之日起至开始生产经营之日止所发生符合规定的费用，除为取得固定资产、无形资产的支出，以及应计入资产价值的汇兑损益、利息支出外，作为开办费，个体工商户可以选择在开始生产经营的当年一次性扣除，也可自生产经营月份起在不短于3年期限内摊销扣除，但一经选定，不得改变。

③个体工商户通过公益性社会团体或者县级以上人民政府及其部门，用于规定的公益事业的捐赠，捐赠额不超过其应纳税所得额30%的部分可以据实扣除。规定可以全额在税前扣除的捐赠支出项目按有关规定执行。

④个体工商户研究开发新产品、新技术、新工艺所发生的开发费用，以及研究开发新产品、新技术而购置单台价值在10万元以下的测试仪器和试验性装置的购置费准予直接扣除；单台价值在10万元以上（含10万元）的测试仪器和试验性装置，按固定资产管理，不得在当期直接扣除。

企业所得税税收优惠：

【新增】企业在 2018 年 1 月 1 日至 2020 年 12 月 31 日期间新购进的设备、器具(指除房屋、建筑物以外的固定资产),单位价值不超过 500 万元的,允许一次性计入当期成本费用在计算应纳税所得额时扣除,不再分年度计算折旧;单位价值超过 500 万元的,按相关规定执行。

(二)个人独资企业和合伙企业应纳税额的计算

1. 查账征税

(1)自 2019 年 1 月 1 日起,个人独资企业和合伙企业投资者的生产经营所得依法计征个人所得税时,个人独资企业和合伙企业投资者本人的费用扣除标准统一确定为 60000 元/年,即 5000 元/月。投资者的工资不得在税前扣除。

(2)投资者及其家庭发生的生活费用不允许在税前扣除。投资者及其家庭发生的生活费用与企业生产经营费用混合在一起,并且难以划分的,全部视为投资者个人及其家庭发生的生活费用,不允许在税前扣除。

(3)企业向其从业人员实际支付的合理的工资、薪金支出,允许在税前据实扣除。

(4)企业拨缴的工会经费、发生的职工福利费、职工教育经费支出分别在工资薪金总额 2%、14%、2.5%的标准内据实扣除。

(5)每一纳税年度发生的广告费和业务宣传费用不超过当年销售(营业)收入 15%的部分,可据实扣除;超过部分,准予在以后纳税年度结转扣除。

(6)每一纳税年度发生的与其生产经营业务直接相关的业务招待费支出,按照发生额的 60%扣除,但最高不得超过当年销售(营业)收入的 5‰。

(7)企业计提的各种准备金不得扣除。

2. 核定征收

核定征收方式,包括定额征收、核定应税所得率征收以及其他合理的征收方式。

四、财产租赁等其他四项所得

(一)财产租赁所得

1. 基本规定

①每次收入不超过 4000 元的,应纳税额＝(收入-800)×20%。

②每次收入 4000 元以上的,应纳税额＝收入×(1-20%)×20%。

2. 个人出租财产取得的财产租赁收入,在计算缴纳个人所得税时,应依次扣除以下费用:

①财产租赁过程中缴纳的税金和国家能源交通重点建设基金、国家预算调节基金、教育费附加。

②由纳税人负担的该出租财产实际开支的修缮费用:每次 800 元为限,一次扣不完的,可无限期在以后期扣除。

③税法规定的费用扣除标准。800 元或 20%。

公式:

每次收入不超 4000 元的:应纳税所得额＝收入-准予扣除项目-修缮费用(800 为限)-800(费用额)

每次收入超过 4000 元的：应纳税所得额 =(收入−准予扣除项目−修缮费用(800 为限))×(1−20%)

应纳税额 =应纳税所得额×税率(20% 或 10%)

3. 个人房屋转租应纳税额的计算

个人将承租房屋转租取得的租金收入，属于个人所得税应税所得，应按"财产租赁所得"项目计算缴纳个人所得税。具体规定为：

(1)取得转租收入的个人向房屋出租方支付的租金，凭房屋租赁合同和合法支付凭据允许在计算个人所得税时，从该项转租收入中扣除。

(2)有关财产租赁所得个人所得税前扣除税费的扣除次序调整为：

①财产租赁过程中缴纳的税费。

②向出租方支付的租金。

③由纳税人负担的租赁财产实际开支的修缮费用。

④税法规定的费用扣除标准。

(二)财产转让所得

1. 一般情况下财产转让所得应纳税额的计算

应纳税额 =应纳税所得额×20% =(收入总额−财产原值−合理税费)×20%

2. 个人住房转让所得应纳税额的计算

(1)以实际成交价格为转让收入。纳税人申报的住房成交价格明显低于市场价格且无正当理由的，征收机关依法有权根据有关信息核定其转让收入。

(2)纳税人可凭原购房合同、发票等有效凭证，经税务机关审核后，允许从其转让收入中减除房屋原值、转让住房过程中缴纳的税金及有关合理费用。

3. 个人转让股权应纳税额的计算

(1)个人转让股权，以股权转让收入减除股权原值和合理费用后的余额为应纳税所得额，按"财产转让所得"缴纳个人所得税。合理费用是指股权转让时按照规定支付的有关税费。

(2)转让方取得与股权转让相关的各种款项，包括违约金、补偿金以及其他名目的款项、资产、权益等，均应当并入股权转让收入。

(3)主管税务机关可以依次按照下列方法核定股权转让收入：

①净资产核定法。

股权转让收入按照每股净资产或股权对应的净资产份额核定。

被投资企业的土地使用权、房屋、房地产企业未销售房产、知识产权、探矿权、采矿权、股权等资产占企业总资产比例超过 20%的，主管税务机关可参照纳税人提供的具有法定资质的中介机构出具的资产评估报告核定股权转让收入。

6 个月内再次发生股权转让且被投资企业净资产未发生重大变化的，主管税务机关可参照上一次股权转让时被投资企业的资产评估报告核定此次股权转让收入。

②类比法。

A. 参照相同或类似条件下同一企业同一股东或其他股东股权转让收入核定；

B. 参照相同或类似条件下同类行业企业股权转让收入核定。

C. 对个人多次取得同一被投资企业股权的，转让部分股权时，采用"加权平均法"确定其股权原值。

（三）利息、股息、红利所得和偶然所得

应纳税额＝应纳税所得额×适用税率＝每次收入额×20%

押题点⑤ 应纳税额计算中的特殊问题

一、关于全年一次性奖金、中央企业负责人年度绩效薪金延期兑现收入和任期奖励的规定

（1）一次性奖金包括年终加薪、实行年薪制和绩效工资办法的单位根据考核情况兑现的年薪和绩效工资。居民个人取得除全年一次性奖金以外的其他各种名目奖金，如半年奖、季度奖、加班奖、先进奖、考勤奖等，一律与当月工资、薪金收入合并，按规定缴纳个人所得税。

（2）计算方法：

第一步：找税率：全年一次性奖金除以12个月，按其商数依据"按月换算后的综合所得税率表"确定适用税率和速算扣除数。

第二步：算税额：应纳税额＝全年一次性奖金×适用税率－速算扣除数

按月换算后的综合所得税率表（见表35）

表35 按月换算后的综合所得税率表

级数	全月应纳税所得额	税率（%）	速算扣除数
1	不超过3000元的	3	0
2	超过3000元至12000元的部分	10	210
3	超过12000元至25000元的部分	20	1410
4	超过25000元至35000元的部分	25	2660
5	超过35000元至55000元的部分	30	4410
6	超过55000元至80000元的部分	35	7160
7	超过80000元的部分	45	15160

（3）中央企业负责人取得年度绩效薪金延期兑现收入和任期奖励的规定。

《国资委管理的中央企业名单》中的人员，在2021年12月31日前，中央企业负责人任期结束后取得的绩效薪金40%部分和任期奖励，参照上述居民个人取得全年一次性奖金的计税规定执行；2022年1月1日之后的政策另行明确。

二、雇主为雇员承担全年一次性奖金部分税款有关个人所得税计算方法

计算公式为：

应纳税额＝应纳税所得额×适用税率A－速算扣除数B

实际缴纳税额＝应纳税额－雇主为雇员负担的税额

三、企事业单位将自建住房以低于购置或建造成本价格销售给职工的个税规定

计算公式为：

应纳税额=职工实际支付的购房价款低于该房屋的购置或建造成本价格的差额×适用税率−速算扣除数。

四、关于廉租住房的个人所得税规定

(1)对个人按规定取得的廉租住房货币补贴，免征个人所得税；对于所在单位以廉租住房名义发放的不符合规定的补贴，应征收个人所得税。

(2)个人捐赠住房作为廉租住房的，捐赠额未超过其申报的应纳税所得额30%的部分，准予从其应纳税所得额中扣除。

五、房屋赠与个人所得税计算方法

1. 以下情形的房屋产权无偿赠与，对当事双方不征收个人所得税：

(1)房屋产权所有人将房屋产权无偿赠与配偶、父母、子女、祖父母、外祖父母、孙子女、外孙子女、兄弟姐妹；

(2)房屋产权所有人将房屋产权无偿赠与对其承担直接抚养或者赡养义务的抚养人或者赡养人；

(3)房屋产权所有人死亡，依法取得房屋产权的法定继承人、遗嘱继承人或者受遗赠人。

2. 除上述规定情形以外，房屋产权所有人将房屋产权无偿赠与他人的，受赠人因无偿受赠房屋取得的受赠所得，缴纳个人所得税，税率为20%。

3. 对受赠人无偿受赠房屋计征个人所得税时：应纳税所得额=房地产赠与合同上标明的赠与房屋价值−受赠人支付的相关税费

4. 受赠人转让受赠房屋的：应纳税所得额=转让受赠房屋的收入−原捐赠人取得该房屋的实际购置成本−赠与和转让过程中受赠人支付的相关税费。

六、关于外籍个人有关津贴的政策

1. 2019年1月1日至2021年12月31日期间，外籍个人符合居民个人条件的，可以选择享受个人所得税专项附加扣除，也可以选择享受住房补贴、语言训练费、子女教育费等津补贴免税优惠政策，但不得同时享受。外籍个人一经选择，在一个纳税年度内不得变更。

2. 自2022年1月1日起，外籍个人不再享受住房补贴、语言训练费、子女教育费津补贴免税优惠政策，应按规定享受专项附加扣除。

3. 上述可以享受免税优惠的外籍个人津贴包括：

(1)外籍个人以非现金形式或实报实销形式取得的住房补贴、伙食补贴、搬迁费、洗衣费。外籍个人按合理标准取得的境内、外出差补贴。外籍个人取得的探亲费、语言训练费、子女教育费等，经当地税务机关审核批准为合理的部分。可以享受免征个人所得税优惠的探亲费，仅限于外籍个人在我国的受雇地与其家庭所在地(包括配偶或父母居住地)之间搭乘交通工具，且每年不超过两次的费用。

(2)受雇于我国境内企业的外籍个人(不包括香港澳门居民个人)，因家庭等原因居住在香港、澳门，每个工作日往返于内地与香港、澳门等地区，由此境内企业(包括其关联企业)给予在香港或澳门住房、伙食、洗衣、搬迁等非现金形式或实报实销形式的补贴，凡能提供有效凭证且经主管税务机关审核确认的。

(3)受雇于我国境内企业的外籍个人(不包括香港澳门居民个人)就其在香港或澳门进行

语言培训、子女教育而取得的费用补贴，凡能提供有效支出凭证等材料的，经主管税务机关审核确认为合理的部分。

七、个人取得公务交通、通讯补贴收入征税问题

个人因公务用车和通讯制度改革而取得的公务用车、通讯补贴收入，扣除一定标准的公务费用后，按照"工资、薪金所得"项目征税。按月发放的，并入当月"工资、薪金所得"合并后计征个人所得税；不按月发放的，分解到所属月份并与该月份"工资、薪金所得"合并征税。

八、在外商投资企业、外国企业和外国驻华机构工作的中方人员取得的工资、薪金所得的征税问题

凡是由雇佣单位和派遣单位分别支付的，支付单位应按规定代扣代缴个人所得税，其征管方法是：只由雇佣单位在支付工资、薪金时按税法规定减除费用，计算扣缴个人所得税；派遣单位支付的工资、薪金不再减除费用，以支付金额直接确定适用税率，计算扣缴个人所得税。纳税义务人，应持两处支付单位提供的原始明细工资、薪金单（书）和完税凭证原件，选择并固定到一地税务机关申报每月工资、薪金收入，汇算清缴其工资、薪金收入的个人所得税，多退少补。

九、对于个人因解除劳动合同取得经济补偿金的征税方法

（1）职工从破产企业取得的一次性安置费收入，免征个人所得税。

（2）个人与用人单位解除劳动关系取得的一次性补偿收入（包括用人单位发放的经济补偿金、生活补助费其他补助费用），其收入在当地上年职工平均工资3倍以内的部分，免征个人所得税；超过3倍数额部分，不并入当年综合所得，单独适用综合所得税率表，计算纳税。

十、关于企业减员增效和行政事业单位、社会团体在机构改革过程中实行内部退养办法人员取得收入的征税问题

（1）内退的个人在内退后至法定退休年龄之间从原单位取得的工资、薪金，按"工资、薪金所得"项目征个税。

（2）办理内部退养手续后至法定离退休年龄之间重新就业取得的"工资、薪金"所得，应与其从原任职单位取得的同一月份的"工资、薪金"合并，自行申报缴纳个人所得税。

（3）计算：分步法。

第一步：原任职单位取得的一次性收入，应按办理内部退养手续后至法定离退休年龄之间的所属月份进行平均，并与领取当月的"工资、薪金"所得合并后减除当月费用扣除标准，以余额为基数确定适用税率，

第二步：将当月工资、薪金加上取得的一次性收入，减去费用扣除标准，按适用税率计征个人所得税。

十一、个人提前退休取得补贴收入征收个人所得税的规定

计算公式：应纳税额=｛[（一次性补贴收入÷办理提前退休手续至法定退休年龄的实际年度数）-费用扣除标准]×适用税率-速算扣除数｝×办理提前退休手续至法定退休年龄的实际年度数

十二、企业年金、职业年金个人所得税规定(属于综合所得扣除中的其他扣除)

1. 缴费

(1)单位缴费部分计入个人账户时暂不缴纳;

(2)个人缴费部分在不超过本人缴费工资计税基数的4%标准内的部分暂从应纳税所得额中扣除。

(3)超过规定的标准缴付的年金单位缴费和个人缴费部分并入个人当期工资薪金征税。

2. 运营

年金基金投资运营收益分配计入个人账户时暂不缴纳。

3. 领取

(1)个人达到国家规定的退休年龄领取年金,符合规定的不并入综合所得,全额单独计算应纳税款。

(2)个人因出境定居而一次性领取的年金个人账户资金,或个人死亡后,其指定的受益人或法定继承人一次性领取的年金个人账户余额,适用综合所得税率表计算纳税。对个人除上述特殊原因外一次性领取年金个人账户资金或余额的,适用月度税率表计算纳税。

(3)本规定实施前缴费已纳的个税,领取时可以扣除。

十三、个人税收递延型商业养老保险试点个人所得税规定(属于综合所得扣除中的其他扣除)

(1)自2018年5月1日起,在上海市、福建省(含厦门市)和苏州工业园区实施个人税收递延型商业养老保险试点。试点期限暂定1年。

(2)对试点地区个人通过个人商业养老资金账户购买符合规定的商业养老保险产品的支出,允许在一定标准内税前扣除;计入个人商业养老资金账户的投资收益,暂不征收个人所得税;个人领取商业养老金时再征收个人所得税。

十四、商业健康保险个人所得税规定(属于综合所得扣除中的其他扣除)

自2017年7月1日起,对个人购买符合规定的商业健康保险产品的支出,允许在当年(月)计算应纳税所得额时予以税前扣除,扣除限额为2400元/年(200元/月)。

十五、个人兼职和退休人员再任职取得收入个人所得税的征税方法

(1)个人兼职取得的收入应按照"劳务报酬所得"应税项目缴纳个人所得税。

(2)退休人员再任职取得的收入,在减除按个人所得税法规定的费用扣除标准后,按"工资、薪金所得"应税项目缴纳个人所得税。

十六、企业向个人支付不竞争款项按照"偶然所得"项目计算缴纳个人所得税,税款由资产购买方企业在向资产出售方企业自然人股东支付不竞争款项时代扣代缴。

十七、企业促销展业赠送礼品个人所得税的规定

1. 企业在销售商品(产品)和提供服务过程中向个人赠送礼品,下列情形不征个税

(1)企业通过价格折扣、折让方式向个人销售商品(产品)和提供服务。

(2)企业在向个人销售商品(产品)和提供服务的同时给予赠品,如通信企业对个人购买手机赠话费、入网费,或者购话费赠手机等。

(3)企业对累积消费达到一定额度的个人按消费积分反馈礼品。

2. 企业向个人赠送礼品，下列情形缴纳个税

（1）业务宣传、广告等活动中，随机向本单位以外的个人赠送礼品的所得，按"偶然所得"项目全额纳税。

（2）年会、座谈会、庆典以及其他活动中向本单位以外的个人赠送礼品所得，按"偶然所得"项目全额纳税。

（3）累积消费达到一定额度的顾客，给予额外抽奖机会的获奖所得，按"偶然所得"项目全额纳税。

十八、企业为股东个人购买汽车的个人所得税征税方法

企业为股东购买车辆并将车辆所有权办到股东个人名下，按照"利息、股息、红利所得"征税。考虑到该股东个人名下的车辆同时也为企业经营使用的实际情况，允许合理减除部分所得；减除的具体数额由主管税务机关根据车辆的实际使用情况合理确定。

十九、企业资金为个人购房的个人所得税征税方法

1. 情形

个人取得以下情形的房屋或其他财产，不论所有权人是否将财产无偿或有偿交付企业使用，其实质均为企业对个人进行了实物性质的分配，应依法计征个人所得税。

（1）企业出资购买房屋及其他财产，将所有权登记为投资者个人、投资者家庭成员或企业其他人员的。

（2）企业投资者个人、投资者家庭成员或企业其他人员向企业借款用于购买房屋及其他财产，将所有权登记为投资者、投资者家庭成员或企业其他人员，且借款年度终了后未归还借款的。

2. 税务处理

（1）对个人独资企业、合伙企业的个人投资者或其家庭成员取得的上述所得，视为企业对个人投资者的利润分配，按照"经营所得"项目计征个人所得税；

（2）对除个人独资企业、合伙企业以外其他企业的个人投资者或其家庭成员取得的上述所得，视为企业对个人投资者的红利分配，按照"利息、股息、红利"所得项目计征个人所得税；

（3）对企业其他人员取得的上述所得，按照"工资、薪金"所得项目计征个人所得税。

二十、个人取得拍卖收入征收的个人所得税规定

（1）作者将自己的文字作品手稿原件或复印件拍卖取得的所得，按照"特许权使用费"所得项目纳税。

（2）个人拍卖除文字作品原稿及复印件外的其他财产，应以其转让收入额减除财产原值和合理税费后的余额为应纳税所得额，按照"财产转让所得"项目纳税。

应纳税所得额=转让收入-财产原值-合理税费

二十一、个人以非货币资产投资的个人所得税规定

1. 个人以非货币性资产投资，属于个人转让非货币性资产和投资同时发生。对个人转让非货币性资产的所得，按"财产转让所得"项目依法纳税。

2. 应纳税所得额=转让收入（评估后的公允价值）-资产原值及合理税费

原值：取得该资产时实际发生支出或核定额。

3. 个人以非货币性资产投资，应于非货币性资产转让、取得被投资企业股权时，确认非货币性资产转让收入的实现。纳税人一次性缴税有困难的，自发生应税行为之日起不超过5个公历年度内(含)分期纳税。

4. 征收管理：

(1)非货币性资产投资个人所得税由纳税人向主管税务机关自行申报缴纳。

(2)纳税地点：不动产投资：不动产所在地；持有的企业股权对外投资：该企业所在地；其他非货币资产投资：被投资企业所在地。

二十二、关于创业投资企业个人合伙人和天使投资个人有关个人所得税的规定

(1)合伙创投企业采取股权投资方式直接投资于初创科技型企业满2年(24个月，下同)的，合伙创投企业的个人合伙人可以按照对初创科技型企业投资额的70%抵扣个人合伙人从合伙创投企业分得的经营所得；当年不足抵扣的，可以在以后纳税年度结转抵扣。

(2)天使投资个人采取股权投资方式直接投资于初创科技型企业满2年的，可以按照投资额的70%抵扣转让该初创科技型企业股权取得的应纳税所得额；当期不足抵扣的，可以在以后取得转让该初创科技型企业股权的应纳税所得额时结转抵扣。

天使投资个人投资多个初创科技型企业的，对其中办理注销清算的初创科技型企业，天使投资个人对其投资额的70%尚未抵扣完的，可自注销清算之日起36个月内抵扣天使投资个人转让其他初创科技型企业股权取得的应纳税所得额。

二十三、关于创业投资企业个人合伙人所得税政策的规定

自2019年1月1日起至2023年12月31日：

(1)创投企业可以选择按单一投资基金核算或者按创投企业年度所得整体核算两种方式之一，对其个人合伙人来源于创投企业的所得计算个人所得税应纳税额。(3年内不能变更)

(2)创投企业选择按单一投资基金核算的，其个人合伙人从该基金应分得的股权转让所得和股息红利所得，按照20%税率计算缴纳个人所得税。

(3)创投企业选择按年度所得整体核算的，其个人合伙人应从创投企业取得的所得，按照"经营所得"项目、5%～35%的超额累进税率计算缴纳个人所得税。

二十四、个人转让限售股征收个人所得税规定

(1)个人转让限售股取得的所得，按照"财产转让所得"，适用20%的比例税率征税。

(2)限售股在解禁前被多次转让的，转让方对每一次转让所得均应按规定缴纳。

(3)应纳税所得额＝限售股转让收入－(限售股原值+合理税费)

应纳税额＝应纳税所得额×20%

(4)如果纳税人未能提供完整、真实的限售股原值凭证的，不能准确计算限售股原值的，主管税务机关一律按限售股转让收入的15%核定限售股原值及合理税费。

(5)纳税人同时持有限售股及该股流通股的，其股票转让所得，按照限售股优先原则，即：转让股票视同为先转让限售股，按规定计算缴纳个人所得税。

二十五、关于企业改组改制过程中个人取得的量化资产征税问题

(1)职工个人以股份形式取得，仅作为分红依据，不拥有所有权的企业量化资产，不征税。

（2）职工个人以股份形式取得的，拥有所有权的企业量化资产，取得时暂缓征；在实际转让时，按"财产转让所得"征个人所得税。

（3）职工个人以股份形式取得的企业量化资产参与企业分配取得的股息、红利，按"利息、股息、红利"项目征税。

二十六、沪港股票市场交易互联互通机制试点个人所得税的规定（包括其他税种优惠，"深港通"同）（见表36）

表36　沪港股票市场交易互联互通机制试点个人所得税的规定

	香港投资者投资沪市A股		内地投资者投资联交所股票	
	企业	个人	企业	个人
股息红利所得	暂不执行按持股时间的差别化征税政策，由上市公司按10%税率代扣		计征企业所得税。其中，内地居民企业连续持有H股满12个月取得的股息红利免征	（1）上市H股，H股公司按20%税率代扣。（2）上市的非H股，中国结算按20%税率代扣
转让差价所得	暂免征税		征收企业所得税	暂免征收

二十七、个人转让全国中小企业股份转让系统（以下简称新三板）挂牌公司股票有关个人所得税政策

（1）自2018年11月1日(含)起，对个人转让新三板挂牌公司非原始股取得的所得，暂免征收个人所得税。

（2）对个人转让新三板挂牌公司原始股取得的所得，按照"财产转让所得"，适用20%的比例税率征收个人所得税。

二十八、个人投资者收购企业股权后将原盈余积累转增股本征收个人所得税的规定

1名或多名个人投资者以股权收购方式取得被收购企业100%股权，股权收购前，被收购企业原账面金额中的"资本公积、盈余公积、未分配利润"等盈余积累未转增股本。在股权收购后，企业将原账面金额中的盈余积累向个人投资者(新股东，下同)转增股本的处理：

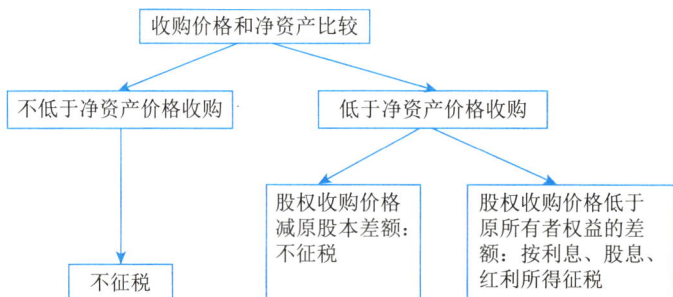

二十九、企业转增股本个人所得税规定

1. 股份制企业用资本公积金转增股本不属于股息、红利性质的分配，对个人取得的转增股本数额，不作为个人所得，不征收个人所得税。

2. 股份制企业用盈余公积金派发红股属于股息、红利性质的分配，对个人取得的红股数额，应作为个人所得征税。

3. 自 2016 年 1 月 1 日起，全国范围内的中小高新技术企业(未上市或未在新三板挂牌交易的)以未分配利润、盈余公积、资本公积向个人股东转增股本时，个人股东一次缴纳个人所得税确有困难的，可根据实际情况自行制定分期缴税计划，在不超过 5 个公历年度内(含)分期缴纳，并将有关资料报主管税务机关备案。

4. 非上市及未在全国中小企业股份转让系统挂牌的其他企业转增股本，应及时代扣代缴个人所得税。

5. 上市公司、上市中小高新技术企业及在新三板挂牌的中小高新技术企业向个人股东转增股本(不含以股票发行溢价形成的资本公积转增股本)，股东应纳的个人所得税继续按照现行有关股息红利差别化个人所得税政策执行，即：

(1)持股期限超过 1 年的，股息红利所得暂免征收个人所得税。

(2)持股期限在 1 个月以内(含)的，其股息红利所得全额计入应纳税所得额。

(3)持股期限在 1 个月以上至 1 年(含)的，暂减按 50% 计入应纳税所得额。

三十、个人股票期权所得个人所得税的征税方法(见表37)

企业员工股票期权(以下简称股票期权)是指上市公司按照规定的程序授予本公司及其控股企业员工的一项权利，该权利允许被授权员工在未来时间内以某一特定价格购买本公司一定数量的股票。

表 37　个人股票期权所得个人所得税的征税方法

类型		阶段	征税方法
股票期权是否可公开交易	不公开交易	授权	一般不征税
		行权前转让	工资薪金所得
		行权	工资薪金所得
		行权后的股票再转让	财产转让所得(境内上市股免，境外股交)
		行权后不转让而参与企业税后利润分配	利息、股息、红利所得
	公开交易	授权	按授权日股票期权市价，按工资薪金征税
		行权前转让	财产转让所得
		行权	不计算征税
		行权后的股票再转让	同上
		行权后不转让而参与企业税后利润分配	

员工因参加股票期权计划而从中国境内取得的所得，按规定应按工资、薪金所得计算纳税的，在 2021 年 12 月 31 日前，对该股票期权形式的工资、薪金所得不并入当年综合所得，全额单独适用综合所得税率表，计算纳税。计算公式为：

应纳税额=股权激励收入×适用税率-速算扣除数

三十一、股票增值权所得和限制性股票所得的个人所得税规定（见表38）

表38　股票增值权所得和限制性股票所得的个人所得税规定

	股票增值权	限制性股票
税目	"工资、薪金所得"	
应纳税所得额	(行权日股票价格-授权日股票价格)×行权股票份数	(股票登记日股票市价+本批次解禁股票当日市价)/2×本批次解禁股票份数-被激励对象实际支付的资金总额×(本批次解禁股票份数/被激励对象获取的限制性股票总份数)
纳税义务发生时间	上市公司向被授权人兑现股票增值权所得的日期	每一批次限制性股票解禁的日期
税额计算	应纳税额=股权激励收入×适用税率-速算扣除数	

三十二、促进科技成果转化取得股权奖励有关个人所得税的规定

（1）科研机构、高等学校转化职务科技成果以股份或出资比例等股权形式给予科技人员个人奖励，经主管税务机关审核后，暂不征收个人所得税。

（2）自2016年1月1日起，全国范围内的高新技术企业转化科技成果，给予本企业相关技术人员的股权奖励，个人一次缴纳个人所得税确有困难的可根据实际情况在不超过5个公历年度内(含)分期缴纳。

三十三、科技人员取得职务科技成果转化现金奖励有关个人所得税政策

依法批准设立的非营利性研究开发机构和高等学校(以下简称非营利性科研机构和高校)根据《中华人民共和国促进科技成果转化法》规定，从职务科技成果转化收入中给予科技人员的现金奖励，可减按50%计入科技人员当月"工资、薪金所得"，依法缴纳个人所得税。

三十四、城市信用社改制为城市合作银行过程中，个人以现金或股份及其他形式取得的资产评估增值数额，应当按"利息、股息、红利所得"项目计征个人所得税，税款由城市合作银行负责代扣代缴。

三十五、证券投资基金个人所得税的规定

（1）对个人投资者买卖基金单位获得的差价收入，暂不征收个人所得税。

（2）对投资者从基金分配中获得的股票的股息、红利收入以及企业债券的利息收入，由上市公司和发行债券的企业在向基金派发股息、红利、利息时代扣代缴20%的个人所得税，基金向个人投资者分配股息、红利、利息时，不再代扣代缴个人所得税。

（3）对投资者从基金分配中获得的国债利息、储蓄存款利息以及买卖股票价差收入暂不征收所得税。

（4）对个人投资者从基金分配中获得的企业债券差价收入，应按税法规定对个人投资者征收个人所得税，税款由基金在分配时依法代扣代缴。

三十六、内地与香港基金互认涉及的个人所得税规定

1. 内地投资者通过基金互认买卖香港基金份额的个人所得税规定：

（1）对内地个人投资者通过基金互认买卖香港基金份额取得的转让差价所得，自2015年

12 月 18 日起至 2019 年 12 月 4 日止，暂免征收个人所得税。

（2）内地个人投资者通过基金互认从香港基金分配取得的收益，由该香港基金在内地的代理人按照20%的税率代扣代缴个人所得税。

2. 香港市场投资者通过基金互认买卖内地基金份额的个人所得税规定：

（1）对香港市场个人投资者通过基金互认买卖内地基金份额取得的转让差价所得，暂免征收所得税。

（2）对香港市场个人投资者通过基金互认从内地基金分配取得的收益，由内地上市公司向该内地基金分配股息红利时，对香港市场个人投资者按照10%的税率代扣所得税；或发行债券的企业向该内地基金分配利息时，对香港市场个人投资者按照 7%的税率代扣所得税，并由内地上市公司或发行债券的企业向其主管税务机关办理扣缴申报。该内地基金向投资者分配收益时，不再扣缴所得税。

三十七、"长江学者奖励计划"有关个人所得税的规定

（1）特聘教授取得的岗位津贴应并入其当月的工资、薪金所得计征个人所得税，税款由所在学校代扣代缴。

（2）对特聘教授获得"长江学者成就奖"的奖金，可视为国务院部委颁发的教育方面的奖金，免予征收个人所得税。

（3）对教育部颁发的特聘教授在聘期内享受的"特聘教授奖金"，免予征收个人所。

三十八、律师事务所从业人员取得收入征收个人所得税的有关规定

（1）律师个人出资兴办的独资和合伙性质的律师事务所，比照"经营所得"应税项目征收个人所得税。计算其经营所得时，出资律师本人的工资、薪金不得扣除。

（2）合伙制律师事务所应将年度经营所得全额作为基数，按出资比例或者事先约定的比例计算各合伙人应分配的所得征税。

（3）律师事务所支付给雇员（不包括律师事务所的投资者）所得，按"工资、薪金所得"缴纳个人所得税。

（4）作为律师事务所雇员的律师与律师事务所按规定的比例对收入分成，律师事务所不负担律师办理案件支出的费用（如交通费、资料费、通讯费及聘请人员等费用），律师当月的分成收入按规定扣除办案支出的费用后，余额与律师事务所发给的工资合并，按"工资、薪金所得"征税。

（5）兼职律师从律师事务所取得工资、薪金性质的所得，律师事务所在代扣代缴其个人所得税时，不再减除规定的费用扣除标准，以收入全额（取得分成收入的为扣除办理案件支出费用后的余额）直接确定适用的税率，计算扣税。

（6）律师以个人名义再聘请其他人员为其工作而支付的报酬，应由该律师按"劳务报酬所得"应税项目负责代扣代缴个人所得税。

（7）律师从接受法律事务服务的当事人处取得的法律顾问费或其他酬金，均按"劳务报酬所得"应税项目征收个人所得税，税款由支付报酬的单位或个人代扣代缴。

三十九、保险营销员、证券经纪人佣金收入的政策

保险营销员、证券经纪人取得的佣金收入，属于劳务报酬所得，自 2019 年 1 月 1 日起，

以不含增值税的收入减除 20% 的费用后的余额为收入额，收入额减去展业成本以及附加税费后，并入当年综合所得，计算缴纳个人所得税。

四十、北京 2022 年冬奥会和冬残奥会个人所得税的规定

（1）个人捐赠北京 2022 年冬奥会、冬残奥会、测试赛的资金和物资支出可在计算个人应纳税所得额时予以全额扣除。

（2）对受北京冬奥组委邀请的，在北京 2022 年冬奥会、冬残奥会、测试赛期间临时来华，从事相关工作的外籍顾问以及裁判员等外籍技术官员取得的由北京冬奥组委、测试赛赛事组委会支付的劳务报酬免征个人所得税。

（3）对于参赛运动员因北京 2022 年冬奥会、冬残奥会、测试赛比赛获得的奖金和其他奖赏收入，按现行税收法律法规的有关规定征免应缴纳的个人所得税。

押题点 ⑥ 税收优惠

（一）免征个人所得税的优惠

1. 省级人民政府、国务院部委和中国人民解放军军以上单位，以及外国组织颁发的科学、教育、技术、文化、卫生、体育、环境保护等方面的奖金（注意：级别、用途）。

2. 国债和国家发行的金融债券利息。

3. 按照国家统一规定发给的补贴、津贴。

4. 福利费、抚恤金、救济金。

5. 保险赔款。

6. 军人的转业费、复员费、退役金。

7. 按照国家统一规定发给干部、职工的安家费、退职费、退休工资、离休工资、离休生活补助费。

8. 依照有关法律规定应予免税的各国驻华使馆、领事馆的外交代表、领事官员和其他人员的所得。

9. 中国政府参加的国际公约、签订的协议中规定免税的所得。

10. 企业和个人按照省级以上人民政府规定的比例缴付的住房公积金、医疗保险金、基本养老保险金、失业保险金，允许在个人应纳税所得额中扣除，免予征收个人所得税。

超过规定的比例缴付的部分并入个人当期的工资、薪金收入，计征个人所得税。

11. 自 2008 年 10 月 9 日起，对居民储蓄存款利息，暂免征收个人所得税。

12. 生育妇女按照县级以上人民政府根据国家有关规定制定的生育保险办法，取得的生育津贴、生育医疗费或其他属于生育保险性质的津贴、补贴，免征个人所得税。

13. 对工伤职工及其近亲属按照《工伤保险条例》规定取得的工伤保险待遇，免征个人所得税。

14. 个体工商户或个人，以及个人独资企业和合伙企业从事种植业、养殖业、饲养业和捕捞业（以下简称"四业"），取得的"四业"所得暂不征收个人所得税。

15. 个人举报、协查各种违法、犯罪行为而获得的奖金。

16. 个人办理代扣代缴税款手续，按规定取得的扣缴手续费。

17. 个人转让自用达 5 年以上并且是唯一的家庭居住用房取得的所得。

18. 达到离休、退休年龄，但确因工作需要，适当延长离休、退休年龄的高级专家，其在延长离休、退休期间的工资、薪金所得，视同退休工资、离休工资免征个人所得税。

19. 凡符合下列条件之一的外籍专家取得的工资、薪金所得可免征个人所得税：

(1)根据世界银行专项贷款协议由世界银行直接派往我国工作的外国专家。

(2)联合国组织直接派往我国工作的专家。

(3)为联合国援助项目来华工作的专家。

(4)援助国派往我国专为该国无偿援助项目工作的专家，除工资、薪金外，其取得的生活津贴也免税。

(5)根据两国政府签订文化交流项目来华工作 2 年以内的文教专家，其工资、薪金所得由该国负担的。此外，外国来华文教专家，在我国服务期间，由我方发工资、薪金，并对其住房、使用汽车、医疗实行免费"三包"，可只就工资、薪金所得按照税法规定征收个人所得税；对我方免费提供的住房、使用汽车、医疗，可免予计算纳税。

(6)根据我国大专院校国际交流项目来华工作 2 年以内的文教专家，其工资、薪金所得由该国负担的。

(7)通过民间科研协定来华工作的专家，其工资、薪金所得由该国政府机构负担的。

20. 外籍个人从外商投资企业取得的股息、红利所得。

21. 股权分置改革中非流通股股东通过对价方式向流通股股东支付的股份、现金等收入，暂免征收流通股股东应缴纳的个人所得税。

22. 对被拆迁人按照国家有关城镇房屋拆迁管理办法规定的标准取得的拆迁补偿款，免征个人所得税。

23. 对个人投资者从投保基金公司取得的行政和解金，暂免征收个人所得税。

24. 对个人转让上市公司股票取得的所得暂免征收个人所得税。

自 2008 年 10 月 9 日起，对证券市场个人投资者取得的证券交易结算资金利息所得，暂免征收个人所得税，即证券市场个人投资者的证券交易结算资金在 2008 年 10 月 9 日后(含 10 月 9 日)孳生的利息所得，暂免征收个人所得税。

25. 个人从公开发行和转让市场取得的上市公司股票，持股期限超过 1 年的，股息红利所得暂免征收个人所得税。个人从公开发行和转让市场取得的上市公司股票，持股期限在 1 个月以内(含 1 个月)的，其股息红利所得全额计入应纳税所得额；持股期限在 1 个月以上至 1 年(含 1 年)的，暂减按 50% 计入应纳税所得额；上述所得统一适用 20% 的税率计征个人所得税。本规定自 2015 年 9 月 8 日起施行。

26. 个人取得的下列中奖所得，暂免征收个人所得税：

(1)单张有奖发票奖金所得不超过 800 元(含 800 元)的，暂免征收个人所得税；个人取得单张有奖发票奖金所得超过 800 元的，应全额按照个人所得税法规定的"偶然所得"项目征收个人所得税。

(2)购买社会福利有奖募捐奖券、体育彩票一次中奖收入不超过 10000 元的暂免征收个人所得税，对一次中奖收入超过 10000 元的，应按税法规定全额征税。

27. 乡镇企业的职工和农民取得的青苗补偿费，暂不征收个人所得税。

28. 对由亚洲开发银行支付给我国公民或国民(包括为亚行执行任务的专家)的薪金和津贴，凡经亚洲开发银行确认这些人员为亚洲开发银行雇员或执行项目专家的，其取得的符合我国税法规定的有关薪金和津贴等报酬，免征个人所得税。

29. 自原油期货对外开放之日起，对境外个人投资者投资中国境内原油期货取得的所得，3年内暂免征收个人所得税。

30. 2018年1月1日至2020年12月31日，对易地扶贫搬迁贫困人口按规定取得的住房建设补助资金、拆旧复垦奖励资金等与易地扶贫搬迁相关的货币化补偿和易地扶贫搬迁安置住房(简称安置住房)，免征个人所得税。

(二)减征个人所得税的优惠

有下列情形之一的，可以减征个人所得税，具体幅度和期限，由省、自治区、直辖市人民政府规定，并报同级人民代表大会常务委员会备案：

1. 残疾、孤老人员和烈属的所得。

2. 因严重自然灾害造成重大损失的。

3. 国务院可以规定其他减税情形，报全国人民代表大会常务委员会备案。

押题点 7 自行申报纳税

(一)有下列情形之一的，纳税人应当依法办理纳税申报

(1)取得综合所得需要办理汇算清缴。

(2)取得应税所得没有扣缴义务人。

(3)取得应税所得，扣缴义务人未扣缴税款。

(4)取得境外所得。

(5)因移居境外注销中国户籍。

(6)非居民个人在中国境内从两处以上取得工资、薪金所得。

(7)国务院规定的其他情形。

(二)取得综合所得需要办理汇算清缴的纳税申报

取得综合所得且符合下列情形之一的纳税人，应当依法办理汇算清缴：

(1)从两处以上取得综合所得，且综合所得年收入额减除专项扣除后的余额超过6万元。

(2)取得劳务报酬所得、稿酬所得、特许权使用费所得中一项或者多项所得，且综合所得年收入额减除专项扣除的余额超过6万元。

(3)纳税年度内预缴税额低于应纳税额。

(4)纳税人申请退税。

(三)取得经营所得的纳税申报

个体工商户业主、个人独资企业投资者、合伙企业个人合伙人、承包承租经营者个人以及其他从事生产、经营活动的个人取得经营所得，按年计算个人所得税，由纳税人在月度或季度终了后15日内，向经营管理所在地主管税务机关办理预缴纳税申报。在取得所得的次年3月31日前，向经营管理所在地主管税务机关办理汇算清缴。

(四)取得应税所得,扣缴义务人未扣缴税款的纳税申报

纳税人取得应税所得,扣缴义务人未扣缴税款的,应当区别以下情形办理纳税申报:

(1)居民个人取得综合所得的,且符合前述第(一)项所述情形的,应当依法办理汇算清缴。

(2)非居民个人取得工资、薪金所得,劳务报酬所得,稿酬所得,特许权使用费所得的,应当在取得所得的次年6月30日前,向扣缴义务人所在地主管税务机关办理纳税申报。

(3)纳税人取得利息、股息、红利所得,财产租赁所得,财产转让所得和偶然所得的,应当在取得所得的次年6月30日前,按相关规定向主管税务机关办理纳税申报。税务机关通知限期缴纳的,纳税人应当按照期限缴纳税款。

纳税人取得应税所得没有扣缴义务人的,应当在取得所得的次月15日内向税务机关报送纳税申报表,并缴纳税款。

(五)取得境外所得的纳税申报

居民个人从中国境外取得所得的,应当在取得所得的次年3月1日至6月30日内,向中国境内任职、受雇单位所在地主管税务机关办理纳税申报。

(六)因移居境外注销中国户籍的纳税申报

纳税人因移居境外注销中国户籍的,应当在申请注销中国户籍前,向户籍所在地主管税务机关办理纳税申报,进行税款清算。

(七)非居民个人在中国境内从两处以上取得工资、薪金所得的纳税申报

非居民个人在中国境内从两处以上取得工资、薪金所得的,应当在取得所得的次月15日内,向其中一处任职、受雇单位所在地主管税务机关办理纳税申报。

(八)纳税申报方式

纳税人可以采用远程办税端、邮寄等方式申报,也可以直接到主管税务机关申报。

押题点 ⑧ 境外所得的税额扣除

居民个人从中国境外取得的所得,可以从其应纳税额中抵免已在境外缴纳的个人所得税税额,但抵免额不得超过该纳税人境外所得依照规定计算的应纳税额。

第一步:抵免限额=综合所得抵免限额+经营所得抵免限额+其他所得项目抵免限额

第二步:实缴税额:已在境外缴纳的所得税税额

第三步:比较确定:补税额。比较原则:多不退,少要补。

(1)第一步>和第二步差额补税;

(2)第一步<和第二步本期不补税,差额部分可以在以后5个年度内,用每年抵免限额抵免当年应抵税额后的余额进行抵补。

历年真题

2018年

王某为某企业员工,2018年发生了如下经济行为:

（1）单位依照国家标准为王某办理了企业年金并缴费 800 元。

（2）年初取得该企业年金计划分配的上年投资收益 2000 元王某将该部分收益存入年金个人账户。

（3）购买福利彩票中奖 100 万元，在领取奖金时当场向民政部门捐款 10 万元。

（4）取得持有期满两年的某 A 股股票分红 6000 元，另取得持股 6 个月的另一 A 股股票分 8000 元。

要求：根据上述资料，按照下列序号回答问题，如有计算需计算出合计数。

（1）回答单位为王某缴纳的企业年金是否应在当期缴纳个人所得税并说明理由。

（2）回答王某取得上年企业年金投资收益时是否应在当期缴纳个人所得税并说明理由。

（3）判断王某向民政部门的捐款是否允许税前全额扣除并说明理由。

（4）计算王某取得的彩票中奖收入应缴纳的个人所得税。

（5）计算王某取得的股票分红收入应缴纳的个人所得税。

【答案】

（1）暂不需要缴纳个人所得税。按规定，企业依照国家政策规定的标准为其员工缴纳的企业年金单位缴费部分，在计入个人账户时，个人暂不缴纳个人所得税。

（2）暂不需要缴纳个人所得税，因为按规定，年金基金投资运营收益分配计入个人账户时，个人暂不缴纳个人所得税。

（3）可以全额税前扣除。王某实际捐赠金额 10（万元）<30（万元）=100（万元）×30%

（4）应缴纳的个人所得税 =（100−10）×20% =18（万元）

（5）应缴纳的个人所得税 =8000×20% ×50% =800（元）

2017 年

国内某高校张教授 2019 年取得部分收入项目如下：

（1）5 月份出版了一本书稿，获得稿酬 15000 元，后因出版社添加印数，获得追加稿酬 5000 元。

（2）9 月份，教师节期间获得全国教学名师奖，获得教育部颁发的资金 50000 元。

（3）10 月份取得 5 年期国债利息收入 8700 元，一年期储蓄存款利息收入 500 元，某上市公司发行的企业债券利息收入 1500 元。

（4）11 月份因持有两年前购买的某上市公司股票 10000 股，取得该公司年中股票分红所得 2000 元，随后将该股票卖出，获得股票转让所得 50000 元。

（5）12 月份应 A 公司邀请给公司财务人员培训，取得收入 30000 元，A 公司未履行代扣代缴个人所得税义务。

要求：根据上述资料，按照下列序号回答问题，如有计算需计算出合计数。

（1）计算张教授 5 月份稿酬所得应预扣预缴个人所得税税额。

（2）9 月份张教授获得全国教学名师奖金是否需要纳税，说明理由。如需要，计算其应纳税额。

（3）10 月份张教授取得的利息收入是否需要纳税，如需要，计算其应纳税额。

（4）11月份张教授取得股息和股票转让所得是否需要纳税，说明理由，计算其应纳税额。

（5）回答A公司未履行代扣代缴个人所得税义务应承担的法律责任，税务机关应对该项纳税事项如何进行处理？

【答案】

（1）同一作品出版、发表后，因添加印数而追加稿酬的，应与以前出版、发表时取得的稿酬合并计算为一次，计征个人所得税。稿酬所得，减征30%。

应缴纳个人所得税＝（15000+5000）×（1−20%）×20%×（1−30%）＝2240（元）

（2）不需要纳税。因为税法规定，省级人民政府、国务院部委和中国人民解放军军以上单位，以及外国组织、国际组织颁发的科学、教育、技术、文化、卫生、体育、环境保护等方面的奖金，免征个人所得税。所以对教育部颁发的全国教学名师奖奖金免予征收个人所得税。应缴纳个人所得税＝0。

（3）需要纳税。10月份取得的企业债券利息收入应缴纳的个人所得税＝1500×20%＝300（元）

税法规定，对个人取得的国债利息，免征个人所得税。对居民储蓄存款利息暂免征收个人所得税。

（4）不需要纳税。因为税法规定，个人转让境内上市公司的股票所得，暂免征收个人所得税。个人从公开发行和转让市场取得的上市公司股票，持股期限超过1年的，股息红利所得暂免征收个人所得税。

（5）根据税法规定，扣缴义务人对纳税人的应扣未扣的税款，其应纳税款仍然由纳税人缴纳，扣缴义务人应承担应扣未扣税款50%以上至3倍的罚款。

税务机关应要求纳税人缴纳税款，应预扣预缴个人所得税＝30000×（1−20%）×30%−2000＝5200（元）

对A公司的罚款在2600元到15600元之间。

2016年

某上市公司高级工程师王先生，2019年度取得个人收入项目如下：

（1）扣除"五险一金"后的每月工资9800元，每月的专项附加扣除为1000元，12月取得年终奖72000元。选择不并入当年综合所得计算个税。

（2）从1月1日起出租两居室住房用于居住，扣除相关税费后的每月租金所得6000元，全年共计72000元。12月31日出租另一套三居室住房预收2020年上半年租金42000元。

（3）2月8日对2018年1月公司授予的股票期权30000股行权，每股施权价8元，行权当日该股票的收盘价为15元。

（4）10月26日通过拍卖市场拍卖祖传字画一幅，拍卖收入56000元，不能提供字画原值凭据。

（5）11月因实名举报某企业的污染行为获得当地环保部门奖励20000元，同时因其参与的一项技术发明获得国家科技进步二等奖，分得奖金50000元。

假设王先生无其他所得和扣除项目。

要求：根据以上材料，按照下列序号计算回答问题，如有计算需计算出合计数。

（1）根据业务（1）计算2019年单位预扣预缴王先生的个人所得税。

（2）计算出租两居室住房取得的租金收入应缴纳的个人所得税。

（3）计算股票期权所得应缴纳的个人所得税。

（4）计算拍卖字画收入应缴纳的个人所得税。

（5）回答王先生11月获得的奖金应如何缴纳个人所得税并简要说明理由。

【答案】

（1）应预扣预缴的工资部分的个人所得税＝（9800×12−5000×12−1000×12）×10%−2520＝2040（元）

全年一次性奖金扣缴的个税＝72000×10%−210＝6990（元）

单位合计应预扣预缴王先生的个人所得税＝6990+2040＝9030（元）

（2）应缴纳的个人所得税＝6000×（1−20%）×10%×12＝5760（元）

（3）应纳的个人所得税＝（15−8）×30000×20%−16920＝25080（元）

（4）应纳的个人所得税＝56000×3%＝1680（元）

（5）应纳税额为0，个人举报、协查违法行为获得的奖金免税，取得国家颁发的国家科学进行奖属于省级人民政府、国务院部委和中国人民解放军军以上单位，以及外国组织颁发的科学、教育、技术、文化、体育、环境保护等方面的奖金，免税。

2015 年

张先生任职于国内A公司，系我国居民纳税人，2019年取得收入如下：

（1）每月工资收入6000元，按所在省人民政府规定比例提取并缴付"五险一金"960元，业余时间在B公司兼职，每月取得兼职收入3000元。

（2）12月底A公司拟为其发放年终奖，选择不并入当年综合所得，有两个方案可供选择，甲方案发放18500元，乙方案发放17500元。

（3）11月1日出租自有房屋一套，一次性收取1年房租24000元（不含增值税）。

附：个人所得税预扣率表一

（居民个人工资、薪金所得预扣预缴适用）

级数	累计预扣预缴应纳税所得额	预扣率（%）	速算扣除数
1	不超过36000元的	3	0
2	超过36000元至144000元的部分	10	2520
3	超过144000元至300000元的部分	20	16920
4	超过300000元至420000元的部分	25	31920
5	超过420000元至660000元的部分	30	52920
6	超过660000元至960000元的部分	35	85920
7	超过960000元的部分	45	181920

要求：根据以上资料，按下列顺序回答问题，如有计算需计算合计数。

（1）计算 B 公司每月应预扣预缴张先生个人所得税。

（2）如果 B 公司未履行代扣代缴义务应承担的法律责任。

（3）请从税务角度为张先生从甲、乙方案中做出选择并说明理由。

（4）简述取得综合所得需要办理汇算清缴的情形。

（5）简述扣缴义务人向纳税人反馈扣缴信息的相关规定。

【答案】

（1）B 公司 2019 年每月应预扣预缴张先生的个人所得税 =（3000−800）×20% =440（元）

（2）如果 B 公司未履行代扣代缴个人所得税的义务，该税款仍由张先生缴纳，B 公司应承担应扣未扣税款 50% 以上至 3 倍以下罚款。

（3）应选择甲方案。

甲方案应缴纳个人所得税 =18500×3% =555（元）

乙方案应缴纳个人所得税 =17500×3% =525（元）

甲方案比乙方案多交税 555−525 =30（元）

甲方案税后可支配收入比乙方案多 970 元。

（18500−555）−（17500−525）=970（元）

（4）取得综合所得需要办理汇算清缴的情形包括：

①从两处以上取得综合所得，且综合所得年收入额减除专项扣除的余额超过 6 万元；

②取得劳务报酬所得、稿酬所得、特许权使用费所得中一项或者多项所得，且综合所得年收入额减除专项扣除的余额超过 6 万元；

③纳税年度内预缴税额低于应纳税额；

④纳税人申请退税。

（5）支付工资、薪金所得的扣缴义务人应当于年度终了后两个月内，向纳税人提供其个人所得和已扣缴税款等信息；纳税人年度中间需要提供上述信息的，扣缴义务人应当提供；纳税人取得除工资、薪金所得以外的其他所得，扣缴义务人应当在扣缴税款后，及时向纳税人提供其个人所得和已扣缴税款等信息。

2014 年

某高校赵教授 2019 年取得部分收入项目如下：

（1）1 月从学校取得的收入包括基本工资 3200 元、教授津贴 6000 元，因公出差取得差旅费津贴 420 元，按照所在省人民政府规定的比例提取并缴付"五险一金"1455 元。

（2）5 月 10 日因担任另一高校的博士论文答辩取得答辩费 5000 元，同日晚上为该校做一场学术报告取得收入 3000 元。

（3）自 1 月 1 日起将自有的面积为 120 平方米的住房按市场价格出租给李某居住，每月不含税租金 5500 元，租期一年，全年租金收入 66000 元，其中 7 月份因墙面开裂发生维修费用 3200 元，取得装修公司出具的正式发票。

（4）7 月取得国债利息收入 1850 元、一年期定期储蓄存款利息收入 375 元、某上市公司发行的企业债利息收入 1000 元。

(5)8 月份因持有两年前购买的某上市公司股票 13000 股,取得该公司年中股票分红所得 2600 元。

要求:根据以上资料,按照下列序号计算回答问题,如有计算需计算出合计数。

(1)计算赵教授 1 月份从学校取得的收入应预扣预缴的个人所得税。

(2)计算赵教授 5 月 10 日取得的答辩费和做学术报告取得收入应预扣预缴的个人所得税。

(3)计算赵教授 7 月取得的租金收入应缴纳的个人所得税。(不考虑租金收入应缴纳的其他税金及附加)

(4)计算赵教授 7 月取得的利息收入应缴纳的个人所得税。

(5)计算赵教授 8 月份取得的上市公司股票分红收入应缴纳的个人所得税。

附:综合所得个人所得税税率表

级数	累计预扣预缴应纳税所得额	预扣率(%)	速算扣除数
1	不超过 36000 元的	3	0
2	超过 36000 元至 144000 元的部分	10	2520
3	超过 144000 元至 300000 元的部分	20	16920
4	超过 300000 元至 420000 元的部分	25	31920
5	超过 420000 元至 660000 元的部分	30	52920
6	超过 660000 元至 960000 元的部分	35	85920
7	超过 960000 元的部分	45	181920

【答案】

(1)因公出差取得的差旅费津贴不计算个人所得税。

赵教授 1 月从学校取得的收入应预扣预缴的个人所得税 =(3200+6000-1455-5000)×3% =82.35(元)

(2)答辩费应预扣预缴的个人所得税 =5000×(1-20%)×20% =800(元)

学术报告应预扣预缴的个人所得税 =(3000-800)×20% =440(元)

合计 =800+440 =1240(元)

(3)应缴纳的个人所得税 =(5500-800)×(1-20%)×10% =376(元)

(4)应缴纳的个人所得税 =1000×20% =200(元)

(5)自 2015 年 9 月 8 日,个人从公开发行和转让市场取得的上市公司股票,持股期限超过 1 年的,股息、红利所得暂免征收个人所得税。应缴纳的个人所得税 =0(元)

2013 年

中国公民张某自 2015 年起任国内某上市公司高级工程师,2019 年取得的部分收入如下:

(1)1 月取得任职公司支付的工资 17500 元,差旅费津贴 1500 元,个人负担三险一金

2800 元，申报专项附加扣除时，作为独生子的张某向单位报送的专项附加扣除信息如下：
3 周岁在上幼儿园的女儿一名；年满 60 周岁的父亲；夫妻约定女儿教育支出全额由张某扣除。

（2）公司于 2017 年实行股票期权计划。2017 年 1 月 11 日张某获得公司授予的股票期权 10000 份（该期权不可公开交易），授予价格为每份 6 元。当日公司股票的收盘价为 7.68 元。公司规定的股票期权行权期限是 2019 年 2 月 10 日至 9 月 10 日。张某于 2019 年 2 月 13 日对 4000 份股票期权实施行权，当日公司股票的收盘价为 9.6 元。

（3）5 月份取得财政部发行国债的利息 1200 元，取得 2018 年某省发行的地方政府债券的利息 560 元，取得某国内上市公司发行的公司债券利息 750 元。

要求：根据上述资料，按照下列序号计算回答问题，每问需计算合计数。

（1）计算 1 月份张某取得工资、津贴收入应预扣预缴的个人所得税。

（2）计算 2 月份张某实施股票期权行权应缴纳的个人所得税。

（3）计算 5 月份张某取得的各项利息收入应缴纳的个人所得税。

[答案]

（1）差旅费津贴不征收个人所得税。

当月应预扣预缴的个人所得税 =（17500-5000-2800-1000-2000）×3% = 201（元）

（2）股票期权的应纳税所得额 = 4000×（9.6-6）= 14400（元）

应缴纳的个人所得税 = 14400×3% = 432（元）

（3）5 月份张某取得的各项利息收入应缴纳的个人所得税 = 750×20% = 150（元）

·2019年·
预测题

预测 1

某上市公司高级工程师孙先生，2019 年度取得个人收入项目如下：

（1）每月应发工资 35000 元，单位为其缴纳"五险一金"5000 元，单位从其工资中代扣代缴"三险一金"3000 元，12 月取得年终奖 180000 元。

（2）从 1 月 1 日起出租两居室住房用于居住，扣除相关税费后的每月租金所得为 6000 元，全年共计 72000 元。

（3）2 月 26 日通过拍卖市场拍卖祖传字画一幅，拍卖收入 56000 元，不能提供字画原值凭据。

（4）10 月 8 日对 2016 年 1 月公司授予的股票期权 30000 股行权，每股施权价 8 元，行权当日该股票的收盘价为 15 元。

（5）11 月因实名举报某企业的污染行为获得当地环保部门奖励 20000 元，同时因其参与的一项技术发明获得国家科技进步二等奖，分得奖金 50000 元。

其他相关资料：（1）上述所得是孙先生 2019 年的全部所得，孙先生无其他所得。（2）孙先生的家庭情况为：孙先生有一个儿子正在上初中，孙先生是家中的独生子，其父母现在均是 80 岁高龄；(3)孙先生与爱人于 2015 年购买了首套住房，每月还贷利息支出 800 元。
(4)由于孙先生收入较高，夫妻双方约定，由孙先生扣除子女教育、住房贷款利息支出等项目。

要求：根据上述资料，按照下列序号计算回答问题，如由计算需计算出合计数。

(1)如果全年奖不并入综合所得计算纳税，计算单位在支付全年工资所得和年终奖应预扣预缴的个人所得税。

(2)计算出租两居室住房取得的租金收入应缴纳的个人所得税。

(3)计算拍卖字画收入应缴纳的个人所得税。

(4)计算股票期权应缴纳的个人所得税。

(5)回答孙先生 11 月获得的奖金应如何缴纳个人所得税并简要说明理由。

(6)2019 年度终了，孙先生是否需要汇算清缴？为什么？如果需要汇算清缴，孙先生需要补退多少个人所得税？

【答案】

(1)孙先生全年综合所得的扣除金额＝(5000+3000+1000+1000+2000)×12＝144000(元)

孙先生综合所得的应纳税所得额＝35000×12－144000＝276000(元)

由于单位在支付工资时采用累计预扣法，因此单位在支付其工资时共计预扣预缴个人所得税＝276000×20%－16920＝38280(元)

全年奖：

商数＝180000/12＝15000(元)

找到适用税率20%，速算扣除数1410元。

全年奖预扣个人所得税＝180000×20%－1410＝34590(元)

合计预扣预缴个人所得税＝38280+34590＝72870(元)

(2)应缴纳的个人所得税＝6000×(1－20%)×10%×12＝5760(元)

(3)应纳个人所得税＝56000×3%＝1680(元)

(4)股票期权的应纳税所得额＝(15－8)×30000＝210000(元)

适用税率20%，速算扣除数16920元。

应纳个人所得税＝210000×20%－16920＝25080(元)

(5)孙先生 11 月获得的两项奖金免征个人所得税。因为省级政府，国务院部委以上单位颁发的科学教育，技术等奖金免征个人所得税，个人举报协查各种违法犯罪行为而获得的奖金，免征个人所得税。

(6)孙先生不需要汇算清缴，因为孙先生只在一处取得工资薪金未取得其他综合所得，而且预扣预缴税额和应纳税额相等，所以无须汇算清缴。

预测2

赵某在市区开设了一家个体经营的餐馆。自行核算餐馆 2019 年度销售收入为 600000 元，支出合计 560000 元。2019 年餐馆部分经营如下：

(1)收入中扣除了 2019 年转让上市公司股票净损失 50000 元。

（2）将加工的零售价为 52000 元的副食品用于儿子婚宴；成本已列入支出总额，未确认收入，未缴纳各项税费；

（3）支出总额中列支当年支付的 2019 和 2020 年度的餐馆房屋租金 160000 元。

（4）支出总额中列支广告费用 20000 元，业务宣传费 10000 元；

（5）支出总额中列支了当年 6 月所购买汽车的支出 200000 元，该车同时用于餐馆经营和家庭日常生活。

（6）支出总额中列支了赵某和其爱人的工资费用各 50000 元。

其他相关资料：（1）餐馆为小规模纳税人；（2）税法规定汽车折旧年限为 4 年，无残值；（3）2019 年餐馆已预缴个人所得税 2000 元；（4）赵某无综合所得，基本费用扣除、专项扣除、专项附加扣除、依法确定的其他扣除为 90000 元。

要求：根据上述资料，按下列序号回答问题：

（1）计算 2019 年餐馆应调整的收入。

（2）计算 2019 年餐馆租金支出应调整的税前扣除额。

（3）计算 2019 年餐馆广告费用和业务宣传费用应调整的扣除额。

（4）计算 2019 年餐馆购买汽车支出应调整的税前扣除额。

（5）计算 2019 年餐馆列支的工资费用能否全额扣除？并说明理由。

（6）计算 2019 年餐馆应补缴的各项税费。

【答案】

（1）应调增收入 =50000+52000÷（1+3%）=100485.44（元）

（2）租赁费支出按租赁期均匀扣除，租金支出应调减税前扣除额 =160000÷2=80000（元）

（3）广告费和业务宣传费扣除限额 =（600000+100485.44）×15% =105072.82（元）

广告费和业务宣传费发生额合计 =20000+10000 =30000（元）

广告费用和业务宣传费用没有超过限额，无须调整扣除额。

（4）汽车折旧 =200000÷4÷12×6×40% =10000（元）

调减税前扣除额 =200000-10000 =190000（元）

（5）2019 年餐馆列支的工资费用中，属于赵某的支出不得扣除，属于赵某爱人的支出可以据实扣除。

理由：个体工商户实际支付给从业人员的合理工资允许扣除，业主本人的工资薪金不得扣除，但业主无综合所得时，可以减除基本费用，专项扣除，专项附加扣除及依法确定的其他扣除，赵某为 90000 元。

（6）应补缴增值税 =52000÷（1+3%）×3% =1514.56（元）

应补缴的城建税、教育费附加和地方教育费附加 =1514.56×（7% +3% +2%）=181.75（元）

餐馆应纳税所得额 =600000+100485.44-（560000-80000-50000-190000+181.75）-90000 =370303.69（元）

餐馆经营所得应补缴的个人所得税 =370303.69×30% -40500-2000 =68591.11（元）

专题 六 土地增值税

考点梳理

押题点 1 纳税义务人

转让国有土地使用权、地上建筑物及其附着物并取得收入的单位和个人。

押题点 2 征税范围

(一)基本征税范围

1. 转让国有土地使用权,不包括国有土地使用权出让所取得的收入。

2. 地上建筑物及其附着物连同国有土地使用权一并转让。

3. 存量房地产的买卖。

(二)特殊征税范围

1. 属于土地增值税征税范围

(1)抵押期满以房地产抵债。

(2)单位之间交换房地产。

(3)合作建房建成后转让的。

(4)非公益性赠与、赠与给除直系亲属和直接赡养人以外的。

2. 不属于土地增值税征税范围

(1)房地产继承。

(2)房地产有条件的赠与(公益性赠与、赠与直系亲属或承担直接赡养义务人)。

(3)房地产出租。

(4)房地产抵押期内。

(5)房地产重新评估增值。

(6)房地产的代建行为。

3. 免征土地增值税的情况

(1)个人之间互换自有居住用房地产,经当地税务机关核实的。

(2)合作建房建成后按比例分房自用。

(3)与房地产开发企业无关的房地产投资联营。

(4)国家征用或收回的房地产。

(5)个人转让住房。

(6)建造普通标准住宅出售(符合条件)。

土地增值税、契税和增值税征税范围对比(见表39)。

表 39　土地增值税、契税和增值税征税范围对比

具体情况	土地增值税征税范围	契税征税范围	增值税征税范围
国有土地使用权出让	×	√	免税
土地使用权转让	√	√	√
房屋买卖(含视同买卖房屋行为)	√	√	√
房屋赠与(含获奖、继承)	√(除赠与直系亲属、承担直接赡养义务人以及公益性赠与、继承外)	√(除法定继承外)	√(除赠与直系亲属、承担直接抚养或赡养义务人以及继承、受遗赠外)
房屋交换	√(个人之间交换居住用房,经核实可免税)	√(等价交换免税)	√

押题点 3　应税收入和扣除项目

土地增值额=转让房地产收入−税法规定的扣除项目金额

(一)应税收入

包括货币收入、实物收入和其他收入在内的全部价款及有关的经济利益,不允许减除任何成本费用。

(二)扣除项目(注意配比原则,见表 40)

表 40　扣除项目

转让项目的性质	扣除项目	具体内容
转让土地(卖地)	所有纳税人(2 项)	1. 取得土地使用权所支付的金额 2. 与转让土地有关的税金
新建房屋(卖新房)	房地产企业(5 项)	1. 取得土地使用权所支付的金额 2. 房地产开发成本 3. 房地产开发费用 4. 与转让房地产有关的税金 5. 其他扣除项目(非房地产企业不含此项)
	非房地产企业(4 项)	
存量房屋(卖旧房)	所有纳税人(3 项)	1. 房屋及建筑物的评估价格 评估价格=重置成本价×成新度折扣率 2. 取得土地使用权所支付的地价款和按国家统一规定缴纳的有关费用 3. 转让环节缴纳的税金

1. 新建房转让中房地产企业的扣除项目(5 项)

(1)取得土地使用权所支付的金额。

取得土地使用权支付的地价款和按国家规定缴纳的有关费用之和,包括有关登记、过户

手续费和契税。

取得土地使用权所支付的金额，有三种形式：

①以出让方式取得土地使用权的，为支付的土地出让金；

②以行政划拨方式取得土地使用权的，为转让土地使用权时按规定补缴的土地出让金；

③以转让方式取得土地使用权的，为支付的地价款。

实际扣除土地金额＝取得土地使用权所支付的金额×（已开发土地÷全部土地）×（已售房÷全部房）

（2）房地产开发成本。

①土地征用及拆迁补偿费（包括耕地占用税）。

②前期工程费。

③建筑安装工程费。

④基础设施费。

⑤公共配套设施费。

⑥开发间接费用。

实际扣除开发成本＝所有的房地产开发成本×（已售房÷全部房）

（3）房地产开发费用。

①纳税人能够按转让房地产项目计算分摊利息支出，并能提供金融机构的贷款证明的，其允许扣除的房地产开发费用＝利息＋（取得土地使用权所支付的金额＋房地产开发成本）×5%以内。

利息最高不能超过按商业银行同类同期贷款利率计算的金额。

②纳税人不能按转让房地产项目计算分摊利息支出或不能提供金融机构贷款证明的，其允许扣除的房地产开发费用＝（取得土地使用权所支付的金额＋房地产开发成本）×10%以内。

利息的上浮幅度按国家的有关规定执行，超过上浮幅度的部分不允许扣除；对于超过贷款期限的利息部分和加罚的利息不允许扣除。

全部使用自有资金，没有利息支出的，按照以上方法扣除。上述具体适用的比例按省级人民政府此前规定的比例执行。即：房地产开发费用＝（取得土地使用权所支付的金额＋房地产开发成本）×10%以内。

房地产开发企业既有金融机构借款，又有其他借款的，其房地产开发费用扣除时不能同时适用两种办法。

土地增值税清算时，已经计入房地产开发成本的利息支出，应调整至财务费用中计算扣除。

实际扣除开发费用＝所有的房地产开发费用×（已售房÷全部房）

（4）与转让房地产有关的税金。

①房地产开发企业，包括城建税和附加费。

②非房地产开发企业，包括城建税、附加费和印花税（0.5‰产权转移书据）。

（5）其他扣除项目。

从事房地产开发的纳税人可加计 20% 的扣除：

加计扣除费用 =（取得土地使用权所支付的金额+房地产开发成本）×20%

2. 旧房及建筑物的扣除项目

（1）房屋及建筑物的评估价格。

评估价格 = 房地产重置成本价×成新度折扣率

重置成本价是指对旧房及建筑物，按转让时的建材价格及人工费用计算，建造同样面积、同样层次、同样结构、同样建设标准的新房及建筑物所需花费的成本费用。

纳税人转让旧房及建筑物，凡不能取得评估价格，但能提供购房发票的，经当地税务部门确认，取得土地使用权所支付的金额、旧房及建筑物的评估价格，可按发票所载金额并从购买年度起至转让年度止每年加计 5% 计算扣除。计算扣除项目时"每年"按购房发票所载日期起至售房发票开具之日止，每满 12 个月计一年；超过一年，未满 12 个月但超过 6 个月的，可以视同为一年。

（2）取得土地使用权所支付的地价款或出让金和按国家统一规定缴纳的有关费用。

（3）转让环节缴纳的税金，包括城建税、附加费和印花税。

对纳税人购房时缴纳的契税，凡能提供契税完税凭证的，准予作为"与转让房地产有关的税金"予以扣除，但不作为加计 5% 的基数。

押题点 ④ 应纳税额的计算

应纳税额 = 增值额×适用税率−扣除项目金额×速算扣除系数

计算步骤：

第一步，确定应税收入；

第二步，确定扣除项目；

第三步，计算增值额；

第四步，计算增值额占扣除项目金额的百分比，确定适用税率和速算扣除系数；

第五步，计算应纳税额。

押题点 ⑤ 房地产开发企业土地增值税清算

（一）清算条件

1. 符合下列情形之一的，纳税人应进行土地增值税的清算：

（1）房地产开发项目全部竣工、完成销售的；

（2）整体转让未竣工决算房地产开发项目的；

（3）直接转让土地使用权的。

2. 符合下列情形之一的，主管税务机关可要求纳税人进行土地增值税清算：

（1）已竣工验收的房地产开发项目，已转让的房地产建筑面积占整个项目可售建筑面积比例在85% 以上，或该比例虽未超过 85%，但剩余可售建筑面积已经出租或自用的；

（2）取得销售（预售）许可证满三年仍未销售完毕的；

(3)纳税人申请注销税务登记但未办土地增值税清算手续的；

(4)省税务机关规定的其他情况。

(二)非直接销售和自用房地产的收入确定

(1)房地产开发企业将开发的产品用于职工福利、奖励、对外投资、分配给股东或投资人、抵偿债务、换取其他单位和个人的非货币性资产等，发生所有权转移时应视同销售房地产。

(2)房地产开发企业将开发的部分房地产转为企业自用或用于出租等商业用途时，如果产权未产生转移，不征收土地增值税，在税款清算时不列收入，不扣除相应的成本和费用。

(3)土地增值税清算时，已全额开具商品房销售发票的，按照发票所载金额确认收入；未开具发票或未全额开具发票的，以交易双方签订的销售合同所载的售房金额及其他收益确认收入。销售合同所载商品房面积与有关部门实际测量面积不一致，在清算前已发生补、退房款的，应在计算土地增值税时予以调整。

(三)土地增值税的扣除项目

1. 房地产开发企业办理土地增值税清算所附送的前期工程费、建筑安装工程费、基础设施费、开发间接费用的凭证或资料不符合清算要求或不实的，地方税务机关可参照当地建安造价定额资料，核定上述四项开发成本的单位面积金额标准，并据以计算扣除。

2. 房地产开发企业开发建造的与清算项目配套的居委会和派出所用房、会所等公共设施，按以下原则处理：

(1)建成后产权属于全体业主所有的，成本、费用可以扣除；

(2)建成后无偿移交给政府、公用事业单位用于非营利性社会公共事业的，其成本、费用可以扣除；

(3)建成后有偿转让的，应计算收入，并准予扣除成本、费用。

3. 房地产开发企业销售已装修的房屋，其装修费用可以计入房地产开发成本。房地产开发企业的预提费用，除另有规定外，不得扣除。

4. 属于多个房地产项目共同的成本费用，应按清算项目可售建筑面积占多个项目可售总建筑面积的比例或其他合理的方法，计算确定清算项目的扣除金额。

5. 扣留建筑安装施工的质量保证金，在计算土地增值税时，建筑安装施工企业就质量保证金对房地产开发企业开具发票的，按发票所载金额予以扣除；未开具发票的，扣留的质保金不得计算扣除。

6. 房地产开发企业逾期开发缴纳的土地闲置费不得扣除。

7. 拆迁安置费的扣除

(1)房地产企业用建造的该项目房地产安置回迁户的，安置用房视同销售处理，同时将此确认为房地产开发项目的拆迁补偿费。房地产开发企业支付给回迁户的补差价款，计入拆迁补偿费；回迁户支付给房地产开发企业的补差价款，应抵减本项目拆迁补偿费。

(2)开发企业采取异地安置，异地安置的房屋属于自行开发建造的，房屋价值计入本项目的拆迁补偿费；异地安置的房屋属于购入的，以实际支付的购房支出计入拆迁补偿费。

(3)货币安置拆迁的，房地产开发企业凭合法有效凭据计入拆迁补偿费。

押题点 6 税收优惠

(1)建造普通标准住宅的税收优惠

纳税人建造普通标准住宅出售，其增值率未超过20%的，免征土地增值税。增值率超过20%的，应就其全部增值额按规定计税。

各省、自治区、直辖市对普通住房的具体标准可以适当上浮，但不超过规定标准的20%。

(2)因国家建设需要，政府依法征用、收回的房地产，免征土地增值税。

(3)因城市实施规划、国家建设的需要而搬迁，由纳税人自行转让原房地产的，免征土地增值税。

(4)对企事业单位、社会团体以及其他组织转让旧房作为公租房房源，且增值率未超过20%的，免征土地增值税。

押题点 7 征收管理

(1)加强土地增值税的预征管理。除保障性住房外，东部地区省份预征率不得低于2%，中部和东北地区省份不得低于1.5%，西部地区省份不得低于1%。

(2)纳税地点：应向房地产所在地主管税务机关缴纳税款。

【提示】转让的房地产坐落在两个或两个以上地区的，应按房地产所在地分别申报纳税。实际工作中，纳税地点的确定又可分为两种情况：

(1)纳税人是法人的。当转让的房地产坐落地与其机构所在地或经营所在地一致时，则在办理税务登记的原管辖税务机关申报纳税即可；如果转让的房地产坐落地与其机构所在地或经营所在地不一致时，则应在房地产坐落地所管辖的税务机关申报纳税。

(2)纳税人是自然人的。当转让的房地产坐落地与其居住所在地一致时，则在住所所在地税务机关申报纳税；当转让的房地产坐落地与其居住所在地不一致时，则在房地产坐落地的税务机关申报纳税。

(3)纳税申报：在转让房地产合同签订后的7日内办理纳税申报。

历 年 真 题

2018 年

某药厂2018年7月1日转让其位于市区的一栋办公楼，取得不含增值税销售收入24000万元。2010年建造该办公楼时，为取得土地使用权支付金额6000万元，发生建造成本8000万元。转让时经政府批准的房地产评估机构评估后，确定该办公楼的重置成本价为16000万元，成新度折扣率为60%，允许扣除的有关税金及附加1356万元。

要求：根据上述资料，按照下列序号回答问题，如有计算需计算出合计数。

（1）回答药厂办理土地增值税纳税申报的期限。

（2）计算土地增值税时该企业办公楼的评估价格。

（3）计算土地增值税时允许扣除项目金额的合计数。

（4）计算转让办公楼应缴纳的土地增值税。

【答案】

（1）土地增值税的纳税人应在转让房地产合同签订后的 7 日内，到房地产所在地主管税务机关办理纳税申报。因此，该药厂应在 7 月 8 日前进行土地增值税的纳税申报。

（2）计算土地增值税时该企业办公楼的评估价格 $=16000×60\%=9600$（万元）

（3）计算土地增值税时允许扣除项目金额的合计数 $=9600+6000+1356=16956$（万元）

（4）应纳土地增值税的计算：

转让办公楼的增值额 $=24000-16956=7044$（万元）

增值率 $=7044÷16956×100\%=41.54\%$，适用税率为 30%。

应纳土地增值税 $=7044×30\%=2113.2$（万元）

2017 年

2019 年 4 月，税务机关对某房地产开发公司开发的房产项目进行土地增值税清算。该房地产开发公司提供的资料如下：

（1）2018 年 6 月以 17760 万元拍得一宗土地使用权，并缴纳了契税。

（2）自 2018 年 7 月起，对受让土地 50% 的面积进行一期项目开发，发生开发成本 6000 万元、管理费用 200 万元、销售费用 400 万元、银行贷款凭证显示利息支出 600 万元，允许扣除的有关税金及附加 290 万元。

（3）2019 年 3 月该项目实现全部销售，共计取得不含税收入 31000 万元。

（其他相关资料：当地适用的契税税率为 5%，不考虑土地价款抵减增值税销售额的因素，该项目未预缴土地增值税）

要求：根据上述资料，按照下列序号回答问题，如有计算需计算出合计数。

（1）简要说明房地产开发成本包含的项目。

（2）简要说明房地产开发费用的扣除标准。

（3）计算该公司清算土地增值税时允许扣除的土地使用权支付金额。

（4）计算该公司清算土地增值税时允许扣除项目金额的合计数。

（5）计算该公司清算土地增值税时应缴纳的土地增值税。

【答案】

（1）房地产开发成本是指纳税人房地产开发项目实际发生的成本。房地产开发成本包括土地征用及拆迁补偿费（包括土地征用费、耕地占用税等）、前期工程费、建筑安装工程费、基础设施费、公共配套设施费、开发间接费用等。

（2）纳税人能够按转让房地产项目计算分摊利息支出并能提供金融机构贷款证明的：

允许扣除的房地产开发费用=利息+(取得土地使用权所支付的金额+房地产开发成本)×5%以内

纳税人不能按转让房地产项目计算分摊利息支出或不能提供金融机构贷款证明的(包含全部使用自有资金没有利息支出的情况)：

允许扣除的房地产开发费用=(取得土地使用权所支付的金额+房地产开发成本)×10%以内

(3)取得土地使用权所支付的金额包括地价款和取得土地使用权时按国家规定缴纳的有关费用。

清算土地增值税时允许扣除的土地使用权支付金额=17760×(1+5%)×50%=9324(万元)

(4)房地产开发费用=600+(9324+6000)×5%=1366.2(万元)

加计扣除=(9324+6000)×20%=3064.8(万元)

扣除项目金额合计数=9324+6000+1366.2+290+3064.8=20045(万元)

【提示】本题没有给出计算开发费用的具体比例，默认用5%计算。

(5)增值额=31000-20045=10955(万元)

增值率=增值额÷扣除项目金额=10955÷20045×100%=54.65%，适用税率为40%，速算扣除系数为5%。

应纳土地增值税=10955×40%-20045×5%=3379.75(万元)。

2016 年

2019年3月，某县税务机关对辖区内某房地产开发企业开发的房地产项目进行土地增值税清算，该房地产开发企业提供的房地产开发项目资料如下：

(1)2016年9月以18000万元协议购买用于该房地产项目的一宗土地，并缴纳了契税；因闲置一年，支付土地闲置费3000万元。

(2)2017年3月开始动工建设，发生开发成本6000万元，金融机构开具的贷款凭证显示利息支出3000万元(按照商业银行同类同期贷款利率计算的利息为2000万元)。

(3)2018年12月该房地产项目竣工验收，扣留建筑安装施工企业的质量保证金600万元，未开具发票。

(4)2019年1月该项目已销售可售建筑面积的90%，共计取得含增值税收入54000万元，可售建筑面积的10%以成本价出售给本企业职工。

(5)该企业已按照2%的预征率预缴土地增值税1080万元。

(其他相关资料：当地适用的契税税率为3%；开发费用按照规定的最高比例计算；该企业转让房地产项目选择简易计税方法计税)

要求：根据上述资料，按照下列序号回答问题，如有计算需计算出合计数。

(1)简要说明税务机关要求该企业进行土地增值税清算的理由。

(2)计算该企业清算土地增值税时允许扣除的土地使用权支付的金额。

(3)计算该企业清算土地增值税时允许扣除的城建税、教育费附加和地方教育附加。

(4)计算该企业清算土地增值税时允许扣除项目金额的合计数。

（5）计算该企业清算土地增值税时应补缴的土地增值税。

【答案】

（1）已竣工验收的房地产开发项目，已转让的房地产建筑面积占整个项目可售建筑面积的比例在85%以上，主管税务机关可要求纳税人进行土地增值税清算。

（2）契税=18000×3%=540（万元）

取得土地使用权支付金额=18000+540=18540（万元）

（3）含税转让收入=54000÷90%=60000（万元）

应缴纳的增值税=60000÷（1+5%）×5%=2857.14（万元）

准予扣除的城建税、教育费附加和地方教育附加=2857.14×（5%+3%+2%）=285.71（万元）

（4）开发成本=6000-600=5400（万元）

开发费用=2000+（18540+5400）×5%=3197（万元）

加计扣除金额=（18540+5400）×20%=4788（万元）

扣除项目金额合计数=18540+5400+3197+4788+285.71=32210.71（万元）

（5）不含税转让收入=60000-2857.14=57142.86（万元）

增值额=57142.86-32210.71=24932.15（万元）

增值率=24932.15÷32210.71×100%=77.4%，适用税率40%，速算扣除系数5%。

应缴纳土地增值税=24932.15×40%-32210.71×5%=8362.32（万元）

应补缴土地增值税=8362.32-1080=7282.32（万元）

2015年

某工业企业2019年3月1日转让其位于县城的一栋办公楼，取得含税销售收入12000万元，假设该企业转让办公楼选择简易计税方法计税。2009年建造办公楼时，为取得土地使用权支付金额3000万元，发生建造成本4000万元，转让时经政府批准的房地产评估机构评估后，确定该办公楼的重置成本价为8000万元。

（其他相关资料：产权转移书据印花税税率为0.5‰，成新度折扣率60%）

要求：根据上述资料，按照下列序号回答问题，如有计算需计算出合计数。

（1）请解释重置成本价的含义。

（2）计算土地增值税时该企业办公楼的评估价格。

（3）计算土地增值税时该企业允许扣除的城建税、教育费附加和地方教育附加。

（4）计算土地增值税时允许扣除的印花税。

（5）计算土地增值税时允许扣除项目金额的合计数。

（6）计算转让办公楼应缴纳的土地增值税。

【答案】

（1）重置成本价的含义是：对旧房及建筑物，按转让时的建材价格及人工费用计算，建造同样面积、同样层次、同样结构、同样建设标准的新房及建筑物所需花费的成本费用。

（2）该办公楼的评估价格＝8000×60%＝4800（万元）

（3）允许扣除的城建税、教育费附加和地方教育附加＝12000÷（1＋5%）×5%×（5%＋3%＋2%）＝57.14（万元）

（4）允许扣除的印花税＝12000×0.5‰＝6（万元）

（5）允许扣除项目金额的合计数＝4800＋3000＋57.14＋6＝7863.14（万元）

（6）土地增值额＝12000－12000÷（1＋5%）×5%－7863.14＝3565.43（万元）

增值率＝3565.43÷7863.14×100%＝45.34%，适用税率30%，速算扣除系数为0。

应缴纳土地增值税＝3565.43×30%＝1069.63（万元）

2013 年

2019 年 2 月，某市税务机关拟对辖区内某房地产开发公司开发的房产项目进行土地增值税清算。该房地产开发公司提供该房产开发项目的资料如下：

（1）2016 年 3 月以 8000 万元拍得于该房地产开发项目的一宗土地，并缴纳契税；因闲置 1 年，支付土地闲置费 400 万元。

（2）2017 年 5 月开始动工建设，发生开发成本 5000 万元；按照银行同类同期贷款利率计算的利息，银行贷款凭证显示利息支出 1000 万元。

（3）2019 年 1 月项目已销售可售建筑面积的 80%，共计取得含税收入 20000 万元，假设该公司选择简易计税方法计税；剩余面积对外出租。

（4）公司已按照 3% 的预征率预缴了土地增值税 600 万元，并聘请税务中介机构对该项目土地增值税进行审核鉴证。税务中介机构提供了鉴证报告。

（其他相关资料：当地适用的契税税率为 5%，省级政府规定其他开发费用的扣除比例为 5%）

要求：根据上述资料，按照下列序号回答问题，如有计算需计算出合计数。

（1）简要说明税务机关要求该公司进行土地增值税清算的理由。

（2）计算该公司清算土地增值税时允许扣除的土地使用权支付金额。

（3）计算该公司清算土地增值税时允许扣除的城市维护建设税、教育费附加和地方教育附加。

（4）计算该公司清算土地增值税时补缴的土地增值税。

（5）回答税务机关能否对清算补缴的土地增值税征收滞纳金，简要说明理由。

（6）回答税务机关对税务中介机构出具的鉴证报告，在什么条件下可以采信。

【答案】

（1）房地产公司直接销售可售建筑面积已达到 80%，虽然未超过 85%，但是剩余的可售建筑面积已经出租，税务机关可以要求其进行土地增值税的清算。

（2）允许扣除的土地使用权支付金额＝8000×80%×（1＋5%）＝6720（万元）

（3）允许扣除的城市维护建设税、教育费附加和地方教育附加＝20000÷（1＋5%）×5%×（7%＋3%＋2%）＝114.29（万元）

（4）允许扣除的开发费用＝1000×80%＋（6720＋5000×80%）×5%＝1336（万元）

允许扣除金额＝6720＋5000×80%＋1336＋114.29＋（6720＋5000×80%）×20%＝14314.29（万元）

增值额＝20000－20000÷（1+5%）×5%－14314.29＝4733.33（万元）

增值率＝4733.33÷14314.29×100%＝33.07%，适用税率30%，速算扣除系数0。

土地增值税＝4733.33×30%＝1420.00（万元）

补缴土地增值税＝1420－600＝820（万元）

（5）纳税人按规定预缴土地增值税后，清算补缴的土地增值税，在主管税务机关规定的期限内补缴的，不加收滞纳金。

（6）税务中介机构受托对清算项目审核鉴证时，应按税务机关规定的格式对审核鉴证情况出具鉴证报告。对符合要求的鉴证报告，税务机关可以采信。

2012 年

甲企业位于市区，2019 年 4 月 1 日转让一处 2016 年 4 月 1 日购置的仓库，其购置和转让情况如下：

（1）2016 年 4 月 1 日购置该仓库时取得的发票上注明的价款为 500 万元，另支付契税款 20 万元并取得契税完税凭证。

（2）由于某些原因在转让仓库时未能取得评估价格。

（3）转让仓库的产权转移书据上记载的含税销售额为 800 万元，假定该企业选择简易计税方法计税，并按规定缴纳了转让环节的税金。

要求：根据上述资料，按下列序号计算回答问题，每问需计算出合计数。

（1）计算该企业转让仓库时应缴纳的增值税、城市维护建设税、教育费附加、地方教育附加、印花税。

（2）计算该企业转让仓库计征土地增值税时允许扣除的金额。

（3）计算该企业转让仓库应缴纳的土地增值税。

（4）如果该企业转让仓库时既没有取得评估价格，也不能提供购房发票，税务机关应如何进行处理？

【答案】

（1）转让仓库应纳增值税＝（800－500）÷（1+5%）×5%＝14.29（万元）

应纳城市维护建设税、教育费附加和地方教育附加＝14.29×（7%＋3%＋2%）＝1.71（万元）

转让仓库应纳印花税＝800×0.5‰＝0.4（万元）

（2）仓库原值的加计扣除额＝500×5%×3＝75（万元）

扣除项目金额＝500+20+1.71+0.4+75＝597.11（万元）

（3）仓库转让收入＝800－14.29＝785.71（万元）

转让仓库应纳土地增值税的增值额＝785.71－597.11＝188.6（万元）

增值率＝188.6÷597.11×100%＝31.59%，适用税率30%，速算扣除系数0。

应纳土地增值税＝188.6×30%＝56.58（万元）

（4）对于转让旧房既没有评估价又不能提供购房发票的，税务机关可根据《征管法》规定，实行核定征收。

2019年
预 测 题

预测 1

位于市区的某工业企业利用厂区空地建造写字楼，2018年发生的相关业务如下：

（1）按照国家有关规定补交土地出让金4000万元，缴纳契税和其他费用共计160万元。

（2）写字楼开发成本3000万元，其中装修费用500万元。

（3）写字楼开发费用中的利息支出为300万元(不能提供金融机构证明)。

（4）写字楼于2018年8月竣工验收，将总建筑面积的1/2销售，签订销售合同，取得含增值税销售收入6825万元；将另外1/2的建筑面积出租，预收从2018年9月到2019年8月的一年期含税租金收入15.75万元。

（其他相关资料：该企业所在省规定，按土地增值税暂行条例规定的最高限计算扣除房地产开发费用；销售和出租该不动产增值税均采用简易计税方法计算。）

要求：根据上述资料，按下列序号计算回答问题，每问需计算出合计数。

（1）计算企业在计算土地增值税时应扣除的取得土地使用权所支付的金额。

（2）计算企业在计算土地增值税时应扣除的开发成本的金额。

（3）计算企业在计算土地增值税时应扣除的开发费用的金额。

（4）计算企业在计算土地增值税时应扣除的有关税金及教育费附加、地方教育附加。

（5）计算企业应缴纳的土地增值税。

（6）计算企业2018年8月应缴纳的增值税、城市维护建设税和教育费附加、地方教育附加。

（7）计算企业2018年应缴纳的房产税。

【答案】

（1）取得土地使用权所支付的金额＝（4000+160）×50% ＝2080（万元）

（2）应扣除的开发成本的金额＝3000×50% ＝1500（万元）

（3）应扣除的开发费用的金额＝（2080+1500）×10% ＝358（万元）

（4）应扣除的有关税金及教育费附加、地方教育附加＝6825÷（1+5%）×5%×（7% +3% +2%）+6825×0.05% ＝42.41（万元）

（5）扣除项目合计＝2080+1500+358+42.41＝3980.41（万元）

不含增值税收入＝6825-6825÷（1+5%）×5%＝6500（万元）

增值税率＝（6500-3980.41）÷3980.41×100% ＝63.30%，适用税率40%，速算扣除系数5%。

应缴纳的土地增值税＝（6500-3980.41）×40% -3980.41×5% ＝808.82（万元）

（6）应缴纳的增值税、城市维护建设税、教育费附加、地方教育附加＝（6825+15.75）/（1

+5%)×5%×(1+7%+3%+2%)=364.84(万元)

(7)应缴纳的房产税=15.75÷(1+5%)×4/12×12%=0.6(万元)

预测 2

某县房地产开发公司在 2018 年、2019 年发生如下业务：

(1)2018 年 2 月 1 日取得位于县城的土地使用权，支付金额 5000 万元。

(2)自 2 月份开始在取得的该土地上建造写字楼，支付工程款合计为 1500 万元，并于当年 11 月 30 日完工；根据合同约定，扣留建筑安装施工企业 5%的工程款，作为开发项目的质量保证金，对方按实际收取的工程款开具发票。

(3)与该开发项目有关的销售费用 50 万元、管理费用 80 万元、财务费用 110 万元，其中财务费用中包括向金融机构贷款利息支出 80 万元以及超过贷款期限加罚的利息 20 万元，利息支出能够提供金融机构贷款证明，并且能够按照房地产项目计算分摊。

(4)当年 12 月销售写字楼的 70%并签订了销售合同，取得含增值税销售收入合计 9800 万元；2019 年 2 月份剩余 30%开始对外出租，签订为期 3 年的租赁合同，约定每年收取不含增值税租金 120 万元，当年实际取得不含税租金收入 80 万元。

已知：当地规定计征土地增值税时其他房地产开发费用扣除比例为 4%，契税税率为 3%，该房地产开发公司适用一般计税方法计算增值税。

要求：根据上述资料，按下列序号计算回答问题，每问需计算出合计数。

(1)简要说明主管税务机关于 2019 年 2 月要求房地产开发公司对该项目进行土地增值税清算的理由。

(2)计算进行土地增值税清算时可扣除的取得土地使用权支付的金额。

(3)计算进行土地增值税清算时可扣除的开发成本。

(4)计算进行土地增值税清算时可扣除的开发费用。

(5)计算进行土地增值税清算时可扣除的与转让房地产有关的税金。

(6)计算上述业务应缴纳的土地增值税。

【答案】

(1)税法规定，已竣工验收的房地产开发项目，已转让的房地产建筑面积占整个项目可售建筑面积的比例在 85%以上，或该比例虽未超过 85%，但剩余的可售建筑面积已经出租或自用的，主管税务机关可要求纳税人进行土地增值税清算。

(2)根据配比原则计算当期可扣除的项目金额，可扣除的取得土地使用权支付的金额=5000×(1+3%)×70%=3605(万元)。

(3)房地产开发公司在工程竣工验收后，根据合同约定，扣留建筑安装施工企业一定比例的工程款，作为开发项目的质量保证金，在计算土地增值税时，建筑安装施工企业就质量保证金对房地产开发公司开具发票的，按发票所载金额予以扣除；未开具发票的，扣留的质量保证金不得计算扣除。

可扣除的房地产开发成本=1500×(1-5%)×70%=997.5(万元)。

(4)纳税人能够按转让房地产项目计算分摊利息支出，并能提供金融机构的贷款证明的，其允许扣除的房地产开发费用为：利息+（取得土地使用权支付的金额+房地产开发成本）×5%以内，对于超过贷款期限加罚的利息不允许扣除。

可扣除的房地产开发费用=80×70%+（3605+997.5）×4%=240.1（万元）。

（5）房地产开发企业销售自行开发的房地产项目采用一般计税方法的，销售额=（全部价款和价外费用-当期允许扣除的土地价款）÷（1+10%）。

与转让房地产有关的税金=9800×0.5‰+（9800-5000×70%）÷（1+10%）×10%×（5%+3%+2%）=62.17（万元）。

（6）对从事房地产开发的纳税人允许按取得土地使用权时所支付的金额和房地产开发成本之和，加计20%扣除。

可扣除项目金额合计=3605+997.5+240.1+62.17+（3605+997.5）×20%=5825.27（万元）
增值额=9800-（9800-5000×70%）÷（1+10%）×10%-5825.27=3402（万元）
增值率=3402÷5825.27×100%=58.40%，适用税率40%，速算扣除系数5%。
应缴纳土地增值税=3402×40%-5825.27×5%=1069.54（万元）。

专题 七 城建税及附加

考点梳理

押题点 ① 税率

1. 城建税税率
市区：7%；县城、镇：5%；不在市区、县城或镇的：1%。
2. 附加征收率
教育费附加征收比率为3%，地方教育附加征收比率统一为2%。

押题点 ② 计税依据

纳税人实际缴纳的增值税、消费税税额。

（1）纳税人违反增值税、消费税的有关规定，而加收的滞纳金和罚款，不作为城建税的计税依据；但被查补增值税、消费税的和被处以罚款时，要对其偷漏的城建税进行补税、征收滞纳金和罚款。

（2）对于免征或者减征增值税、消费税的，城建税也要同时免征或者减征。

（3）城建税、教育费附加和地方教育附加进口不征、出口不退。

（4）当期免抵的增值税税额，应纳入城建税、教育费附加和地方教育附加的计征范围。

押题点 ③ 税收优惠

（1）城建税按减免后实际缴纳的增值税、消费税税额计征，即随增值税、消费税的减免而减免。

（2）对于因减免税而需进行增值税、消费税退库的，城建税也可同时退库。

（3）对增值税、消费税实行先征后返、先征后退、即征即退办法的，除另有规定外，对随增值税、消费税附征的城建税和教育费附加，一律不退（返）还。

（4）对国家重大水利工程建设基金免征城建税和教育费附加。

（5）对实行增值税期末留抵退税的纳税人，允许其从城建税、教育费附加和地方教育附加的计税（征）依据中扣除退还的增值税税额。（2019年新增！）

（6）自2016年2月1日起，按月纳税的月销售额或营业额不超过10万元（按季纳税的不超过30万元）的纳税人，免征教育费附加和地方教育附加。

2019年 预测题

预测

机构所在地在A县的甲生产企业为增值税一般纳税人，2019年2月甲企业在A县取得含税销售收入100万元，为其他企业提供设计服务收取含税设计费5万元，当月购进原材料取得增值税专用发票注明金额50万元，税额8万元。当月将位于B市的一处办公楼出租，该办公楼于2018年8月1日取得，收取含税月租金5万元。

要求：根据上述相关资料，按顺序回答下列问题，如有计算，每问需计算出合计数。

（1）甲企业在B市应缴纳的增值税。

（2）甲企业在B市应缴纳的城建税、教育费附加和地方教育附加。

（3）甲企业在A县应缴纳的增值税。

（4）甲企业在A县应缴纳的城建税、教育费附加和地方教育附加。

【答案】

（1）一般纳税人出租不动产，不动产所在地与机构所在地不在同一县（市、区）的，纳税人应按照3%的预征率向不动产所在地主管税务机关预缴税款。应预缴税款＝含税销售额÷（1＋10%）×3%。

甲企业在B市应预缴的增值税＝5÷（1＋10%）×3%＝0.14（万元）

（2）甲企业在B市应缴纳的城建税、教育费附加和地方教育附加＝0.14×（7%＋3%＋2%）＝0.02（万元）

（3）一般纳税人不动产所在地与机构所在地不在同一县（市、区）的，向机构所在地主管税务机关申报纳税。增值税＝含税销售额÷（1＋10%）×10%－进项税额－预缴税款。

甲企业在A县应缴纳的增值税＝100÷（1＋16%）×16%＋5÷（1＋6%）×6%－8＋5÷（1＋10%）×10%－0.14＝6.39（万元）

（4）甲企业在A县应缴纳的城建税、教育费附加和地方教育附加＝6.39×（5%＋3%＋2%）＝0.64（万元）

专题八 关税

考点梳理

押题点 1 纳税义务人

关税的纳税义务人为进口货物的收货人、出口货物的发货人、进出境物品的所有人。

押题点 2 税率的运用

1. 进出口货物，应当适用海关接受该货物申报进口或者出口之日实施的税率。

2. 进口货物到达前，经海关核准先行申报的，应当适用装载该货物的运输工具申报进境之日实施的税率。

3. 进口转关运输货物，应适用指运地海关接受该货物申报进口之日实施的税率。货物运抵指运地前，经海关核准先行申报的，应适用装载此货物的运输工具抵达指运地之日实施的税率。

4. 出口转关运输货物，应适用启运地海关接受该货物申报出口之日实施的税率。

5. 经海关批准，实行集中申报的进出口货物，应适用每次货物进出口时海关接受该货物申报之日实施的税率。

6. 因超过规定期限未申报而由海关依法变卖的进口货物，其税款计征应适用装载该货物的运输工具申报进境之日实施的税率。

7. 因纳税人违反规定需要追征税款的进出口货物，应当适用违反规定的行为发生之日实施的税率；行为发生之日不能确定的，适用海关发现该行为之日实施的税率。

8. 已申报进境并放行的保税货物、减免税货物、租赁货物或已申报进出境并放行的暂时进出境货物，有下列情形之一需要缴纳税款的，应当适用海关接受纳税义务人再次填写报关单申报办理纳税及有关手续之日实施的税率：

(1)保税货物经批准不复运出境的；

(2)保税仓储货物转入国内市场销售的；

(3)减免税货物经批准转让或移作他用的；

(4)可暂不缴纳税款的暂时进出境货物，经批准不复运出境或进境的；

(5)租赁进口货物，分期缴纳税款的。

押题点 3 原产地规定

我国采用的原产地标准有两个：全部产地生产标准、实质性加工标准。

"实质性加工"是指产品加工后，在进出口税则中四位数税号一级的税则归类已经有了改变，或者加工增值部分所占新产品总值的比例已超过30%及以上的。

押题点 ④ 关税完税价格

(一)一般进口货物完税价格

进口货物完税价格 = 货价 + 采购费用(包括货物运抵中国境内输入地起卸前的运输、保险和其他相关费用)。

确定进口货物完税价格的方法主要有两类：成交价格估价方法和进口货物海关估价方法。

1. 成交价格估价方法

(1)需要计入完税价格的项目(6项)

①由买方负担的除购货佣金以外的佣金和经纪费。

②由买方负担的与该货物视为一体的容器费用。

③由买方负担的包装材料费用和包装劳务费用。

④与该货物的生产和向我国境内销售有关的，由买方以免费或者低于成本的方式提供并可以按适当比例分摊的料件、工具、模具、消耗材料及类似货物的价款，以及在境外开发、设计等相关服务的费用。

⑤与该货物有关并作为卖方向我国销售该货物的一项条件，应当由买方向卖方或者有关方直接或间接支付的特许权使用费。

⑥卖方直接或间接从买方对该货物进口后转售、处置或使用所得中获得的收益。

(2)进口货物的价款中单独列明的下列税收、费用，不计入该货物的完税价格：

①购货佣金。

②厂房、机械或者设备等货物进口后的建设、安装、装配、维修或者技术援助费用，但是保修费用除外。

③进口货物运抵我国境内输入地点起卸后发生的运输及其相关费用、保险费。

④进口关税、进口环节海关代征税及其他国内税。

⑤为在境内复制进口货物而支付的费用。

⑥境内外技术培训及境外考察费用。

⑦同时符合下列条件的利息费用：

A. 利息费用是买方为购买进口货物而融资所产生的；

B. 有书面的融资协议；

C. 利息费用单独列明；

D. 纳税人可以证明有关利率不高于在融资当时当地此类交易通常应当具有的利率水平，且没有融资安排的相同或类似进口货物的价格与进口货物的实付、应付价格非常接近的。

2. 进口货物海关估价方法

进口货物的成交价格不符合规定条件或者成交价格不能确定的，海关经了解有关情况，并且与纳税义务人进行价格磋商后，依次以相同货物成交价格估价方法、类似货物成交价格估价方法、倒扣价格估价方法、计算价格估价方法及其他合理方法审查确定该货物的完税价格。纳税义务人向海关提供有关资料后，可以提出申请，颠倒倒扣价格估价方法和计算价格估价方法的适用次序。

海关在采用合理方法确定进口货物的完税价格时，不得使用以下价格：

①境内生产的货物在境内的销售价格；

②可供选择的价格中较高的价格；

③货物在出口地市场的销售价格；

④以计算价格估价方法规定之外的价值或者费用计算的相同或者类似货物的价格；

⑤出口到第三国或者地区的货物的销售价格；

⑥最低限价或者武断、虚构的价格。

(二)进口货物完税价格中的运费及相关费用、保险费的计算

(1)进口货物的运输及相关费用，应当按照由买方实际支付或应当支付的费用计算，如果进口货物的运输及相关费用无法确定的，海关应按该货物进口同期的正常运输成本审查确定。

(2)运输工具作为进口货物，利用自身动力进境的，海关在审查确定完税价格时，不再另行计入运输及相关费用。

(3)进口货物的保险费，应按实际支付的费用计算。如果进口货物的保险费无法确定或未实际发生，海关应当按照"货价加运费"两者总额的3‰计算保险费。

保险费＝(货价+运费)×3‰

(4)邮运进口的货物，应当以邮费作为运输及其相关费用、保险费。

(三)出口货物的完税价格

1. 以成交价格为基础的完税价格

出口货物的完税价格，由海关以该货物的成交价格为基础审查确定，并应当包括货物运至我国境内输出地点装载前的运输及其相关费用、保险费。

下列税收、费用不计入出口货物的完税价格：

(1)出口关税；

(2)在货物价款中单独列明的货物运至我国境内输出地点装载后的运输及其相关费用、保险费。

2. 出口货物海关估价方法

出口货物的成交价格不能确定时，海关经了解有关情况，并且与纳税义务人进行价格磋商后，依次以下列价格审查确定该货物的完税价格：

(1)同时或者大约同时向同一国家或者地区出口的相同货物的成交价格；

(2)同时或者大约同时向同一国家或者地区出口的类似货物的成交价格；

(3)根据境内生产相同或者类似货物的成本、利润和一般费用(包括直接费用和间接费用)、境内发生的运输及其相关费用、保险费计算所得的价格；

(4)按照合理方法估定的价格。

押题点 ⑤ 关税减免

(一)法定减免税

(1)关税税额在人民币50元以下的一票货物,可免征关税。

(2)无商业价值的广告品和货样,可免征关税。

(3)外国政府、国际组织无偿赠送的物资,可免征关税。

(4)进出境运输工具装载的途中必需的燃料、物料和饮食用品,可予免税。

(5)在海关放行前损失的货物,可免征关税。

(6)在海关放行前遭受损坏的货物,可根据海关认定的受损程度减征关税。

(7)我国缔结或参加的国际条约规定减征、免征关税的货物、物品,按照规定予以减免关税。

(8)法律规定减征、免征关税的其他货物、物品。

(二)特定减免税

(1)科教用品。

(2)残疾人专用品。

(3)慈善捐赠物资。

其他还有加工贸易产品、边境贸易进口物资等的减免关税规定。

(三)暂时免税

暂时进境或者暂时出境的规定货物,在进境或者出境时纳税义务人向海关缴纳相当于应纳税款的保证金或者提供其他担保的,可以暂不缴纳关税,并应当自进境或者出境之日起6个月内复运出境或者复运进境;需要延长复运出境或者复运进境期限的,纳税义务人应当根据海关总署的规定向海关办理延期手续。

上述规定货物,如:

(1)在展览会、交易会、会议及类似活动中展示或者使用的货物。

(2)文化、体育交流活动中使用的表演、比赛用品等。

(四)临时减免税

以上法定和特定减免税以外的其他减免税。除法定减免税外的其他减免税均由国务院决定。

押题点 ⑥ 征收管理

(一)关税的强制执行

(1)关税滞纳金金额=滞纳关税税额×滞纳金征收比率(**万分之五**)×滞纳天数。

(2)强制征收。

如纳税义务人自缴纳税款期限届满之日起3个月仍未缴纳税款,经直属海关关长或者其授权的隶属海关关长批准,海关可以采取强制扣缴、变价抵缴等强制措施。

(二)关税退还

(1)海关多征的税款,海关发现后应当立即退还;纳税人发现多缴税款的,自缴纳税款之日起 1 年内，可以书面形式要求海关退还多缴的税款并加算银行同期活期存款利息。

（2）有下列情况之一，纳税人自缴纳税款之日起 1 年内，可申请退还关税。

①已征进口关税的货物，因品质或规格原因，原状退货复运出境的；

②已征出口关税的货物，因品质或规格原因，原状退货复运进境，并已重新缴纳因出口而退还的国内环节有关税收的；

③已征出口关税的货物，因故未装运出口，申报退关的。

·2019年·
预测题

预测

某市具有进出口经营权的甲化妆品生产企业为增值税一般纳税人，2019 年 2 月进口一批高档化妆品，成交价格折合人民币 100 万元，支付境外技术培训费共计 5 万元。运抵我国境内输入地点起卸前的运保费无法确定，海关按同类货物同期运输费估定运费为 3 万元。缴纳进口税金后海关放行，甲企业将此批高档化妆品从海关运往企业，支付运输公司（一般纳税人）不含税运费 3 万元，并取得增值税专用发票。当月将此批高档化妆品全部销售，取得含税销售额 232 万元。

已知：该批高档化妆品进口关税税率为 15%，消费税税率为 15%；本月取得的票据均能在当月认证并允许抵扣。

要求：根据上述资料，按照下列顺序计算回答问题，如有计算需计算出合计数。

（1）计算该企业关税完税价格。

（2）计算该企业进口环节应缴纳的关税。

（3）计算该企业进口环节应缴纳的税金合计。

（4）计算该企业内销环节实际应缴纳的各项税金及附加合计。

【答案】

（1）进口货物的完税价格包括货物的货价、货物运抵我国境内输入地点起卸前的运输及其相关费用、保险费。境内外技术培训费，不得计入关税完税价格。如果进口货物的保险费无法确定或未实际发生，应按照"货价加运费"两者总额的 3‰ 计算保险费。

关税完税价格 =（100+3）×（1+3‰）= 103.31（万元）。

（2）进口环节应缴纳的关税 = 103.31×15% = 15.50（万元）。

（3）进口环节增值税 =（103.31+15.50）÷（1−15%）×16% = 22.36（万元）

进口环节消费税 =（103.31+15.50）÷（1−15%）×15% = 20.97（万元）

进口环节应缴纳的税金合计 = 15.50+22.36+20.97 = 58.83（万元）

（4）内销环节增值税销项税额 = 232÷（1+16%）×16% = 32（万元）

内销环节增值税进项税额 = 3×10% = 0.3（万元）

内销环节增值税 = 32−22.36−0.3 = 9.34（万元）

进口环节已缴纳过消费税，所以在销售环节不再缴纳消费税。

内销环节城建税、教育费附加及地方教育附加=9.34×(7%+3%+2%)=1.12(万元)

内销环节实际应缴纳的各项税金及附加合计=9.34+1.12=10.46(万元)

专题 九 资源税

考点梳理

押题点 ① 税目

资源税税目包括5大类，在5个税目下面又设有若干个子目(见表41)。

表41 资源税税目

税目		备注
原油(天然原油)		不包括人造石油
天然气(专门开采或与原油同时开采的天然气)		
煤炭(原煤、以未税原煤加工的洗选煤)		不包括其他煤炭制品
金属矿	铁矿、金矿、铜矿等原矿或者精矿	对未列举的其他金属和非金属矿产品，由省级人民政府根据实际情况确定具体税目和适用税率，报财政部、国家税务总局备案
其他非金属矿	石墨、硅藻土、井矿盐、湖盐、提取地下卤水晒制的盐、海盐、煤层气等	

(1)盐的分类：海盐、湖盐和井矿盐、提取地下卤水晒制的盐，包括固体盐和液体形态的初级产品。

(2)纳税人在开采主矿产品的过程中伴采的其他应税矿产品，凡未单独规定适用税额的，一律按主矿产品或视同主矿产品税目征收资源税。

押题点 ② 扣缴义务人

(1)收购未税矿产品的独立矿山、联合企业及其他单位(不包括个人)为扣缴义务人。

(2)扣缴义务具体包括：

①独立矿山、联合企业收购未税矿产品的单位，按照本单位应税产品税额、税率标准，依据收购数量代扣代缴资源税。

②其他收购单位收购的未税矿产品，按税务机关核定的应税产品税额、税率标准，依据收购数量代扣代缴资源税。

押题点 ③ 计税依据

(一)从价计征

1. 销售额的基本规定

从价定率征收的计税依据为计税销售额。计税销售额是指纳税人销售应税产品向购买方收取的全部价款和价外费用，不包括增值税销项税额。

2. 运杂费用的扣减

对同时符合以下条件的运杂费用，纳税人在计算应税产品计税销售额时，可予以扣减：

(1)包含在应税产品销售收入中；

(2)属于纳税人销售应税产品环节发生的运杂费用，具体是指运送应税产品从坑口或者洗选(加工)地到车站、码头或者购买方指定地点的运杂费用；

(3)取得相关运杂费用发票或者其他合法有效凭据；

(4)将运杂费用与计税销售额分别进行核算。

纳税人扣减的运杂费用明显偏高导致应税产品价格偏低且无正当理由的，主管税务机关可以合理调整计税价格。

3. 原矿销售额与精矿销售额的换算或折算

(1)征税对象为精矿的，纳税人销售原矿时，应将原矿销售额换算为精矿销售额；

(2)征税对象为原矿的，纳税人销售自采原矿加工的精矿，应将精矿销售额折算为原矿销售额；

(3)换算比或折算率由省级财税部门确定，并报财政部、国家税务总局备案。

4. 特殊情形下销售额的确定

(1)纳税人开采应税矿产品由其关联单位对外销售的，按其关联单位的销售额征收资源税。

(2)纳税人既有对外销售应税产品，又有将应税产品用于除连续生产应税产品以外的其他方面的(包括用于非生产项目和生产非应税产品)，则自用的这部分应税产品按纳税人对外销售应税产品的平均价格计算销售额征收资源税。

(3)纳税人将其开采的应税产品直接出口的，按其离岸价格(不含增值税)计算销售额征收资源税。

(4)纳税人有视同销售应税产品行为而无销售价格的，或者申报的应税产品销售价格明显偏低且无正当理由的，税务机关应按下列顺序确定其应税产品计税价格：

①按纳税人最近时期同类产品的平均销售价格确定。

②按其他纳税人最近时期同类产品的平均销售价格确定。

③按组成计税价格确定。

组成计税价格=成本×(1+成本利润率)÷(1-资源税税率)

④按后续加工非应税产品销售价格，减去后续加工环节的成本利润后确定。

⑤按其他合理方法确定。

(5)纳税人用已纳资源税的应税产品进一步加工应税产品销售的，不再缴纳资源税。纳税人以自采未税产品和外购已税产品混合销售或者混合加工为应税产品销售的，在计算应税产品计税销售额时，准予扣减已单独核算的已税产品购进金额；未单独核算的，一并计算缴纳资源税。已税产品购进金额当期不足扣减的可结转下期扣减。

（二）从量计征

实行从量定额征收的以销售数量为计税依据。

（1）销售数量包括纳税人开采或者生产应税产品的实际销售数量和视同销售的自用数量。

（2）纳税人不能准确提供应税产品销售数量的，以应税产品的产量或者主管税务机关确定的折算比换算成的数量为计征资源税的销售数量。

（三）视同销售的情形

视同销售具体包括以下情形：

（1）纳税人以自采原矿直接加工为非应税产品的，视同原矿销售；

（2）纳税人以自采原矿洗选（加工）后的精矿连续生产非应税产品的，视同精矿销售；

（3）以应税产品投资、分配、抵债、赠与、以物易物等，视同应税产品销售。

押题点 ④ 应纳税额的计算

（一）从价定率方式应纳税额的计算

应纳税额＝销售额×适用税率

（二）从量定额方式应纳税额的计算

应纳税额＝课税数量×单位税额

代扣代缴应纳税额＝收购未税矿产品的数量×适用的单位税额

（三）煤炭资源税计算方法

1. 基本计征方式和应税销售额的确定

应纳税额＝原煤销售额或者洗选煤计税销售额×适用税率

（1）原煤销售额是指纳税人销售原煤向购买方收取的全部价款和价外费用，不包括收取的增值税销项税额以及从坑口到车站、码头或购买方指定地点的运输费用。

（2）洗选煤计税销售额＝洗选煤销售额×折算率

洗选煤销售额是指纳税人销售洗选煤向购买方收取的全部价款和价外费用，包括洗选副产品的销售额，不包括收取的增值税销项税额以及从洗选煤厂到车站、码头或购买方指定地点的运输费用。

（3）在计算煤炭计税销售额时，原煤及洗选煤销售额中包含的运输费用、建设基金以及随运销产生的装卸、仓储、港杂等费用应与煤价分别核算，凡取得相应凭证的，允许在计算煤炭计税销售额时予以扣减。

2. 视同销售

（1）纳税人将其开采的原煤，自用于连续生产洗选煤的，在原煤移送使用环节不缴纳资源税；自用于其他方面的，视同销售原煤。

（2）纳税人将其开采的原煤加工为洗选煤自用的，视同销售洗选煤。

3. 特殊情形下销售额的确定

(1)纳税人申报的原煤或洗选煤销售价格明显偏低且无正当理由的，或者有视同销售应税煤炭行为而无销售价格的，主管税务机关应按下列顺序确定计税价格：

①按纳税人最近时期同类原煤或洗选煤的平均销售价格确定

②按其他纳税人最近时期同类原煤或洗选煤的平均销售价格确定。

③按组成计税价格确定。

组成计税价格＝成本×(1+成本利润率)÷(1-资源税税率)

④按其他合理方法确定。

(2)纳税人与其关联企业之间的业务往来，应当按照独立企业之间的业务往来收取或支付价款、费用；不按照独立企业之间的业务往来收取或支付价款、费用，而减少其应纳税收入的，税务机关有权按照有关规定进行合理调整。

4. 销售额的扣减

(1)纳税人将自采原煤与外购原煤(包括煤矸石)进行混合后销售的，应当准确核算外购原煤的数量、单价及运费，在确认计税依据时可以扣减外购相应原煤的购进金额。

计税依据＝当期混合原煤销售额-当期用于混售的外购原煤的购进金额

外购原煤的购进金额＝外购原煤的购进数量×单价

(2)纳税人将自采原煤连续加工的洗选煤与外购洗选煤进行混合后销售的，比照上述有关规定计算缴纳资源税。

纳税人以自采原煤和外购原煤混合加工洗选煤的，应当准确核算外购原煤的数量、单价及运费，在确认计税依据时可以扣减外购相应原煤的购进金额。

计税依据＝当期洗选煤销售额×折算率-当期用于混洗混售的外购原煤的购进金额

5. 纳税环节

(1)纳税人销售应税煤炭的，在销售环节缴纳资源税。

(2)纳税人以自采原煤直接或者经洗选加工后连续生产焦炭、煤气、煤化工、电力及其他煤炭深加工产品的，视同销售，在原煤或者洗选煤移送环节缴纳资源税。

押题点 ⑤ 减税、免税项目

(1)开采原油过程中用于加热、修井的原油，免税。

(2)油田范围内运输稠油过程中用于加热的原油、天然气，免征资源税。

(3)从 2007 年 1 月 1 日起，对地面抽采煤层气暂不征收资源税。煤层气是指赋存于煤层及其围岩中与煤炭资源伴生的非常规天然气，也称煤矿瓦斯。

(4)纳税人开采销售共伴生矿，共伴生矿与主矿产品销售额分开核算的，对共伴生矿暂不计征资源税；没有分开核算的，共伴生矿按主矿产品的税目和适用税率计征资源税。

(5)铁矿石资源税减按 40% 征收资源税。

(6)有比例减征优惠总结(见表 42)

表 42　有比例减征优惠总结

减征比例	内容
20%	低丰度油气田
30%	（1）三次采油； （2）深水油气田； （3）实际开采年限在 15 年以上的衰竭期矿山开采的矿产资源； （4）自 2018 年 4 月 1 日至 2021 年 3 月 31 日，页岩气资源税（按 6% 的规定税率）
40%	稠油、高凝油和高含硫天然气
50%	依法在建筑物下、铁路下、水体下通过充填开采方式采出的矿产资源

【提示】纳税人开采的原油、天然气同时符合上述两项及两项以上减税规定的，只能选择其中一项执行，不能叠加适用

（7）纳税人开采或者生产应税产品过程中，因意外事故或者自然灾害等原因遭受重大损失的，由省、自治区、直辖市人民政府酌情决定减税或者免税。

押题点 ⑥ 纳税义务发生时间

（1）纳税人采取分期收款结算方式的，其纳税义务发生时间，为销售合同规定的收款日期的当天。

（2）纳税人采取预收货款结算方式的，其纳税义务发生时间，为发出应税产品的当天。

（3）纳税人采取其他结算方式的，其纳税义务发生时间，为收讫销售款或者取得索取销售款凭据的当天。

（4）纳税人自产自用应税产品的纳税义务发生时间，为移送使用应税产品的当天。

（5）扣缴义务人代扣代缴税款的纳税义务发生时间，为支付首笔货款或首次开具支付货款凭据的当天。

押题点 ⑦ 纳税环节

（1）资源税在应税产品的销售或自用环节计算缴纳。纳税人以自采原矿加工精矿产品的，在原矿移送使用时不缴纳资源税，在精矿销售或自用时缴纳资源税。

（2）纳税人以自采原矿直接加工为非应税产品或者以自采原矿加工的精矿连续生产非应税产品的，在原矿或者精矿移送环节计算缴纳资源税。

（3）以应税产品投资、分配、抵债、赠与、以物易物等，在应税产品所有权转移时计算缴纳资源税。

（4）纳税人以自采原矿加工金锭的，在金锭销售或自用时缴纳资源税。纳税人销售自采原矿或者自采原矿加工的金精矿、粗金，在原矿或金精矿、粗金销售时缴纳资源税，在移送使用时不缴纳资源税。

押题点 ⑧ 纳税地点

(1)纳税人开采或者生产资源税应税产品,应当依法向开采地或者生产主管税务机关申报缴纳资源税。

(2)如果纳税人应纳的资源税属于跨省开采,其下属生产单位与核算单位不在同一省、自治区、直辖市的,对其开采或者生产的应税产品,一律在开采地或者生产地纳税。

(3)扣缴义务人代扣代缴的资源税,应当向收购地主管税务机关缴纳。

押题点 ⑨ 水资源税

(一)纳税人

除规定的情形外,直接取用地表水、地下水的单位和个人,为水资源税纳税人。

下列情形,不缴纳水资源税:

(1)农村集体经济组织及其成员从本集体经济组织的水塘、水库中取用水的。

(2)家庭生活和零星散养、圈养畜禽饮用等少量取用水的。

(3)水利工程管理单位为配置或者调度水资源取水的。

(4)为保障矿井等地下工程施工安全和生产安全必须进行临时应急取用(排)水的。

(5)为消除对公共安全或者公共利益的危害临时应急取水的。

(6)为农业抗旱和维护生态与环境必须临时应急取水的。

(二)计税方法和应纳税额计算

水资源税的计税方法和应纳税额计算(见表43)。

表 43 计税方法和应纳税额计算

计税方法	从量计征
计税依据	实际取用水量、实际发电量
税额计算	(1)一般取用水应纳税额=实际取用水量×适用税额 (2)疏干排水应纳税额=实际取用水量×适用税额 (3)水力发电和火力发电贯流式(不含循环式)冷却取用水应纳税额=实际发电量×适用税额

(三)税收优惠

(1)规定限额内的农业生产取用水,免征水资源税。

(2)取用污水处理再生水,免征水资源税。

(3)除接入城镇公共供水管网以外,军队、武警部队通过其他方式取用水的,免征水资源税。

(4)抽水蓄能发电取用水,免征水资源税。

(5)采油排水经分离净化后在封闭管道回灌的,免征水资源税。

(6)财政部、税务总局规定的其他免征或者减征水资源税情形。

(四)征收管理

水资源税征收管理规定(见表44)。

表 44　水资源税征收管理规定

纳税义务发生时间	取用水资源的当日
纳税期限	(1)除农业生产取用水外,水资源税按季或者按月征收,由主管税务机关根据实际情况确定; (2)对超过规定限额的农业生产取用水,水资源税可按年征收; (3)不能按固定期限计算纳税的,可以按次申报纳税; (4)纳税人应自纳税期满或纳税义务发生之日起 15 日内申报纳税
纳税地点	(1)水资源税由生产经营所在地的主管税务机关征收管理; (2)跨省(区、市)调度的水资源,由调入区域所在地的税务机关征收水资源税; (3)在试点省份内取用水,其纳税地点需要调整的,由省级财政、税务部门决定

历年真题

2017 年

某石化企业为增值税一般纳税人,2019 年 2 月发生以下业务:

(1)从国外某石油公司进口原油 50000 吨,支付不含税价款折合人民币 9000 万元,其中包含包装费及保险费折合人民币 10 万元。

(2)开采原油 10000 吨,并将开采的原油对外销售 6000 吨,取得含税销售额 2320 万元,同时向购买方收取延期付款利息 2.32 万元、包装费 1.16 万元,另外支付运输费用 7.02 万元。

(3)将开采的原油 1000 吨通过关联公司对外销售,关联公司的对外含税售价为 0.39 万元/吨。

(4)用开采的原油 2000 吨加工生产汽油 1300 吨。

(其他相关资料:原油的资源税税率为 10%)

要求:根据上述资料,按照下列序号回答问题,如有计算需计算出合计数。

(1)说明业务(1)中该石化企业是否应对从国外某石油公司进口的原油计算缴纳资源税,如需要计算缴纳,计算应缴纳的资源税额。

(2)计算业务(2)应缴纳的资源税额。

(3)计算业务(3)应缴纳的资源税额。

(4)计算业务(4)应缴纳的资源税额。

【答案】

(1)不需要缴纳资源税。资源税进口不征,出口不退。

(2)应缴纳的资源税额 =(2320+2.32+1.16)/(1+16%)×10% =200.3(万元)。

(3)应缴纳的资源税额 =1000×0.39/(1+16%)×10% =33.62(万元)。

(4)纳税人既有对外销售应税产品,又有将应税产品用于除连续生产应税产品以外的其他方面的,则自用的这部分应税产品按纳税人对外销售应税产品的平均价格计算销售额征收资源税。

直接对外销售的 6000 吨原油销售额 =2320÷(1+16%)=2000(万元)

通过关联方对外销售的 1000 吨原油销售额 =0.39÷1.16×1000=336.21(万元)

计算加权平均价格 =(2000+336.21)÷(6000+1000)=0.33(万元/吨)

业务(4)应缴纳资源税 =2000×0.33×10%=66(万元)

2014 年

位于县城的某石油企业为增值税一般纳税人，2019 年 3 月发生以下业务：

(1)进口原油 5000 吨，支付买价 2000 万元、运抵我国境内输入地点起卸前的运输费用 60 万元，保险费无法确定。

(2)开采原油 9000 吨，其中当月销售 6000 吨，取得不含税销售收入 2700 万元，同时还向购买方收取延期付款利息 3.48 万元；取得增值税专用发票注明的运费 9 万元、税额 0.9 万元。

(其他相关资料：假定原油的资源税税率为 10%、进口关税税率为 1%，相关票据已通过主管税务机关比对认证。)

要求：根据上述资料，按照下列序号计算回答问题，每问需计算出合计数。

(1)计算当月进口原油应缴纳的关税。

(2)计算当月进口原油应缴纳的增值税。

(3)计算当月销售原油的增值税销项税额。

(4)计算当月向税务机关缴纳的增值税。

(5)计算当月应缴纳的城市维护建设税、教育费附加和地方教育附加。

(6)计算当月应缴纳的资源税。

【答案】

(1)进口原油应缴纳的关税 =(2000+60)×(1+3‰)×1%=20.66(万元)

(2)进口原油应缴纳的增值税 =[(2000+60)×(1+3‰)+20.66]×16%=333.89(万元)

(3)销售原油的增值税销项税额 =[2700+3.48÷(1+16%)]×16%=432.48(万元)

(4)应向税务机关缴纳的增值税 =432.48−333.89−0.9=97.69(万元)

(5)应缴纳的城建税、教育费附加和地方教育附加 =97.69×(5%+3%+2%)=9.77(万元)

(6)应缴纳的资源税 =[2700+3.48÷(1+16%)]×10%=270.3(万元)

2019 年

预测题

预测 1

某煤矿主要从事煤炭开采、原煤加工、洗煤生产业务。2019 年 1、2 月发生下列业务：

1 月份：

(1)1 月开采原煤 3000 吨，当月 7 日以分期收款方式销售给甲公司自采原煤 2200 吨，取得含税销售额 204.16 万元，合同约定货款分 2 个月平均支付。当月实际收回货款 65 万元。

(2)1 月 12 日，采用预收货款方式销售给乙公司以自采原煤连续加工的洗煤 500 吨，当月收取了全部不含税销售额共计 60 万元。合同规定的发货日期为 2 月 20 日。

(3)当月购进加工设备等，取得防伪税控增值税专用发票，注明增值税税额共计 8.22 万元，支付运费取得运输单位开具的增值税专用发票，注明运费金额 2 万元。

2 月份：

(1)2 月 7 日收到上月销售给甲公司的剩余部分货款，共计 139.16 万元。

(2)2 月 20 日按合同约定发出上月销售给乙公司的洗煤 500 吨。

(3)当月取得水电费增值税专用发票注明的税额共计 0.3 万元。其中有 10% 的水电费为职工浴室和职工食堂消耗。

(已知：原煤资源税税率 6%，洗选煤折算率为 70%。购进货物取得的增值税专用发票符合税法规定，均在当月认证并申报抵扣。)

要求：根据上述资料，按照下列序号计算回答问题，每问需计算出合计数。

(1)计算 1 月份煤矿应缴纳的资源税。

(2)计算 1 月份煤矿应缴纳的增值税。

(3)计算 2 月份煤矿应缴纳的资源税。

(4)计算 2 月份煤矿应缴纳的增值税。

【答案】

(1)1 月份应纳资源税 $=204.16/(1+16\%)\times50\%\times6\%=5.28$(万元)

(2)业务(1)增值税销项税额 $=204.16/(1+16\%)\times50\%\times16\%=14.08$(万元)

业务(2)预收货款结算方式销售应税产品的，其纳税义务发生时间为发出应税产品(商品)的当天。所以当月无须计算资源税和增值税。

业务(3)可以抵扣的增值税进项税 $=8.22+2\times10\%=8.42$(万元)

1 月份应纳增值税 $=14.08-8.42=5.66$(万元)

(3)2 月份：业务(1)资源税 $=204.16/(1+16\%)\times50\%\times6\%=5.28$(万元)

业务(2)资源税 $=60\times70\%\times6\%=2.52$(万元)

2 月份应纳资源税 $=5.28+2.52=7.80$(万元)

(4)虽然当月实际收到的货款为 139.16 万元，但计税时还应当按照合同约定的 50% 货款部分来计算。

业务(1)增值税销项税额 $=204.16/(1+16\%)\times50\%\times16\%=14.08$(万元)

业务(2)增值税销项税额 $=60\times16\%=9.6$(万元)

业务(3)可以抵扣的增值税进项税 $=0.3\times(1-10\%)=0.27$(万元)

2 月份应纳增值税 $=14.08+9.6-0.27=23.41$(万元)

预测 2

某煤矿生产企业将外购原煤和自采原煤按照 1∶1 的比例混合在一起销售，2019 年 2 月销售混合原煤 1000 吨，取得不含增值税销售额 50 万元，经计算确认，外购原煤单价为不含增值税 500 元/吨，该煤矿煤炭资源税税率为 8%。

要求：根据上述资料，回答下列问题。

计算该煤矿生产企业当月应缴纳的资源税税额。

【答案】

纳税人将自采原煤与外购原煤进行混合后销售的，应当准确核算外购原煤的数量、单价及运费，在确认计税依据时可以扣减外购相应原煤的购进金额。

外购原煤的购进金额＝1000×1/2×500÷10000＝25(万元)

应税原煤计税依据＝50−25＝25(万元)

应缴纳资源税＝25×8%＝2(万元)

预测 3

某煤矿为增值税一般纳税人，2019 年 2 月发生下列业务：

(1)开采原煤 40000 吨。

(2)采取托收承付方式销售原煤 500 吨，每吨不含税售价为 200 元，货款已经收讫。

(3)销售未税原煤加工的选煤 100 吨，每吨不含税售价 300 元(含每吨收取 50 元运输费、50 元装卸费，运费和装卸费均能够取得相应的凭证)；当月还将生产的 5 吨选煤用于职工宿舍取暖，该煤矿原煤与选煤的折算率为 60%；当月将 20 吨选煤赠送给某关联单位。

(4)销售地面抽采的煤层气 40000 立方米，取得不含税销售额 80000 元，并收取优质费2320 元。

(已知：该煤矿原煤资源税税率为 5%；煤层气资源税税率为 2%)

要求：根据上述的资料回答下列问题，计算结果保留小数点后两位。

(1)计算业务(1)应缴纳的资源税。

(2)计算业务(2)应缴纳的资源税。

(3)计算业务(3)应缴纳的资源税。

(4)计算业务(4)应缴纳的资源税。

(5)计算当月共计应缴纳的资源税。

【答案】

(1)开采环节不需要计算缴纳资源税，应纳资源税为 0。

(2)应缴纳的资源税＝500×200×5%＝5000(元)。

(3)纳税人将其开采的原煤，自用于连续生产洗选煤的，在原煤移送使用环节不缴纳资源税；将其开采的原煤，自用于其他方面(如用于职工宿舍)的，视同销售原煤，按同期对外销售价格计算应纳资源税；纳税人将其开采的原煤加工为洗选煤销售的或用于职工宿舍等视同销售，以洗选煤销售额乘以折算率作为应税煤炭销售额计算缴纳资源税，洗选煤销售额中包含的运输费用以及随运销产生的装卸、仓储、港杂等费用应与煤价分别核算，凡取得相应凭据的，允许在计算煤炭计税销售额时予以扣减。

应纳资源税＝（100＋5＋20）×（300－50－50）×60%×5%＝750（元）。

（4）对地面抽采的煤层气，暂不征收资源税，应纳资源税为0。

（5）当月应缴纳资源税＝5000＋750＝5750（元）。

专题 十 印花税

考点梳理

押题点 ① 税目、税率与计税依据的一般规定

印花税的税率有两种形式，即比例税率和定额税率（见表45）。

表45　印花税税率

税率档次		应税凭证
比例税率（四档）	0.05‰	借款合同
	0.3‰	购销合同、建筑安装工程承包合同、技术合同
	0.5‰	加工承揽合同、建筑工程勘察设计合同、货物运输合同、产权转移书据、营业账簿中记载资金的账簿
	1‰	财产租赁合同、仓储保管合同、财产保险合同
5元定额税率		权利、许可证照和营业账簿中的其他账簿

1. 购销合同

包括出版单位与发行单位（不包括订阅单位和个人）之间订立的图书、报纸、期刊和音像制品的应税凭证。

包括发电厂与电网之间、电网与电网之间签订的购售电合同。但是，电网与用户之间签订的供用电合同不属于印花税列举征税的凭证，不征收印花税。

购销合同的计税依据为合同记载的购销金额。

2. 加工承揽合同

（1）对于由受托方提供原材料的加工、定做合同，凡在合同中分别记载加工费金额和原材料金额的，应分别计税，原材料和辅料按购销合同计税贴花，加工费按加工承揽合同计税贴花。若合同未分别记载原材料、辅料及加工费金额的，一律就全部金额按加工承揽合同计税贴花。（从高原则）

（2）对于由委托方提供主要材料或原料，受托方只提供辅料的加工合同，均以辅料与加工费的合计数，按加工承揽合同计税贴花。

3. 建设工程勘察设计合同

建设工程勘察设计合同的计税依据为收取的费用。

4. 建筑安装工程承包合同

分包或转包仍应按所载金额另行贴花。

5. 财产租赁合同

(1)财产租赁合同的计税依据为租赁金额；经计算，税额不足1元的，按1元贴花。

(2)财产租赁合同只是规定月(天)租金标准而无租赁期限的，先按定额5元贴花，结算时再按实际金额计税，补贴印花。

6. 货物运输合同

货物运输合同的计税依据为取得的运输费金额(即运费收入)，不包括所运货物的金额、装卸费和保险费等。

7. 仓储保管合同

仓储保管合同的计税依据为收取的仓储保管费用。

8. 借款合同

包括融资租赁合同。

借款合同的计税依据为借款金额。

(1)凡是一项信贷业务既签订借款合同，又一次或分次填开借据的，只以借款合同所载金额计税贴花；凡是只填开借据并作为合同使用的，应以借据所载金额计税，在借据上贴花。

(2)借贷双方签订的流动资金周转性借款合同，一般按年(期)签订，规定最高限额，借款人在规定的期限和最高限额内随借随还。对这类合同只就其规定的最高限额为计税依据，在签订时贴花一次，在限额内随借随还不签订新合同的，不再另贴印花。

(3)对借款方以财产作抵押，从贷款方取得抵押贷款的合同，应按借款合同贴花，在借款方因无力偿还借款而将抵押财产转移给贷款方时，应就双方书立的产权书据，按产权转移书据有关规定计税贴花。

(4)对银行及其他金融组织的融资租赁业务签订的融资租赁合同，应按合同所载租金总额，暂按借款合同计税。

9. 财产保险合同

可分为企业财产保险、机动车辆保险、货物运输保险、家庭财产保险和农牧业保险五大类。

"家庭财产两全保险"属于家庭财产保险性质，其合同在财产保险合同之列，应照章纳税。

财产保险合同的计税依据为支付(收取)的保险费，不包括所保财产的金额。

10. 技术合同

包括技术开发、转让、咨询、服务等合同。

技术转让合同包括专利申请权转让、非专利技术转让所书立的合同。

一般的法律、会计、审计等方面的咨询不属于技术咨询，其所书立合同不贴印花。

对技术开发合同，只就合同所载的报酬金额计税，研究开发经费不作为计税依据。

技术合同和产权转移书据的对比(见表46)。

表46　技术合同和产权转移书据对比

类别	行为	适用税目
专利类	转让专利权、专利实施许可	产权转移书据
	专利申请权转让	技术合同
非专利类	转让专有技术使用权	产权转移书据
	非专利技术转让	技术合同

11. 产权转移书据

包括专利权合同、专利实施许可合同。

产权转移书据的计税依据为所载金额。

12. 营业账簿

可分为记载资金的账簿和其他账簿。

凡银行用以反映资金存贷经营活动、记载经营资金增减变化、核算经营成果的账簿，如各种日记账、明细账和总账都属于营业账簿，应按照规定缴纳印花税。

银行根据业务管理需要设置的各种登记簿，如空白重要凭证登记簿、有价单证登记簿、现金收付登记簿等，其记载的内容与资金活动无关，仅用于内部备查，属于非营业账簿，均不征收印花税。

(1)记载资金的营业账簿，以实收资本和资本公积的两项合计金额为计税依据。

凡"资金账簿"在次年度的实收资本和资本公积未增加的，对其不再计算贴花。

(2)其他营业账簿，计税依据为应税凭证件数。

13. 权利、许可证照

房屋产权证、工商营业执照、商标注册证、专利证、土地使用证。(四证一照)

计税依据为应税凭证件数，每件5元。

押题点 ❷ 计税依据的特殊规定

(1)应税凭证以"金额""收入""费用"作为计税依据的，应当全额计税，不得作任何扣除。

(2)同一凭证，载有两个或两个以上经济事项而适用不同税目税率，分别记载金额的，分别计算；未分别记载金额的，按税率高的计税。

(3)应纳税额不足1角的，免纳印花税；1角以上的，四舍五入。

(4)有些合同在签订时无法确定计税金额，可在签订时先按定额5元贴花，以后结算时再按实际金额计税，补贴印花。

(5)应税合同在签订时纳税义务即已产生，应计算应纳税额并贴花。所以，不论合同是否兑现或是否按期兑现，均应贴花完税。对已履行并贴花的合同，所载金额与合同履行后实际结算金额不一致的，只要双方未修改合同金额，一般不再办理完税手续。

(6)采用以货换货方式进行商品交易签订的合同，按合同所载的购、销合计金额计税贴花。合同未列明金额的，应按合同所载购、销数量，依照国家牌价或者市场价格计算应纳税额。

（7）从 2008 年 9 月 19 日起，对证券交易印花税政策进行调整，由双边征收改为单边征收，即只对卖出方(或继承、赠与 A 股、B 股股权的出让方)征收证券(股票)交易印花税，对买入方(受让方)不再征税。税率 1‰。

（8）运输合同

①对国内各种形式的货物联运，凡在起运地统一结算全程运费的，应以全程运费作为计税依据，由起运地运费结算双方缴纳印花税；凡分程结算运费的，应以分程的运费作为计税依据，分别由办理运费结算的各方缴纳印花税。

②对国际货运，凡由我国运输企业运输的，不论在我国境内、境外起运或中转分程运输，我国运输企业所持的一份运费结算凭证，均按本程运费计算应纳税额。

由外国运输企业运输进出口货物的，外国运输企业所持的一份运费结算凭证免纳印花税。

押题点 ③ 税收优惠

（1）已缴纳印花税的凭证的副本或者抄本免税。(副本或者抄本视同正本使用的，应另贴印花)

（2）无息、贴息贷款合同免税。

（3）房地产管理部门与个人签订的用于生活居住的租赁合同免税。

（4）农牧业保险合同免税。

（5）对与高校学生签订的高校学生公寓租赁合同，免征印花税。

（6）对公租房经营管理单位建造管理公租房涉及的印花税予以免征。

（7）对改造安置住房经营管理单位、开发商与改造安置住房相关的印花税以及购买安置住房的个人涉及的印花税自 2013 年 7 月 4 日起予以免征。

（8）自 2018 年 5 月 1 日起，对按万分之五税率贴花的资金账簿减半征收印花税，对按件贴花五元的其他账簿免征印花税。

（9）对全国社会保障基金理事会、全国社会保障基金投资管理人管理的全国社会保障基金转让非上市公司股权，免征全国社会保障基金理事会、全国社会保障基金投资管理人应缴纳的印花税。

`2019年` 预 测 题

预测 1

甲企业由于经营不善，将本企业价值 120 万元的办公楼向银行抵押，签订借款合同，从银行取得抵押贷款 100 万元，由于甲企业资金周转困难，到期无力偿还贷款本金，按照贷款合同约定将办公楼所有权转移给银行，双方签订产权转移书据，按照市场公平交易原则注明办公楼价值为 120 万元，银行另支付给甲企业 20 万元差价款。已知借款合同印花税税率为 0.05‰，产权转移书据印花税税率为 0.5‰。

要求：针对上述资料，回答下列问题。

针对上述业务，计算甲企业应缴纳的印花税。

【答案】

对借款方以财产作抵押，从贷款方取得一定数量抵押贷款的合同，应按借款合同贴花。在借款方因无力偿还借款而将抵押财产转移给贷款方时，应再就双方书立的产权转移书据，按产权转移书据的有关规定计税贴花。

应缴纳的印花税＝100×0.05‰×10000+120×0.5‰×10000＝50+600＝650（元）。

预测2

某学校委托一服装加工企业为其定做一批校服，合同载明 100 万元的原材料由服装加工企业提供，学校另支付加工费 30 万元。已知购销合同印花税税率为 0.3‰，加工承揽合同印花税税率为 0.5‰。

要求：针对上述资料，回答下列问题。

计算服装加工企业该项业务应缴纳的印花税。

【答案】

对于由受托方提供原材料的加工、定做合同，凡在合同中分别记载原材料金额和加工费金额的，原材料金额和加工费金额分别按照购销合同和加工承揽合同计税贴花，未分别记载的，应就全部金额依照加工承揽合同计税贴花。

应缴纳的印花税＝100×10000×0.3‰+30×10000×0.5‰＝450（元）。

预测3

某公司主要从事建筑工程机械的生产制造，2019 年发生以下业务：

(1) 签订钢材采购合同一份，采购金额 8000 万元；签订以货换货合同一份，用库存的 3000 万元 A 型钢材换取对方相同金额的 B 型钢材；签订销售合同一份，销售金额 15000 万元。

(2) 公司作为受托方签订甲、乙两份加工承揽合同，甲合同约定：由委托方提供主要材料，主要材料金额 300 万元，受托方只提供辅助材料，辅助材料金额 20 万元，受托方另收取加工费 50 万元；乙合同约定：由受托方提供主要材料，主要材料金额 200 万元，并收取加工费 40 万元。

(3) 公司作为受托方签订技术开发合同一份，合同约定：技术开发金额共计 1000 万元，其中研究开发费用与报酬金额之比为 3∶1。

(4) 公司作为承包方签订建筑安装工程承包合同一份，承包金额 300 万元，公司随后又将其中的 100 万元业务分包给另一单位，并签订相关合同。

(5) 公司新增实收资本 2000 万元、资本公积 500 万元。

(6) 公司启用其他账簿 10 本。

（说明：购销合同、加工承揽合同、技术合同、建筑安装工程承包合同的印花税税率分别为 0.3‰、0.5‰、0.3‰、0.3‰；营业账簿的印花税税率分别为 0.5‰和每件 5 元）

要求：根据上述资料，按照下列序号计算回答问题，每问需计算出合计数。

（1）计算该公司 2019 年签订的购销合同应缴纳的印花税。

（2）计算该公司 2019 年签订的加工承揽合同应缴纳的印花税。

（3）计算该公司 2019 年签订的技术合同应缴纳的印花税。

（4）计算该公司 2019 年签订的建筑安装工程承包合同应缴纳的印花税。

（5）计算该公司 2019 年新增记载资金的营业账簿应缴纳的印花税。

（6）计算该公司 2019 年启用其他账簿应缴纳的印花税。

【答案】

（1）商品购销活动中的以货易货，交易双方既购又销，均应按其购、销合计金额计税贴花。

公司 2019 年签订的购销合同应缴纳的印花税 = 8000000×0.3‰+（3000000+3000000）×0.3‰+150000000×0.3‰ = 87000（元）

（2）对于由受托方提供原材料的加工、定做合同，凡在合同中分别记载原材料金额和加工费金额的，原材料金额和加工费金额分别按照购销合同和加工承揽合同计税贴花，未分别记载的，应就全部金额依照加工承揽合同计税贴花。

对于由委托方提供原材料或主要材料，受托方只提供辅助材料的加工合同，按照合同中规定的受托方收取的加工费收入和提供的辅助材料金额之和依照加工承揽合同计税贴花；对委托方提供的主要材料或原材料金额不计税贴花。

公司 2019 年签订的加工承揽合同应缴纳的印花税 =（200000+500000）×0.5‰ + 2000000×0.3‰+400000×0.5‰ = 1150（元）

（3）对技术开发合同，只就合同所载的报酬金额计税，研究开发经费不作为计税依据。

公司 2019 年签订的技术合同应缴纳的印花税 = 10000000÷4×0.3‰ = 750（元）

（4）施工单位将自己承包的建筑项目，分包或转包给其他施工单位，所签订的分包或转包合同，仍应按所载金额另行贴花。

公司 2019 年签订的建筑安装工程承包合同应缴纳的印花税 = 3000000×0.3‰+1000000×0.3‰ = 1200（元）

（5）记载资金的营业账簿，以实收资本和资本公积的两项合计金额为计税依据。自 2018 年 5 月 1 日起，对按万分之五税率贴花的资金账簿减半征收印花税。

公司 2019 年新增记载资金的营业账簿应缴纳的印花税 =（20000000+5000000）×0.5‰×50% = 6250（元）

（6）自 2018 年 5 月 1 日起，对按件贴花五元的其他账簿免征印花税。启用其他账簿应缴纳的印花税 = 0

专题 十一 房产税

考点梳理

押题点 ① 征税范围

包括城市、县城、建制镇和工矿区，但不包括农村。(与城镇土地使用税一样)

房地产开发企业建造的商品房(相当于仓库的商品)，在出售前，不征收房产税；对出售前房地产开发企业已使用或出租、出借的商品房应按规定征收房产税。

押题点 ② 纳税义务人(受益人)

(1)产权属国家所有的，由经营管理单位纳税；产权属集体和个人所有的，由集体单位和个人纳税。

(2)产权出典的，由承典人纳税。

(3)产权所有人、承典人不在房屋所在地的，或产权未确定及租典纠纷未解决的，由房产代管人或者使用人纳税。

(4)纳税单位和个人无租使用房产管理部门、免税单位及纳税单位的房产，由使用人代为缴纳房产税。

押题点 ③ 税率

(1)从价计征：1.2%。

(2)从租计征：12%。

(3)对个人出租住房，不区分用途，按 4% 的税率征收房产税。(增值税 1.5%、个税 10%)

押题点 ④ 计税依据

1. 对经营性自用的房屋，以房产的计税余值作为计税依据，从价计征。

(1)计税余值，是指依照税法规定按房产原值一次减除 10% 至 30% 后的余值。各地扣除比例由当地省、自治区、直辖市人民政府确定。

对按照房产原值计税的房产，无论会计上如何核算，房产原值均应包含地价，包括为取得土地使用权支付的价款、开发土地发生的成本费用等。

宗地容积率低于 0.5 的，按房产建筑面积的 2 倍计算土地面积并据此确定计入房产原值的地价。(容积率=总建筑面积/土地面积)

(2)房产原值应包括与房屋不可分割的各种附属设备或一般不单独计算价值的配套设施，如给排水、采暖、消防、中央空调、电气及智能化楼宇设备等，无论在会计核算中是否单独记账与核算，都应计入房产原值，计征房产税。

对于更换房屋附属设备和配套设施的，在将其价值计入房产原值时，可扣减原来相应设施的价值。

对附属设备和配套设施中易损坏、需要经常更换零配件，更新后不再计入房产原值。

(3)纳税人对原有房屋进行改建、扩建，要相应增加房屋原值。

(4)投资联营房产。

①投资者参与投资利润分红，共担风险的，按房产的计税余值作为计税依据计征房产税(被投资方是纳税人)。

②收取固定收入，不承担联营风险的，实际是以联营名义取得房产租金，由出租方按租金收入计算缴纳房产税。

(5)融资租赁房屋。

以房产余值计算征收。

由承租人自租赁合同约定开始日的次月起依照房产余值缴纳房产税。合同未约定开始日的，由承租人自合同签订的次月起依照房产余值缴纳房产税。

(6)居民住宅区内业主共有的经营性房产。

由实际经营(包括自营和出租)的代管人或使用人缴纳房产税。

自营的，依照房产原值减除10%至30%后的余值计征，没有房产原值或不能将业主共有房产与其他房产的原值准确划分开的，由房产所在地税务机关参照同类房产核定房产原值；出租的，依照租金收入计征。

(7)对于与地上房屋相连的地下建筑，如房屋的地下室、地下停车场、商场的地下部分等，应将地下部分与地上房屋视为一个整体，按照地上房屋建筑的有关规定计算征收房产税。

2. 对于出租的房屋，以租金收入为计税依据。

(1)出租的地下建筑，按照出租地上房屋建筑的有关规定计算征收房产税。

(2)如果是以劳务或者其他形式为报酬抵付房租收入的，应根据当地同类房产的租金水平，确定一个标准租金额从租计征。

(3)对出租房产，租赁双方签订的租赁合同约定免收租金期限的，免收租金期间由产权所有人按房产余值缴纳房产税。

押题点 ⑤ 应纳税额的计算

房产税不同计税方法，应纳税额计算公式不同(见表47)。

表 47　应纳税额的计算

计税方法	税额计算公式
从价计征	全年应纳税额=应税房产原值×(1-扣除比例)×1.2%
从租计征	全年应纳税额=租金收入×12%(个人出租住房为4%)

押题点 **6** 税收优惠

1. 国家机关、人民团体、军队自用的房产，免征房产税。

【提示】上述免税单位的出租房产以及非自身业务使用的生产、营业用房，不属于免税范围。

2. 由国家财政部门拨付事业经费的单位自用的房产，如学校、医疗卫生单位、托儿所、幼儿园、敬老院、文化、体育、艺术这些实行全额或差额预算管理的事业单位所有的，本身业务范围内使用的房产免征房产税。

3. 宗教寺庙、公园、名胜古迹自用的房产，免征房产税。

【提示1】宗教寺庙自用的房产，是指举行宗教仪式等的房屋和宗教人员使用的生活用房。

【提示2】宗教寺庙、公园、名胜古迹中附设的营业单位，如影剧院、饮食部、茶社、照相馆等所使用的房产与出租的房产，不属于免税范围，应照章纳税。

4. 个人所有非营业用的房产，免征房产税。

【提示】对个人拥有的营业用房或者出租的房产应照章纳税。

5. 经财政部批准免税的其他房产：

(1) 对非营利性医疗机构、疾病控制机构和妇幼保健机构等卫生机构自用的房产，免征房产税。

(2) 从2001年1月1日起，对按政府规定价格出租的公有住房和廉租住房，包括企业和自收自支事业单位向职工出租的单位自有住房，房管部门向居民出租的公有住房，落实私房政策中带户发还产权并以政府规定租金标准向居民出租的私有住房等，暂免征收房产税。

(3) 经营公租房的租金收入免征房产税。

6. 自2018年10月1日至2020年12月31日，对按照去产能和调结构政策要求停产停业、关闭的企业，自停产停业次月起，免征房产税。（新增）

【提示】企业享受免税政策的期限累计不得超过两年。

7. 自2019年1月1日至2021年12月31日，对国家级、省级科技企业孵化器、大学科技园和国家备案众创空间自用以及无偿或通过出租等方式提供给在孵对象使用的房产免征房产税。（新增）

【提示1】所称孵化服务是指为在孵对象提供的经纪代理、经营租赁、研发和技术、信息技术、鉴证咨询服务。所称在孵对象是指符合前款认定和管理办法规定的孵化企业、创业团队和个人。

【提示2】国家级、省级科技企业孵化器、大学科技园和国家备案众创空间应当单独核算孵化服务收入。

【提示3】2018年12月31日以前认定的国家级科技企业孵化器、大学科技园，自2019年1月1日起享受规定的税收优惠政策。2019年1月1日以后认定的国家级、省级科技企业孵化器、大学科技园和国家备案众创空间，自认定之日次月起享受规定的税收优惠政策。

2019 年 1 月 1 日以后被取消资格的，自取消资格之日次月起停止享受规定的税收优惠政策。

8. 自 2019 年 1 月 1 日至 2021 年 12 月 31 日，对高校学生公寓免征房产税。（新增）

押题点 ⑦ 纳税义务发生时间

不同用途房产税的纳税义务发生时间不同（见表 48）。

表 48　纳税义务发生时间

房产用途变化	纳税义务发生时间
将原有房产用于生产经营	从生产经营之月起缴纳房产税
自行新建房屋用于生产经营	从建成之次月起缴纳房产税
委托施工企业建设的房屋	从办理验收手续之次月起缴纳房产税
纳税人购置新建商品房	自房屋交付使用之次月起缴纳房产税
购置存量房	自办理房屋权属转移、变更登记手续，登记机关签发房屋权属证书之次月起
纳税人出租、出借房产	自交付出租、出借房产之次月起缴纳房产税
房地产开发企业自用、出租、出借本企业建造商品房	自房屋使用或交付之次月起缴纳房产税

历 年 真 题

2014 年

（B 卷）甲企业 2013 年度发生部分经营业务如下：

（1）1 月份取得国有土地 4000 平方米，签订了土地使用权出让合同，记载的出让金额为 4000 万元，并约定当月交付；然后委托施工企业建造仓库，工程 4 月份竣工，5 月份办妥了验收手续。该仓库在甲企业账簿"固定资产"科目中记载的原值为 9500 万元。

（2）3 月份该企业因为生产规模扩大，购置了乙企业的仓库 1 栋，产权转移书据上注明的交易价格为 1200 万元，在企业"固定资产"科目上记载的原值为 1250 万元，取得了房屋权属证书。

（其他相关资料：已知当地省政府规定的房产税计算余值的扣除比例为 30%，契税税率 4%，城镇土地使用税税率 20 元/平方米，产权交易印花税税率 0.5‰）

要求：根据上述资料，按照下列序号计算回答问题。

（1）计算业务（1）甲企业应缴纳的契税、印花税。

（2）计算业务（1）甲企业 2013 年应缴纳的房产税、城镇土地使用税。

（3）计算业务（2）甲企业应缴纳的契税、印花税。

（4）计算业务（2）甲企业 2013 年应缴纳的房产税。

【答案】

(1)土地使用权出让合同应纳印花税 = 4000×0.5‰ = 2(万元)

购置土地使用权应纳契税 = 4000×4% = 160(万元)

(2)建造的仓库应纳房产税 = 9500×(1−30%)×1.2%×7÷12 = 46.55(万元)

购置土地应纳城镇土地使用税 = 4000×20×11÷12÷10000 = 7.33(万元)

(3)购置仓库应纳契税 = 1200×4% = 48(万元)

购置仓库应纳印花税 = 1200×10000×0.5‰+1×5 = 6005(元)

(4)购置仓库应纳房产税 = 1250×(1−30%)×1.2%×9÷12 = 7.88(万元)

`2019年`
预测题

预测 1

位于甲市的某企业(增值税一般纳税人)占地 5 万平方米,其中农产品种植用地 4 万平方米,办公用地和职工宿舍用地 1 万平方米。房产原值 800 万元。该公司 2019 年 3 月签订了一份房屋租赁合同,将位于甲市的 2015 年购置的价值 200 万元的办公楼出租给他人使用,租期 1 年,含税月租金 6300 元,办公楼于当月交付使用,该企业选择简易计税方法计算增值税。

(其他相关资料:城镇土地使用税税率为每平方米 5 元,当地政府规定计算房产余值的扣除比例为 30%)

要求:根据上述资料,按序号回答下列问题,如有计算,每问需计算出合计数。

(1)计算该企业当年租赁房屋应缴纳的增值税。

(2)计算该企业当年租赁房屋应缴纳的城建税、教育费附加和地方教育附加。

(3)计算该企业当年应缴纳的城镇土地使用税。

(4)计算该企业当年应缴纳的房产税。

【答案】

(1)纳税人选择简易计税方法的,按照 5% 的征收率计算应纳税额。

该企业租赁房屋应缴纳的增值税 = 6300÷(1+5%)×5%×9 = 2700(元)

(2)该企业租赁房屋应缴纳的城建税、教育费附加和地方教育附加 = 2700×(7%+3%+2%) = 324(元)

(3)直接用于种植、养殖、饲养的专业用地免征城镇土地使用税。

该企业应缴纳的城镇土地使用税 = 10000×5 = 50000(元)

(4)该企业应缴纳的房产税 = 200×(1−30%)×1.2%×3÷12×10000+6300÷(1+5%)×9×12%+(800−200)×(1−30%)×1.2%×10000 = 61080(元)

预测 2

2017 年初某企业房产原值 3000 万元,其中厂房原值 2600 万元,厂办幼儿园房产原值

300 万元，仓库原值 100 万元，拥有整备质量 10 吨货车 10 辆，7.8 吨挂车 5 辆。该企业 2018 年发生如下业务：

(1)6 月 30 日将原值为 300 万元的厂房出租，合同载明每年租金 24 万元，租赁期3 年。

(2)7 月 20 日购置 2.5 吨客货两用车 2 辆，合同载明金额 10 万元，当月取得发票。

(3)10 月份接受甲公司委托加工一批产品，签订的合同中注明原材料由甲公司提供，金额为 100 万元，收取加工劳务费 30 万元；完工产品由甲公司负责运输，甲公司与运输公司签订合同中注明运费 2 万元、保管费 0.2 万元、装卸费 0.05 万元。

(已知：当地省政府规定计算房产余值的扣除比例为 20%，货车车船税年税额 20 元/吨，以上价格均不含增值税。)

要求：根据上述资料，按下列序号计算回答问题，每问需计算出合计数。

(1)计算该企业应缴纳的房产税。

(2)计算该企业应缴纳的车船税。

(3)计算该企业应缴纳的印花税。

【答案】

(1)应纳房产税 = [(3000 − 300) × (1 − 20%) × 1.2% ÷ 12 × 6 + (3000 − 300 − 300) × (1 − 20%) × 1.2% ÷ 12 × 6 + 24 ÷ 2 × 12%] × 10000 = 259200(元)

(2)应纳车船税 = 10 × 10 × 20 + 7.8 × 5 × 20 × 50% + 2.5 × 2 × 20 ÷ 12 × 6 = 2440(元)

(3)应缴纳印花税 = [24 × 3 × 0.1% + 10 × 0.03% + 30 × 0.05%] × 10000 = 900(元)

专题十二　契税

考点梳理

押题点①　纳税义务人

境内转移土地、房屋权属，承受的单位和个人。

对于转让房地产权属行为，转让方和承受方的纳税情况(见表 49)

表 49　转让房产双方纳税情况

转让方	承受方
(1)增值税(销售不动产、转让土地使用权)； (2)城建税、教育费附加和地方教育附加； (3)印花税(产权转移书据)； (4)土地增值税； (5)企业所得税(或个人所得税)	(1)印花税(产权转移书据)； (2)契税

押题点 ② 征税范围

1. 国有土地使用权出让(不征收土地增值税)

不得因减免土地出让金而减免契税。

2. 土地使用权转让(征收土地增值税)

不包括农村集体土地承包经营权的转移。

3. 房屋买卖

(1)以房产抵债或实物交换房屋。

由产权承受人,按房屋现值缴纳契税。以房产抵债,按房产折价款缴纳契税。

(2)以房产作投资、入股。

由产权承受方按投资房产价值或房产买价缴纳契税。

以自有房产作股投入本人独资经营企业,免纳契税。

(3)买房拆料或翻建新房。

4. 房屋赠与

房屋产权所有人将房屋无偿转让给他人所有。

非法定继承人根据遗嘱承受继承死者生前的土地、房屋权属,属于遗赠,也属于赠与行为,应征收契税。

5. 房屋交换

房屋所有者之间互相交换房屋的行为。

6. 其他房屋转移行为

以获奖方式承受土地、房屋权属的行为,应缴纳契税。

以预购方式或者预付集资建房款方式承受土地、房屋权属,应缴纳契税。

押题点 ③ 税率和计税依据

(一)税率

实行幅度比例税率,税率幅度为3% -5% 。

(二)计税依据

1. 国有土地使用权出让、出售、房屋买卖,以成交价格为计税依据。

2. 土地使用权赠与、房屋赠与,由征收机关参照土地使用权出售、房屋买卖市场价格核定。

3. 土地使用权交换、房屋交换,为所交换的土地使用权、房屋的价格差额。

4. 以划拨方式取得土地使用权,经批准转让房地产时,由房地产转让者补交契税,其计税依据为应补交的土地使用权出让费用或者土地收益。

5. 房屋附属设施征收契税的依据

(1)不涉及土地使用权、房屋所有权变动的,不征收契税。

(2)采取分期付款方式购买房屋附属设施土地使用权、房屋所有权,按合同规定的总价款计算征收契税。(房子可以分期,契税不能分期)

(3)承受的房屋附属设施权属如果是单独计价的，按照当地适用的税率征收契税，如果与房屋统一计价的，适用与房屋相同的税率。

押题点 ④ 税收优惠

(1)城镇职工按规定第一次购买公有住房，免征契税。

(2)公租房经营单位购买住房作为公租房的，免征契税。

(3)母公司以土地、房屋权属向其全资子公司增资，视同划转，免征契税。

(4)个人购买家庭住房(见表50)。

表50　个人购买住房的契税优惠

购房情况	建筑面积	税率
首套唯一住房	90(含)平方米以下	1%
	90平方米以上	1.5%
第二套改善性住房	90(含)平方米以下	1%
	90平方米以上	2%

专题 十三　车辆购置税

考点梳理

押题点 ① 纳税义务人

车辆购置税是以在中国境内购置规定车辆为课税对象，在特定的环节向车辆购置者征收的一种税。就其性质而言，属于直接税的范畴。

纳税人：在中华人民共和国境内购置汽车、有轨电车、汽车挂车、排气量超过一百五十毫升的摩托车(以下统称应税车辆)的单位和个人。

【提示1】购置，是指以购买、进口、自产、受赠、获奖或者其他方式取得并自用应税车辆的行为。

【提示2】车辆购置税实行一次性征收。购置已征车辆购置税的车辆，不再征收车辆购置税。

押题点 ② 税率、计税依据和应纳税额的计算

(1)税率：10%。

(2)应纳税额＝计税价格×税率(10%)

【提示1】应税车辆的计税价格，按照下列规定确定：

(1)纳税人购买自用应税车辆的计税价格,为纳税人实际支付给销售者的全部价款,不包括增值税税款。

【注意】

①随车支付的工具件和零部件价款应作为购车价款并入计税依据征税。

②车辆装饰费作为价外费用并入计税依据征税。

③代收款项看票:使用代收单位(受托方,实际是卖车方)票据收取款项的,视为价外费用,并入计税依据征税,否则不并入计税依据征税。

④收取的各种费用一并在一张发票上难以划分的,作为价外收入计算征税。

(2)纳税人进口自用应税车辆的计税价格,为关税完税价格加上关税和消费税。

(3)纳税人自产自用应税车辆的计税价格,按照纳税人生产的同类应税车辆的销售价格确定,不包括增值税税款。

(4)纳税人以受赠、获奖或者其他方式取得自用应税车辆的计税价格,按照购置应税车辆时相关凭证载明的价格确定,不包括增值税税款。

【提示2】纳税人申报的应税车辆计税价格明显偏低,又无正当理由的,由税务机关依照《中华人民共和国税收征收管理法》的规定核定其应纳税额。

【提示3】纳税人以外汇结算应税车辆价款的,按照申报纳税之日的人民币汇率中间价折合成人民币计算缴纳税款。

押题点③ 税收优惠

(1)外国驻华使馆、领事馆和国际组织驻华机构及其有关人员自用的车辆,免征车辆购置税。

(2)中国人民解放军和中国人民武装警察部队列入装备订货计划的车辆,免征车辆购置税。

(3)悬挂应急救援专用号牌的国家综合性消防救援车辆,免征车辆购置税。

(4)设有固定装置的非运输专用作业车辆,免征车辆购置税。

(5)城市公交企业购置的公共汽电车辆,免征车辆购置税。

(6)自 2018 年 1 月 1 日至 2020 年 12 月 31 日,对购置的新能源汽车免征车辆购置税。

(7)自 2018 年 7 月 1 日至 2021 年 6 月 30 日,对购置挂车减半征收车辆购置税。

押题点④ 征收管理

(1)由税务机关负责征收。

(2)纳税人购置应税车辆,应当向车辆登记地的主管税务机关申报缴纳车辆购置税;购置不需要办理车辆登记的应税车辆的,应当向纳税人所在地的主管税务机关申报缴纳车辆购置税。

(3)纳税义务发生时间为纳税人购置应税车辆的当日。纳税人应当自纳税义务发生之日起60日内申报缴纳车辆购置税。

(4)纳税人应当在向公安机关交通管理部门办理车辆注册登记前,缴纳车辆购置税。

(5)免税、减税车辆因<u>转让、改变用途</u>等原因不再属于免税、减税范围的，纳税人应当在办理车辆转移登记或者变更登记前缴纳车辆购置税。计税价格以免税、减税车辆<u>初次办理纳税申报时确定的计税价格为基准，每满 1 年扣减 10%</u>。

(6)纳税人将已征车辆购置税的车辆<u>退回</u>车辆生产企业或者销售企业的，可以向主管税务机关申请退还车辆购置税。退税额<u>以已缴税款为基准</u>，<u>自缴纳税款之日至申请退税之日，每满 1 年扣减 10%</u>。

`2019年` 预 测 题

预测

某市经批准从事城市公交经营的公交公司 2019 年 2 月对新设的公交线路购置了 20 辆公共汽电车，每辆含增值税的价格为 174 万元。当月该公交公司购入办公用小轿车 2 辆，每辆含增值税的价格为 23.2 万元，支付车辆保险费每辆 1 万元并取得保险公司开具的票据。

要求：根据上述资料，回答下列问题。

计算该公交公司应缴纳的车辆购置税。

【答案】

对城市公交企业购置的公共汽电车辆免征车辆购置税。但公交公司非客运经营车辆不属于免税范围。

应缴纳的车辆购置税 =23.2÷(1+16%)×10%×2=4(万元)

专题 十四 国际税收税务管理实务

考 点 梳 理

押题点 1 境外应纳税所得额的计算

(1)将企业取得的来源于境外的税后净所得还原为税前所得(含税所得)；对还原后的境外税前所得，调整成符合我国税法规定的应纳税所得额，即在计算企业应纳税所得总额时已按税法规定扣除的有关成本费用中与境外所得有关的部分进行对应调整扣除后，计算为境外应纳税所得额。

(2)居民企业在境外设立不具有独立纳税地位的分支机构取得的各项境外所得，无论是否汇回中国境内，均应计入该企业所属纳税年度的境外应纳税所得额。

(3)企业应当根据税法的有关规定确认境外所得的实现年度及其税额抵免年度。

①企业来源于境外的股息、红利等权益性投资收益所得，若实际收到所得的日期与境外被投资方作出利润分配决定的日期不在同一纳税年度，应按被投资方作出利润分配日所在的

纳税年度确认境外所得。

②企业来源于境外的利息、租金、特许权使用费、转让财产等收入，若未能在合同约定的付款日期当年收到上述所得，仍应按合同约定付款日期所属的纳税年度确认境外所得。

(4)企业的境外分支机构亏损不得由该企业境内所得弥补，也不得由该企业来源于其他国家分支机构的所得弥补。

押题点② 境外所得间接负担税额的计算

居民企业在用境外所得间接负担的税额进行税收抵免时，其取得的境外投资收益实际间接负担的税额，是指根据直接或间接持股方式合计持股20%以上(含)的规定层级的外国企业股份，由此应分得的股息、红利等权益性投资收益中，从最低一层外国企业起逐层计算的属于由上一层企业负担的税额。

本层企业所纳税额属于由一家上层企业负担的税额＝(本层企业就利润和投资收益所实际缴纳的税额+符合规定的由本层企业间接负担的税额)×本层企业向一家上一层企业分配的股息(红利)÷本层企业所得税后利润额

本层企业向一家上一层企业分配的股息(红利)是指该层企业向上一层企业实际分配的扣缴预提所得税前的股息(红利)数额。

押题点③ 适用间接抵免的外国企业持股比例的计算

除另有规定外，由居民企业直接或者间接持有20%以上股份的外国企业，限于符合以下持股方式的三层外国企业：

第一层：单一居民企业直接持有20%以上股份的外国企业；

第二层：单一第一层外国企业直接持有20%以上股份，且由单一居民企业直接持有或通过一个或多个符合规定持股条件的外国企业间接持有总和达到20%以上股份的外国企业；

第三层：单一第二层外国企业直接持有20%以上股份，且由单一居民企业直接持有或通过一个或多个符合规定持股条件的外国企业间接持有总和达到20%以上股份的外国企业。

自2017年1月1日起，企业在境外取得的股息所得，在按规定计算该企业境外股息所得的可抵免所得税额和抵免限额时，由该企业直接或者间接持有20%以上股份的外国企业，限于按照规定持股方式确定的五层外国企业，即：

第一层：企业直接持有20%以上股份的外国企业；

第二层至第五层：单一上一层外国企业直接持有20%以上股份，且由该企业直接持有或通过一个或多个符合规定持股方式的外国企业间接持有总和达到20%以上股份的外国企业。

押题点 ④ 抵免限额的计算

（1）境外所得税税款抵免限额。

抵免限额=来源于某国（地区）的应纳税所得额（税前）×我国税率

（2）境内、境外所得之间的亏损弥补。

企业按照税法的有关规定计算的当期境内、境外应纳税所得总额小于零的，应以零计算当期境内、境外应纳税所得总额，其当期境外所得税的抵免限额也为零。

（3）如果企业境内为亏损，境外盈利分别来自多个国家，则弥补境内亏损时，企业可以自行选择弥补境内亏损的境外所得来源国家（地区）顺序。

押题点 ⑤ 实际抵免境外税额的计算

在计算实际应抵免的境外已缴纳和间接负担的所得税税额时，企业在境外一国（地区）当年缴纳和间接负担的符合规定的所得税税额低于所计算的该国（地区）抵免限额的，应以该项税额作为境外所得税抵免额从企业应纳税总额中据实抵免；超过抵免限额的，当年应以抵免限额作为境外所得税抵免额进行抵免。超过抵免限额的余额允许从次年起在连续五个纳税年度内用每年度抵免限额抵免当年应抵税额后的余额进行抵补。

历年真题

2016 年

我国居民企业甲在境外进行了投资，相关投资架构及持股比例如下图：

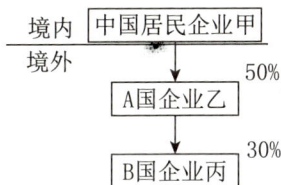

2015 年经营及分配状况如下：

（1）B 国企业所得税税率为 30%，预提所得税税率为 12%，丙企业应纳税所得总额 800 万元，丙企业将部分税后利润按持股比例进行了分配。

（2）A 国企业所得税税率为 20%，预提所得税税率为 10%，乙企业应纳税所得总额（该应纳税所得总额已包含投资收益还原计算的间接税款）1000 万元，其中来自丙企业的投资收益 100 万元，按照 12% 的税率缴纳 B 国预提所得税 12 万元；乙企业在 A 国享受税收抵免后实际缴纳税款 180 万元，乙企业将全部税后利润按持股比例进行了分配。

（3）居民企业甲适用的企业所得税税率 25%，其来自境内的应纳税所得额为 2400 万元。

要求：根据上述资料，按照下列顺序计算回答问题，如有计算需计算出合计数。

（1）简述居民企业可适用境外所得税收抵免的税额范围。

（2）判断企业丙分回企业甲的投资收益能否适用间接抵免优惠政策并说明理由。

(3)判断企业乙分回企业甲的投资收益能否适用间接抵免优惠政策并说明理由。

(4)计算企业乙所纳税额属于由企业甲负担的税额。

(5)计算企业甲取得来源于企业乙投资收益的抵免限额。

(6)计算企业甲取得来源于企业乙投资收益的实际抵免限额。

【答案】

(1)居民企业可以就其取得的境外所得直接缴纳和间接负担的境外企业所得税性质的税额进行抵免。

(2)企业丙不适用间接抵免的优惠政策。

理由：第二层是指单一第一层外国企业直接持有 20% 以上股份，且由单一居民企业直接持有或通过一个或多个符合本条规定持股条件的外国企业间接持有总和达到 20% 以上股份的外国企业。企业甲直接持有企业乙 20% 以上的股份，企业乙直接持有企业丙 20% 以上的股份，但企业甲间接持有企业丙股份为 50%×30%＝15%，不足 20%，因此不能适用间接抵免的优惠政策。

(3)企业乙适用间接抵免的优惠政策。

理由：第一层是指单一居民企业直接持有 20% 以上股份的外国企业。

企业甲直接持有企业乙 20% 以上的股份，适用间接抵免的优惠政策。

(4)企业乙的税后利润＝1000－180－12＝808(万元)

应由企业甲负担的税款＝(企业乙就利润和投资收益所实际缴纳的税额＋企业乙间接负担的税额)×企业乙向上一层企业分配的股息(红利)÷本层企业所得税后利润额＝(180＋12)×808×50%÷808＝96(万元)

(5)企业甲取得的境外所得总额＝808×50%＋96＝500(万元)

企业甲应纳税总额＝[2400＋(404＋96)]×25%＝[2400＋500]×25%＝725(万元)

抵免限额＝725×500÷(2400＋500)＝125(万元)

(6)境外所得税总额＝96＋808×50%×10%＝136.4(万元)

企业甲取得来源于企业乙投资收益的实际抵免额为 125 万元。

2019年 预测题

预测 1

A 国一居民总公司在 B 国设有一分公司，某纳税年度，总公司在 A 国取得所得 600 万元，在 B 国分公司取得所得 300 万元，分公司按 30% 税率缴纳，但因处在 B 国税收减半优惠期，而向 B 国政府缴纳所得税 45 万元，A 国所得税税率为 25%。

要求：根据上述资料，回答下列问题。

按照限额饶让抵免法，计算 A 国应征所得税额。

【答案】

抵免限额＝300×25%＝75(万元)；

境外优惠饶让视同纳税＝300×30%＝90（万元）；

75 万元＜视同纳税 90 万元，可抵免 75 万元；

A 国应征所得税额＝（300+600）×25%−75＝150（万元）。

预测2

境内某家电生产企业 2018 年度境内所得应纳税所得额为 500 万元，在全年已预缴税款 100 万元，来源于境外 A 国税前所得 200 万元，境外实纳税款 40 万元。

要求：根据上述资料，回答下列问题。

计算该企业当年汇算清缴应补退的税款。

【答案】

境外所得抵免限额＝200×25%＝50（万元），其在境外实际缴纳 40 万元，应在我国补缴 10 万元。

境内所得应缴纳所得税＝500×25%＝125（万元），该企业当年应补缴税额＝125−100+10＝35（万元）。

专题十五　城镇土地使用税

考点梳理

押题点① 纳税义务人与征税范围

（1）城镇土地使用税是以国有土地或集体土地为征税对象，对拥有土地使用权的单位和个人征收的一种税。

城镇土地使用税具体情况的纳税义务人（见表 51）。

表 51　城镇土地使用税纳税义务人

具体情况	纳税义务人
一般	拥有土地使用权的单位和个人
拥有土地使用权的单位和个人不在土地所在地	实际使用人和代管人
土地使用权未确定或权属纠纷未解决的	实际使用人
土地使用权共有的	共有各方分别纳税
承租集体所有建设用地的	直接从集体经济组织承租土地的单位和个人

（2）**征税范围**：城市、县城、建制镇和工矿区内属于国家所有和集体所有的土地，不包括农村集体所有的土地。

押题点 ② 税率、计税依据和应纳税额

1. 税率

城镇土地使用税采用定额税率，即采用有幅度的差别税额，每个幅度差别为20倍。

经济落后地区，税额可适当降低，但降低额不得超过税率表中规定的最低税额的30%。经济发达地区的适用税额可适当提高，但需报财政部批准。

2. 计税依据

城镇土地使用税以纳税人实际占用的土地面积为计税依据，不是建筑面积。

（1）由省、自治区、直辖市人民政府确定的单位组织测定土地面积的，以测定面积为计税依据。

（2）以证书确认的土地面积为计税依据，适用于尚未组织测量，但持有土地使用证书的纳税人。

（3）以申报的土地面积为计税依据，适用于尚未核发土地使用证书的纳税人，核发后调整。

（4）征税范围内单独建造的地下建筑用地，按土地使用证确认的土地面积计税；未取得或未标明土地面积的，按地下建筑垂直投影面积计税。地下建筑用地暂按应征税款的50%征收城镇土地使用税。

3. 应纳税额

按年计算，分期缴纳。

全年应纳税额=实际占用土地面积（平方米）×适用税额

押题点 ③ 税收优惠

1. 法定免税

（1）国家机关、人民团体、军队自用的土地。

（2）由国家财政部门拨付事业经费的单位自用的土地。

（3）宗教寺庙、公园、名胜古迹自用的土地。生产、经营用地不属于免税范围，如照相馆。

（4）市政街道、广场、绿化地带等公共用地。

（5）直接用于农、林、牧、渔业的生产用地。不包括农副产品加工场地和生活办公用地。

（6）经批准开山填海整治的土地和改造的废弃土地，从使用的月份起免缴土地使用税5年至10年。

（7）对非营利性医疗机构、疾病控制机构和妇幼保健机构等卫生机构自用的土地，免征城镇土地使用税。

（8）企业办的学校、医院、托儿所、幼儿园，其用地能与企业其他用地明确区分的，免征城镇土地使用税。

（9）免税单位无偿使用纳税单位的土地（如公安、海关等单位使用铁路、民航等单位的土

地)，免征城镇土地使用税。纳税单位无偿使用免税单位的土地，纳税单位应照章缴纳城镇土地使用税。纳税单位与免税单位共同使用、共有使用权土地上的多层建筑，对纳税单位可按其占用的建筑面积占建筑总面积的比例计征城镇土地使用税。

(10)对行使国家行政管理职能的中国人民银行总行(含国家外汇管理局)所属分支机构自用的土地，免征城镇土地使用税。

(11)重点行业税收优惠政策：

①对石油天然气生产建设中用于地质勘探、钻井、井下作业、油气田地面工程等施工临时用地暂免征收。

②对企业的铁路专用线、公路等用地，在厂区以外、与社会公用地段未加隔离的暂免征收。

③对企业厂区以外的公共绿化用地和向社会开放的公园用地暂免征收。

④对盐场的盐滩、盐矿的矿井用地，暂免征收。

(12)自2016年1月1日至2021年12月31日，对专门经营农产品的农产品批发市场、农贸市场使用(包括自有和承租，下同)的房产、土地，暂免征收房产税和城镇土地使用税。对同时经营其他产品的农产品批发市场和农贸市场使用的房产、土地，按其他产品与农产品交易场地面积的比例确定征免房产税和城镇土地使用税。

(13)到2019年12月31日止(含当日)，对物流企业自有的(包括自用和出租)大宗商品仓储设施用地和物流企业承租用于大宗商品仓储设施的土地，减按所属土地等级适用税额标准的50%计征城镇土地使用税。

【提示】物流企业的办公、生活区用地及其他非直接从事大宗商品仓储的用地，不属于优惠范围，应按规定征收城镇土地使用税。

(14)自2018年10月1日至2020年12月31日，对按照去产能和调结构政策要求停产停业、关闭的企业，自停产停业次月起，免征城镇土地使用税。企业享受免税政策的期限累计不得超过2年。(新增)

(15)自2019年1月1日至2021年12月31日，对国家级、省级科技企业孵化器、大学科技园和国家备案众创空间自用以及无偿或通过出租等方式提供给在孵对象使用的土地，免征城镇土地使用税。(新增)

2. 省、自治区、直辖市税务局确定的减免

(1)个人所有的居住房屋及院落用地。

(2)房产管理部门在房租调整改革前经租的居民住房用地。

(3)免税单位职工家属的宿舍用地。

(4)集体和个人办的各类学校、医院、托儿所、幼儿园用地。

押题点④ 纳税义务发生时间

城镇土地使用税的纳税义务发生时间(见表52)。

表52 纳税义务发生时间

类型	纳税义务发生时间
购置新建商品房	房屋交付使用之次月起
购置存量房	办理房屋权属转移、变更登记手续，房地产权属登记机关签发权属证书之次月起
出租、出借房产	交付出租、出借房产之次月起
出让、转让有偿取得土地使用权	合同约定交付次月起
	未约定交付时间的，合同签订次月起
新征用耕地	批准征用之日起满1年时开始征税
新征用非耕地	批准征用次月起

·2019年·
预测题

预测

甲企业位于某经济落后地区，2017年12月取得一宗土地的使用权(未取得土地使用证书)，2018年1月已按1500平方米申报缴纳城镇土地使用税。2018年4月该企业取得了政府部门核发的土地使用证书，上面注明的土地面积为2000平方米。已知该地区适用每平方米0.9元~18元的固定税额，当地政府规定的固定税额为每平方米0.9元，并另按照国家规定的最高比例降低税额标准。

要求：根据上述资料，回答下列问题。

计算该企业2018年应补缴的城镇土地使用税。

【答案】

经济落后地区，土地使用税的适用税额标准可适当降低，但降低额不得超过最低税额的30%。

应补缴的城镇土地使用税 =(2000−1500)×0.9×(1−30%)=315(元)。

专题十六 环境保护税

考点梳理

押题点① 纳税义务人

在中华人民共和国领域和中华人民共和国管辖的其他海域，直接向环境排放应税污染物的企业事业单位和其他生产经营者。

有下列情形之一的，**不属于**直接向环境排放污染物，**不缴纳**相应污染物的环境保护税：

(1)企业事业单位和其他生产经营者向依法设立的污水集中处理、生活垃圾集中处理场所排放应税污染物的；

(2)企业事业单位和其他生产经营者在符合国家和地方环境保护标准的设施、场所贮存或者处置固体废物的。

(3)达到省级人民政府确定的规模标准并且有污染物排放口的畜禽养殖场，应当依法缴纳环保税；但依法对畜禽养殖废弃物进行综合利用和无害化处理的，不属于直接向环境排放污染物，不缴纳环境保护税。

押题点 ② 税目与税率

(一)税目(水、气、声、渣)

1. 大气污染物

环保税的征税范围不包括温室气体二氧化碳。

2. 水污染物

3. 固体废物

4. 噪声

应税噪声污染目前只包括工业噪声。

(二)税率

幅度或定额税率(见表53)。

表 53　环境保护税税目与税率

税目		计税单位	税额	备注
大气污染物		每污染当量	1.2元至12元	—
水污染物		每污染当量	1.4元至14元	—
固定废物	煤矸石	每吨	5元	—
	尾矿	每吨	15元	—
	危险废物	每吨	1000元	—
	冶炼渣、粉煤灰、炉渣、其他固体废物(含半固态、液态废物)	每吨	25元	—

续表

税目		计税单位	税额	备注
噪声	工业噪声	超标 1—3 分贝	每月 350 元	1. 一个单位边界上有多处噪声超标，根据最高一处超标声级计算应纳税额。
		超标 4—6 分贝	每月 700 元	2. 一个单位有不同地点作业场所的，应当分别计算应纳税额，合并征收。
		超标 7—9 分贝	每月 1400 元	3. 昼、夜超标的环境噪声，昼、夜分别计算应纳税额，累计计征。
		超标 10—12 分贝	每月 2800 元	4. 声源一个月内超标不足 15 天的，减半计算应纳税额。
		超标 13—15 分贝	每月 5600 元	5. 夜间频繁突发和夜间偶然突发厂界超标噪声，按等效声级和峰值噪声两种指标中超标分贝值高的一项计算应纳税额
		超标 16 分贝以上	每月 11200 元	

押题点 ③ 计税依据

不同应税污染物的计税依据(见表 54)。

表 54　不同应税污染物的计税依据

应税污染物	计税依据	计税依据确定方法
应税大气污染物	污染当量数	污染当量数＝污染物排放量÷污染物当量值
应税水污染物	污染当量数	污染当量数＝污染物排放量÷污染物当量值
应税固体废物	固体废物排放量	排放量＝固体废物产生量－综合利用量－贮存量－处置量
应税噪声	超过国家规定标准的分贝数	超标分贝数＝实际产生分贝数－噪声排放标准限值

【提示】纳税人有下列情形之一的，以其当期应税大气污染物、水污染物的产生量作为污染物的排放量：

(1)未依法安装使用污染物自动监测设备或者未将污染物自动监测设备与环境保护主管部门的监控设备联网。

(2)损毁或者擅自移动、改变污染物自动监测设备。

(3)篡改、伪造污染物监测数据。

(4)通过暗管、渗井、渗坑、灌注或者稀释排放以及不正常运行防治污染设施等方式违法排放应税污染物。

(5)进行虚假纳税申报。

押题点 ④ 应纳税额的计算

(一)应税大气污染物应纳税额的计算

应税大气污染物的应纳税额＝污染当量数×适用税额

污染当量数=污染物排放量÷污染当量值

(二)应税水污染物应纳税额的计算(见表55)

表 55 应税水污染物应纳税额的计算

类型		计税规则
一般水污染物 (第一类和第二类)		应纳税额=污染当量数×适用税额 污染当量数=污染物排放量÷污染当量值 排放量=排放总量×浓度值
其他水污染物	禽畜养殖业	应纳税额=禽畜养殖数量÷污染当量值×适用税额
	小型企业和第三产业	应纳税额=污水排放量(吨)÷污染当量值(吨)×适用税额
	医院	(1)应纳税额=医院床位数÷污染当量值×适用税额 (2)应纳税额=污水排放量÷污染当量值×适用税额

(三)应税固体废物应纳税额的计算

固体废物的应纳税额=(当期固体废物的产生量-当期固体废物的综合利用量-当期固体废物的贮存量-当期固体废物的处置量)×适用税额

(四)应税噪声应纳税额的计算

应税噪声的应纳税额为超过国家规定标准的分贝数对应的具体适用税额。

押题点 ⑤ 税收减免

环境保护税的税收减免规定(见表56)。

表 56 税收减免

减免类型	具体内容
暂免	(1)农业生产(不包括规模化养殖)排放应税污染物的; (2)机动车、铁路机车、非道路移动机械、船舶和航空器等流动污染源排放应税污染物的; (3)依法设立的城乡污水集中处理、生活垃圾集中处理场所排放相应税污染物,不超过国家和地方规定的排放标准的; (4)纳税人综合利用的固体废物,符合国家和地方环境保护标准的; (5)国务院批准免税的其他情形
减征	(1)纳税人排放应税大气污染物或者水污染物的浓度值低于国家和地方规定的污染物排放标准30%的,减按75%征收环境保护税。 (2)纳税人排放应税大气污染物或者水污染物的浓度值低于国家和地方规定的污染物排放标准50%的,减按50%征收环境保护税

押题点 ⑥ 征收管理

环境保护税的征收规定(见表 57)。

表 57　征收管理

项目	具体规定
纳税义务发生时间	排放应税污染物的当日
纳税地点	应税污染物排放地的税务机关 【提示】应税污染物排放地是指应税大气污染物、水污染物排放口所在地；应税固体废物产生地；应税噪声产生地
纳税期限	按月计算，按季申报缴纳。 不能按固定期限计算缴纳的，可以按次申报缴纳
缴库期限	(1)按季申报缴纳的，自季度终了之日起 15 日内申报缴税； (2)按次申报缴纳的，应当自纳税义务发生之日起 15 日内申报缴税

2019年
预 测 题

预测

某省一工厂 2018 年 3 月使用自动监测设备监测一个排放口排放大气污染物数值如下：二氧化硫 18 毫克/立方米；一般性粉尘 4 毫克/立方米；氯气 8 毫克/立方米，氯化氢 2 毫克/立方米。当月总排放量为 300000 立方米。

(已知：四类污染物当量值分别为：0.95 千克、4 千克、0.34 千克和 10.75 千克。当地大气污染物每污染当量适用税额为 12 元)

要求：根据上述资料，回答下列问题。

(1)分别计算每种大气污染物的排放量。

(2)分别计算每种大气污染物的污染当量数。

(3)简要说明哪些污染物是需要缴纳环境保护税的。

(4)计算 3 月该工厂应缴纳的环境保护税税额。

【答案】

(1)二氧化硫的排放量 = 300000×18÷1000000 = 5.4(千克)

一般性粉尘的排放量 = 300000×4÷1000000 = 1.2(千克)

氯气的排放量 = 300000×8÷1000000 = 2.4(千克)

氯化氢的排放量 = 300000×2÷1000000 = 0.6(千克)

(2)二氧化硫的污染当量数 = 5.4÷0.95 = 5.68

一般性粉尘的污染当量数 = 1.2÷4 = 0.3

氯气的污染当量数 = 2.4 ÷ 0.34 = 7.06

氯化氢的污染当量数 = 0.6 ÷ 10.75 = 0.06

(3) 按照污染当量数排序:

氯气(7.06) > 二氧化硫(5.68) > 一般性粉尘(0.3) > 氯化氢(0.06)

每一排放口的应税大气污染物, 按照污染当量数从大到小排序, 对前三项污染物征收环境保护税。

应征税项目为氯气、二氧化硫、一般性粉尘。

(4) 3 月该工厂应缴纳的环境保护税税额 = (7.06 + 5.68 + 0.3) × 12 = 156.48(元)

专题 十七 耕地占用税

考点梳理

押题点 ① 纳税义务人及征税范围

(一)纳税义务人

在中华人民共和国境内占用耕地建设建筑物、构筑物或者从事非农业建设的单位和个人。

(二)征税范围

耕地占用税的征税范围包括纳税人占用耕地建设建筑物、构筑物或者从事非农业建设的国家所有和集体所有的耕地。

【提示1】 耕地占用税所称耕地, 是指用于种植农作物的土地, 包括菜地、园地。其中, 园地包括花圃、苗圃、茶园、果园、桑园和其他种植经济林木的土地。

【提示2】 占用鱼塘及其他农用土地建房或从事其他非农业建设, 也视同占用耕地, 必须依法征收耕地占用税。占用已开发从事种植、养殖的滩涂、草场、水面和林地等从事非农业建设, 由省、自治区、直辖市本着有利于保护土地资源和生态平衡的原则, 结合具体情况确定是否征收耕地占用税。

【提示3】 占用林地、牧草地、农田水利用地、养殖水面以及渔业水域滩涂等其他农用地建房或者从事非农业建设的, 比照规定征收耕地占用税。

押题点 ② 税率、计税依据和应纳税额的计算及税收优惠

(一)税率、计税依据和应纳税额的计算

(1)在人均耕地低于 0.5 亩的地区, 省、自治区、直辖市可以根据当地经济发展情况, 适当提高耕地占用税的适用税额, 但提高的部分不得超过规定的适用税额的 50%。占用基本农田的, 应当按照适用税额加征 150%。

(2)耕地占用税以纳税人实际占用的耕地面积为计税依据, 按照规定的适用税额一次性

征收。

(3)应纳税额=实际占用耕地面积(平方米)×适用定额税率

(二)税收优惠

耕地占用税对占用耕地实行一次性征收，对生产经营单位和个人不设立减免税，仅对公益性单位和需照顾群体设立减免税。

1. 免征耕地占用税

(1)军事设施占用耕地。

(2)学校、幼儿园、社会福利机构、医疗机构占用耕地。

【提示】学校范围，包括由国务院人力资源社会保障行政部门，省、自治区、直辖市人民政府或其人力资源社会保障行政部门批准成立的技工院校。

(3)农村烈士遗属、因公牺牲军人遗属、残疾军人以及符合农村最低生活保障条件的农村居民，在规定用地标准以内新建自用住宅，免征耕地占用税。

2. 减征耕地占用税及其他规定

(1)铁路线路、公路线路、飞机场跑道、停机坪、港口、航道占用耕地，减按每平方米2元的税额征收耕地占用税。

(2)农村居民在规定用地标准以内占用耕地新建自用住宅，按照当地适用税额减半征收耕地占用税；其中农村居民经批准搬迁，新建自用住宅占用耕地不超过原宅基地面积的部分，免征耕地占用税。免征或者减征耕地占用税后，纳税人改变原占地用途，不再属于免征或者减征耕地占用税情形的，应当按照当地适用税额补缴耕地占用税。

(3)纳税人临时占用耕地，应当依照规定缴纳耕地占用税。纳税人在批准临时占用耕地的期限内恢复所占用耕地原状的，全额退还已经缴纳的耕地占用税。

(4)建设直接为农业生产服务的生产设施占用规定的农用地的，不征收耕地占用税。

押题点 3 征收管理

耕地占用税的征收管理规定(见表58)。

表58 征收管理

征收机关	由税务机关负责征收
纳税义务发生时间	纳税人收到自然资源主管部门办理占用耕地手续的书面通知的当日
纳税期限	自纳税义务发生之日起30日内申报缴纳耕地占用税
其他规定	纳税人因建设项目施工或者地质勘查临时占用耕地，应当依照规定缴纳耕地占用税。纳税人在批准临时占用耕地期满之日起1年内依法复垦，恢复种植条件的，全额退还已经缴纳的耕地占用税

专题 十八　船舶吨税

考 点 梳 理

押题点 ① 征税范围及税率

(一)征税范围：自境外港口进入境内港口的船舶。

(二)税率

优惠税率：中国籍的应税船舶，船籍国(地区)与中国签订含有相互给予船舶税费最惠国待遇条款的条约或者协定的应税船舶。

普通税率：其他应税船舶。

船舶吨税税目、税率表(见表59)。

表59　船舶吨税税目、税率表

税目(按船舶净吨位划分)	税率(元/净吨)					
	普通税率			优惠税率		
	(按执照期限划分)			(按执照期限划分)		
	1年	90日	30日	1年	90日	30日
不超过2000净吨	12.6	4.2	2.1	9	3	1.5
超过2000净吨，但不超过10000净吨	24	8	4	17.4	5.8	2.9
超过10000净吨，但不超过50000净吨	27.6	9.2	4.6	19.8	6.6	3.3
超过50000净吨	31.8	10.6	5.3	22.8	7.6	3.8

【提示1】拖船按照发动机功率每千瓦折合净吨位0.67吨。

【提示2】无法提供净吨位证明文件的游艇，按照发动机功率每千瓦折合净吨位0.05吨。

【提示3】拖船和非机动驳船分别按相同净吨位船舶税率的50%计征税款。

押题点 ② 应纳税额的计算及税收优惠

(一)应纳税额的计算

1. 船舶吨税按照船舶净吨位和吨税执照期限征收。

2. 计算公式为：应纳税额 = 船舶净吨位×定额税率

3. 应税船舶负责人申领吨税执照时，应当向海关提供下列文件：

(1)船舶国籍证书或者海事部门签发的船舶国籍证书收存证明；

(2)船舶吨位证明。

应税船舶因不可抗力在未设立海关地点停泊的，船舶负责人应当立即向附近海关报告，并在不可抗力原因消除后，依照规定向海关申报纳税。

【提示1】 净吨位，是指由船籍国（地区）政府授权签发的船舶吨位证明书上标明的净吨位。

【提示2】 应税船舶在《吨税执照》期限内，因税目税率调整或者船籍改变而导致适用税率变化的，《吨税执照》继续有效。

(二)税收优惠

1. 直接优惠

下列船舶免征吨税：

(1)应纳税额在人民币50元以下的船舶。

(2)自境外以购买、受赠、继承等方式取得船舶所有权的初次进口到港的空载船舶。

(3)吨税执照期满后24小时内不上下客货的船舶。

(4)非机动船舶(不包括非机动驳船)。

(5)捕捞、养殖渔船。

(6)避难、防疫隔离、修理、改造、终止运营或者拆解，并不上下客货的船舶。

(7)军队、武装警察部队专用或者征用的船舶。

(8)警用船舶。

(9)依照法律规定应当予以免税的外国驻华使领馆、国际组织驻华代表机构及其有关人员的船舶。

(10)国务院规定的其他船舶。

2. 延期优惠

在吨税执照期限内，应税船舶发生下列情形之一的，海关按照实际发生的天数批注延长吨税执照期限：

(1)避难、防疫隔离、修理，并不上下客货；

(2)军队、武装警察部队征用。

押题点 ③ 征收管理

1. 纳税义务发生时间及纳税期限

(1)船舶吨税纳税义务发生时间为应税船舶进入港口的当日。

(2)船舶吨税由海关负责征收。海关征收船舶吨税应当制发缴款凭证。

(3)应税船舶在《吨税执照》期满后尚未离开港口的，应当申领新的《吨税执照》，自上一次执照期满的次日起续缴船舶吨税。

(4)应税船舶负责人应当自海关填发船舶吨税缴款凭证之日起15日内缴清税款。未按期缴清税款的，自滞纳税款之日起至缴清税款之日止，按日加收滞纳税款0.5‰的滞纳金。

2. 纳税担保

下列财产、权利可以用于担保：

（1）人民币、可自由兑换货币；

（2）汇票、本票、支票、债券、存单；

（3）银行、非银行金融机构的保函；

（4）海关依法认可的其他财产、权利。

3. 其他管理

（1）应税船舶在《吨税执照》期限内，因修理、改造导致净吨位变化的，《吨税执照》继续有效。

（2）《吨税执照》在期满前毁损或者遗失的，应当向原发照海关书面申请核发《吨税执照》副本，不再补税。

（3）海关发现少征或者漏征税款的，应当自应税船舶应当缴纳税款之日起 1 年内，补征税款。但因应税船舶违反规定造成少征或者漏征税款的，海关可以自应当缴纳税款之日起 3 年内追征税款，并自应当缴纳税款之日起按日加征少征或者漏征税款 0.5‰的滞纳金。

【相关链接】与关税对比记忆：基本相同。

①补征：因非纳税人违反海关规定造成的少征或漏征关税，关税补征期为缴纳税款或货物、物品放行之日起1 年内。

②追征：因纳税人违反海关规定造成少征或漏征关税，关税追征期为纳税义务人缴纳税款或货物、物品放行之日起 3 年内，并加收滞纳金。

（4）海关发现多征税款的，应当在 24 小时内通知应税船舶办理退还手续，并加算银行同期活期存款利息。

【相关链接】与关税对比记忆：海关多征的关税，海关发现后应当立即退还。（不同）

（5）应税船舶发现多缴税款的，可以自缴纳税款之日起 3 年内以书面形式要求海关退还多缴的税款并加算银行同期活期存款利息；海关应当自受理退款申请之日起 30 日内查实并通知应税船舶办理退还手续。应税船舶应当自收到退税通知之日起 3 个月内办理有关退还手续。

【相关链接】与关税对比记忆：纳税义务人发现多缴税款的，自缴纳税款之日起 1 年内，可以以书面形式要求海关退还多缴的税款并加算银行同期活期存款利息；海关应当自受理退税申请之日起 30 日内查实并通知税义务人办理退还手续。纳税义务人应当自收到通知之日起 3 个月内办理有关退税手续。（有同有不同）

（6）应税船舶有下列行为之一的，由海关责令限期改正，处 2000 元以上 3 万元以下罚款；不缴或者少缴应纳税款的，处不缴或者少缴税款50% 以上 5 倍以下的罚款，但罚款不得低于 2000 元：

①未按照规定申报纳税、领取《吨税执照》；

②未按照规定交验《吨税执照》(或者申请核验吨税执照电子信息)以及提供其他证明文件。

（7）吨税税款、税款滞纳金、罚款以人民币计算。

专题 十九 车船税

考点梳理

押题点 ① 纳税义务人与征税范围

(一)纳税义务人

在中国境内，车辆、船舶(以下简称车船)的所有人或者管理人为车船税的纳税人。

(二)征税范围

指在中华人民共和国境内属于车船税法所附《车船税税目税额表》规定的车辆、船舶。

【提示】车辆、船舶，是指：

(1)依法应当在车船管理部门登记的机动车辆和船舶；

(2)依法不需要在车船管理部门登记、在单位内部场所行驶或者作业的机动车辆和船舶。

押题点 ② 税目与税率

车船税实行定额税率。车船税税目、税率表(见表60)。

表 60　车船税税目、税率表

税目		计税单位	备注
乘用车〔按发动机气缸容量(排气量)分档〕		每辆	核定载客人数 9 人(含)以下
商用车	客车	每辆	核定载客人数 9 人以上，包括电车
	货车	整备质量每吨	(1)包括半挂牵引车、挂车、客货两用车、三轮汽车和低速载货汽车等；(2)挂车按货车税额的 50% 计算
其他车辆	专用作业车	整备质量每吨	不包括拖拉机
	轮式专用机械车		
	摩托车	每辆	——
船舶	机动船舶	净吨位每吨	拖船、非机动驳船分别按照机动船舶税额的 50% 计算
	游艇	艇身长度每米	

【提示 1】拖船按照发动机功率每 1 千瓦折合净吨位 0.67 吨计算征收车船税。

【提示 2】有尾数的一律按照含尾数的计税单位据实计算。税额小数点后超过两位的可以四舍五入保留两位。

押题点 ③ 应纳税额的计算及税收优惠

(一)应纳税额的计算

(1)购置的新车船,购置当年的应纳税额自纳税义务发生的当月起按月计算。

应纳税额=年应纳税额÷12×应纳税月份数

应纳税月份=12-纳税义务发生时间(取得月份)+1

(2)在一个纳税年度内,已完税的车船被盗抢、报废、灭失的,纳税人可以凭有关管理机关出具的证明和完税凭证,向纳税所在地的主管税务机关申请退还自被盗抢、报废、灭失月份起至该纳税年度终了期间的税款。

(3)已办理退税的被盗抢车船失而复得的,纳税人应当从公安机关出具相关证明的当月起计算缴纳车船税。

(4)已缴纳车船税的车船在同一纳税年度内办理转让过户的,不另纳税,也不退税。

(二)税收优惠

1. 法定减免

(1)捕捞、养殖渔船。

(2)军队、武装警察部队专用的车船。

(3)警用车船。

(4)依法应予以免税的外国驻华使领馆、国际组织驻华代表机构及其有关人员的车船。

(5)对节能汽车,减半征收车船税。

【提示】要符合规定标准。

(6)对新能源车船,免征车船税。

【提示】免征车船税的新能源汽车是指纯电动商用车、插电式(含增程式)混合动力汽车、燃料电池商用车。纯电动乘用车和燃料电池乘用车不属于车船税征税范围,对其不征车船税。

(7)省、自治区、直辖市人民政府根据当地实际情况,可对公共交通车船、农村居民拥有并主要在农村地区使用的摩托车、三轮汽车和低速载货汽车定期减征或者免征车船税。

(8)国家综合性消防救援车辆由部队号牌改挂应急救援专用号牌的,一次性免征改挂当年车船税。

2. 特定减免

(1)经批准临时入境的外国车船和香港特别行政区、澳门特别行政区、台湾地区的车船,不征车船税。

(2)按照规定缴纳船舶吨税的机动船舶,自车船税法实施之日起5年内免征车船税。

(3)依法不需要在车船登记管理部门登记的机场、港口、铁路站场内部行驶或者作业的车船,自车船税法实施之日起5年内免征车船税。

押题点 ④ 征收管理

(1)纳税期限:取得车船所有权或者管理权的当月。

【提示】以购买车船的发票或其他证明文件所载日期的当月为准。

(2)纳税地点：车船的登记地或者车船税扣缴义务人所在地。依法不需要办理登记的车船，车船税的纳税地点为车船的所有人或者管理人所在地。

【提示1】扣缴义务人代收代缴车船税的，纳税地点为扣缴义务人所在地。

【提示2】纳税人自行申报缴纳车船税的，纳税地点为车船登记地的主管税务机关所在地。

(3)纳税申报：按年申报，分月计算，一次性缴纳。纳税年度为公历1月1日至12月31日。